书山有路勤为径，优质资源伴你行
注册世纪波学院会员，享精品图书增值服务

U0449458

项目管理核心资源库

混合项目管理

[美] 辛西娅·斯奈德·迪奥尼西奥 著
（Cynthia Snyder Dionisio）

钱 鑫 宋和奎 尹苗苗 译

**Hybrid
Project
Management**

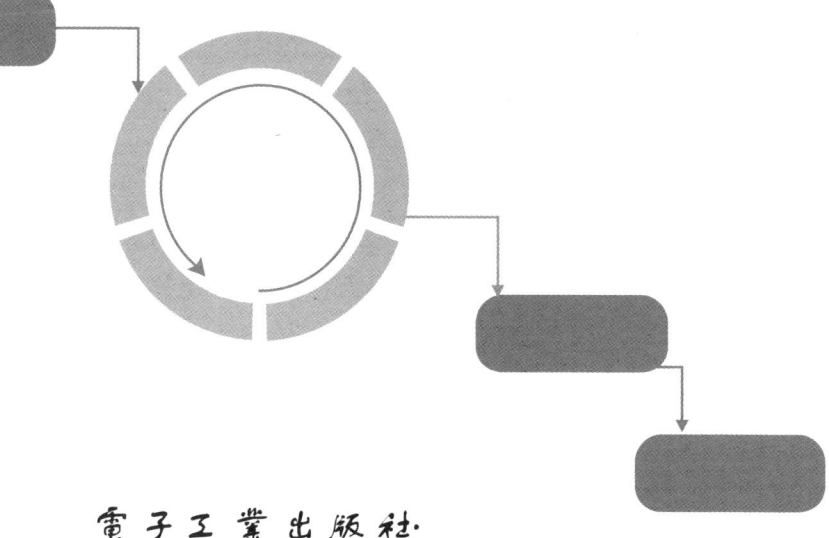

电子工业出版社
Publishing House of Electronics Industry
北京·BEIJING

Hybrid Project Management by Cynthia Snyder Dionisio
ISBN: 9781119849728

Copyright © 2023 by John Wiley & Sons, Inc.

All Rights Reserved. This translation published under license with the original publisher John Wiley & Sons, Inc. Copies of this book sold without a Wiley sticker on the cover are unauthorized and illegal.

Simplified Chinese translation edition copyrights © 2024 by Publishing House of Electronics Industry Co., Ltd.

本书中文简体字版经由John Wiley & Sons, Inc. 授权电子工业出版社独家出版发行。未经书面许可，不得以任何方式抄袭、复制或节录本书中的任何内容。若此书出售时封面没有Wiley的标签，则此书是未经授权且非法的。

版权贸易合同登记号　图字：01-2023-1161

图书在版编目（CIP）数据

混合项目管理 /（美）辛西娅·斯奈德·迪奥尼西奥（Cynthia Snyder Dionisio）著；钱鑫，宋和奎，尹苗苗译. —北京：电子工业出版社，2024.5

（项目管理核心资源库）

书名原文：Hybrid Project Management

ISBN 978-7-121-47668-6

Ⅰ.①混… Ⅱ.①辛…②钱…③宋…④尹… Ⅲ.①项目管理 Ⅳ.①F224.5

中国国家版本馆CIP数据核字（2024）第074149号

责任编辑：卢小雷
印　　刷：北京天宇星印刷厂
装　　订：北京天宇星印刷厂
出版发行：电子工业出版社
　　　　　北京市海淀区万寿路173信箱　邮编100036
开　　本：720×1000　1/16　印张：17.5　字数：304千字
版　　次：2024年5月第1版
印　　次：2024年5月第1次印刷
定　　价：88.00元

凡所购买电子工业出版社图书有缺损问题，请向购买书店调换。若书店售缺，请与本社发行部联系，联系及邮购电话：（010）88254888，88258888。

质量投诉请发邮件至zlts@phei.com.cn，盗版侵权举报请发邮件至dbqq@phei.com.cn。

本书咨询联系方式：（010）88254199，sjb@phei.com.cn。

译者序

时至今日，项目管理的重要性已经在不同企业、不同行业中得到了验证。对组织而言，项目管理的水平也直接关系到组织在商业环境中的竞争力水平。正是考虑到项目在组织治理和管理中的重要性，对项目经理管理能力的考验不再像过往一样，侧重于是否能够熟练地运用各种项目管理工具，而是期望项目经理能够从项目的运行环境和背景信息出发，理解项目所能提供的核心价值，选择能够引领、促进组织变革的目标，进而带来组织竞争力的提升。也正因为如此，企业在选拔未来的管理人才时，会倾向于将已经在一个个形同"内部创业"的项目中历练过的项目经理作为储备资源。我们也确实看到一些明星项目经理，在完成"明星项目"的交付之后，走上了组织管理的关键岗位。所以，现在有大量的职场人士，在专业技能之外，还会单独学习一门项目管理课程，为今后的职业发展提前进行规划，甚至有些学员刚刚走出校园，就已经着手管理技能的提升。

但是，这个世界不是完全可以以线性思维和计划来驱动的。在学习和实践项目管理的过程中，也出现了一些不是很和谐的声音，比如，有人认为以预测型开发方法为核心的框架过于厚重、僵化、呆板，缺乏实践性，不能应对有高度不确定性的项目运行环境。为此，在最新的项目管理知识体系中，学界引入了敏捷管理的理念，来应对这些富有挑战性的需求。然而，这又引出了新的问题，如何在真实的项目管理实践中选择正确的开发方法组合？也就是如何自如地进行混合项目管理。

掌握混合项目管理的相关技能对于项目管理实战来说是非常重要的，毕竟项目是客观存在的，不能以削足适履的方式来匹配开发方法和生命周期模型，只能从已有的项目管理知识体系中筛选并组合工具、方法、管理思想，来搭建适合当前项目的管理框架。这虽然为应对项目运行环境的复杂性和不确定性求得了解决之道，但也由此而引发新的挑战。

挑战源于如何进行自由裁量。在众多项目管理相关书籍中，为了普及项目管理知识，通常会聚焦于项目实施中的某一细节，对工具、技术和管理思想进行解读，这反而模糊了对顶层设计的介绍，再加上缺少实操案例，让刚刚接触项目管理的新人更加无所适从。这正是本书立足解决的痛点。在刚刚拿到本书英文版时，我对原作者辛西娅·斯奈德·迪奥尼西奥（Cynthia Snyder Dionisio）女士还存在着一点小小的质疑：众多项目管理书籍都无法阐明的混合项目管理，怎么可能只通过这样一本书讲清楚、讲透？但在进入翻译的进程以后，不由得对辛西娅女士产生敬佩之意。在本书中，辛西娅女士从混合项目管理的基础入手，逐渐深入，为我们一步一步搭建起了管理混合项目的蓝图，她为我们展示了：

- 不同开发方法和生命周期模型的特点及适用场景；
- 如何根据项目的运行环境和制约因素选择对应的混合模式；
- 如何在混合项目中规划行动路线；
- 如何在混合项目中选择适当的工具和方法；
- ……

除了对如何应用各种原理、工具、方法、工件进行抽丝剥茧的详细解读，针对在众多项目管理相关书籍中普遍存在的缺少实操案例的短板，本书中还以一个贯穿始终的项目——Dionysus酒庄升级——展开实战，来演示混合项目是如何从制定项目章程开始直至最终提交项目可交付物的。这样的讲述方式是非常难得的，对于将要直面混合项目管理的读者来说，本书是一本不容错过的佳作。

当然，受篇幅所限，靠一本书来讲解清楚混合项目管理的所有工具、工件是很困难的。本书对于混合项目管理这一领域更多的是起到启发和引领的作用。因此，建议读者在阅读的过程中，要学习、吸纳、整合辛西娅女士所解读的管理思维和建议，结合已知的项目运行环境，搭建适合自身的混合项目管理框架。

如同在实施项目时需要整合资源、群策群力一样，完成本书的翻译工作，也离不开各位参与人员的共同努力。在这里，要感谢光环国际的任倩老师，她慧眼如炬，从众多书籍中选择了本书，同样感谢电子工业出版社的卢小雷老师在翻译期间给予的有关出版的指导和细心解答。本书的另外两位译者钱鑫、尹苗苗，在协作工具和不同领域的项目管理实战分享方面，都给予了我很大的启发。

在翻译过程中，难免会因为知识的局限性而造成错误，如给您的阅读带来不便，敬请谅解。

前言

项目经理使进步、变革、新想法、新技术和突破成为可能。项目经理是每个行业的一部分，并通过领导力、创造力、勇气和纪律证明了其价值。在项目经理这个职业出现之前，项目经理们就一直在为组织、政府、军队和非营利组织提供价值。

在20世纪80年代和90年代，项目管理主要是线性的和过程驱动的。规划、管理和控制项目的工作非常重要。项目管理工作以过程驱动，而与之相匹配的是大量的文档工作。忠于计划、限制范围变更，并坚守基准是我们执行和控制项目的主要手段。这种方法被称为瀑布方法，因为我们以线性的方式一次一个阶段地管理我们的项目。

到20世纪90年代末，人们逐渐认识到，这种方法在某些情况下（如建造桥梁）是有效的，在其他情况下（如开发软件）却是导致项目失败的原因。2001年，17名软件开发人员在一个山区度假胜地会面，提出了基于4个价值观和12项原则的新方法。他们将这些价值观和原则记录在了一份名为《敏捷宣言》（*Agile Manifesto*）的文件中。

《敏捷宣言》摆脱了繁重的前期计划，转而拥抱不断演变的范围、协作式的工作关系和服务型领导。创建可交付物的实践、思维方式和总体方法与瀑布方法有着180度的转变。

与大多数新方法一样，有些人全心全意地接受了这些实践和思维方式。事实上，一些实践者对敏捷思维方式变得相当狂热，被称为敏捷主义者（Agilistas）。另一些实践者则更倾向于"名义上的敏捷"。换句话说，他们使用了敏捷术语，但并没有完全接受敏捷思维方式。今天，大多数敏捷实践者都遵循敏捷实践，但可能不像敏捷主义者那样热衷于实施敏捷实践。

在《敏捷宣言》第一次被提出的二十年后，许多实践者发现了瀑布方法和敏捷方法并用的价值。这些实践者认识到，有许多变量决定了方法的选择，并且很少出现仅使用瀑布方法或仅使用敏捷方法的情况［很少处在"开发方法频谱"的一端或另一端，见《PMBOK®指南》（第七版）］。他们看到了拥抱这两种方法的重要价值，对一些可交付物可使用瀑布方法，对另一些可交付物可使用敏捷方法。这就是我们所说的"混合项目管理"。

  混合项目管理是关于足够灵活地评估项目、可交付物、环境和干系人，以确定实现预期结果的最佳方法。在许多混合项目中，会在较高的层级上使用瀑布式框架，并适当地将敏捷方法应用于特定的可交付物。我的观点是，虽然作为敏捷标志的服务型领导实践并没有在所有混合项目中得到充分运用，但参与、协作和促进式的实践要比20世纪80年代和90年代常见的"命令和控制"做法更有号召力。因此，我们看到行业正在远离项目管理开发方法频谱的某一端，更多地朝着包含不同方法的最佳实践的方向发展。

  本书旨在介绍交付项目的各种方法。无论你是新手还是已经有几十年行业经验的老手，我都希望你能找到一些实践项目管理的新方法，并发现一些可以应用于你的项目的新技术。

目 录

第1章　项目管理概述 ·· 001
开发方法的种类 ·· 001
混合项目管理和开发方法 ·· 007
总结 ·· 009
关键术语 ·· 009

第2章　选择开发方法 ·· 010
产品变量 ·· 010
项目变量 ·· 014
组织变量 ·· 015
开发方法评估工具 ··· 018
创建变量的可视化图表 ··· 020
总结 ·· 021
关键术语 ·· 022

第3章　项目角色 ·· 023
项目发起人 ··· 023
项目经理 ·· 026
产品负责人 ··· 027
Scrum Master ·· 029
项目团队 ·· 030
混合选项 ·· 031
总结 ·· 032
关键术语 ·· 032

第4章　启动混合项目 ·· 033
愿景声明 ·· 033
项目愿景声明 ··· 034

项目章程 ·· 035
　　案例研究 ·· 037
　　假设条件和制约因素 ································ 041
　　总结 ··· 042
　　关键术语 ·· 042

第5章　混合项目管理规划与架构 ·············· 043
　　规划的基础 ··· 043
　　项目管理计划 ·· 045
　　项目生命周期 ·· 048
　　关键评审 ·· 051
　　混合项目的项目管理计划 ······················· 052
　　路线图 ·· 057
　　总结 ··· 058
　　关键术语 ·· 058

第6章　在混合项目中定义范围 ·················· 059
　　用范围管理计划规划范围 ······················· 059
　　用范围说明书明确范围 ·························· 061
　　用WBS编排范围 ··································· 064
　　用WBS词典进一步细化 ························· 068
　　用需求开展工作 ···································· 068
　　用待办事项列表确定范围的优先级 ········· 074
　　总结 ··· 075
　　关键术语 ·· 075

第7章　制订预测型进度计划 ····················· 076
　　用进度管理计划组织工作 ······················· 076
　　进度预测 ·· 078
　　总结 ··· 087
　　关键术语 ·· 088

第8章　分析并确定预测型进度计划 ··········· 089
　　分析进度计划 ·· 089
　　确定进度计划 ·· 094

总结	097
关键术语	098

第9章　适应型与混合型进度计划 099

适应型进度计划	099
混合型进度计划	103
总结	105
关键术语	105

第10章　估算 106

估算范围	106
估算方法	107
估算预算	115
总结	118
关键术语	118

第11章　干系人参与 119

识别干系人	119
分析干系人	120
干系人登记册	123
成功参与的规划	124
规划项目沟通	125
干系人沟通计划	128
总结	130
关键术语	130

第12章　维护干系人参与 131

干系人参与	131
沟通技能	132
项目会议	137
总结	142
关键术语	142

第13章　混合环境中的领导力 143

情商	143

激励因素 ··· 145
敏捷领导力实践 ··· 147
培养高绩效团队 ··· 151
总结 ··· 153
关键术语 ··· 153

第14章　规划风险 ·· 154

风险管理概述 ··· 154
风险承受力和风险阈值 ··· 155
风险管理计划 ··· 156
总结 ··· 161
关键术语 ··· 161

第15章　识别风险并为风险排序 ··· 162

识别风险 ··· 162
风险分析和优先级排序 ··· 166
简单的风险定量分析方法 ··· 169
总结 ··· 172
关键术语 ··· 172

第16章　降低风险 ·· 173

风险应对 ··· 173
实施风险应对 ··· 175
风险调整后的待办事项列表 ··· 177
储备 ··· 179
总结 ··· 183
关键术语 ··· 183

第17章　领导团队 ·· 184

营造健康的环境 ··· 184
思维方式 ··· 188
支持团队 ··· 191
虚拟团队的注意事项 ··· 195
总结 ··· 198

关键术语 ·· 198

第18章　保持动力 ··· 199

应对变化 ·· 199
在混合环境中管理变更 ·· 202
实用工具 ·· 203
总结 ··· 205
关键术语 ·· 205

第19章　测量预测型可交付物 ·· 206

预测型措施 ··· 206
挣值管理 ·· 211
预测 ··· 220
总结 ··· 222
关键术语 ·· 222

第20章　测量适应型可交付物 ·· 223

适应型措施 ··· 223
累积流图 ·· 228
干系人指标 ··· 233
总结 ··· 235
关键术语 ·· 235

第21章　混合项目的报告 ··· 236

报告 ··· 236
可视化报告 ··· 240
信息发射源 ··· 249
混合仪表板 ··· 250
总结 ··· 251
关键术语 ·· 251

第22章　纠正措施和收尾 ··· 252

预防和纠正措施 ··· 252
项目收尾 ·· 255

总结 ·· 258
关键术语 ·· 258

第23章　转移至混合环境 ·· 259

建立标准 ·· 259
创建正确的环境 ·· 259
流程优先 ·· 260

术语表 ·· 261

第1章
项目管理概述

作为专业的项目经理,仅仅交付符合需求、时间要求和预算的结果是不够的。我们的角色在推动变革和转型、开发新产品和改进现有产品、创造新技术和寻找更好的做事方式方面已经发生了变化。现在,我们需要更有商业头脑、对市场更敏感,并了解我们的职业在如何变化和发展。

我们的职业中最重要的变化之一是认识到,作为专业人士,我们必须理解和拥抱交付价值的不同方式。毕竟,整个项目的目的是为干系人带来价值,无论是通过新产品、新服务,还是更高效的流程。不同的项目可交付物需要不同的方法和技术。为了让我们所担任的角色更出类拔萃,我们需要知道为了交付价值所做的选择,了解并为每个可交付物选择最合适的变量。

> **价值**:某种事物的作用或者重要性。
>
> **可交付物**:产品或服务的组成部分或子组成部分。可交付物可以是独立的,也可以是更大的可交付物的一部分。

在本章中,我们将描述创建可交付物的4种方法,并定义与每种方法相关的术语。然后,我们将确定需要考虑的变量,以便为项目的每个可交付物选择最合适的开发方法。

开发方法的种类

开发方法指的是项目团队如何创建和改进可交付物。有的开发方法强调要在设计解决方案之前了解所有需求,然后基于所设计的解决方案创建可交付物。还有的开发方法则从最基本的可交付物开始,并根据反馈改进解决方案。它们是两种不同的创建可交付物的方法。

> **开发方法**:项目团队创建和改进可交付物的方法。

> **注意**：开发方法不是生命周期。我们将在第5章介绍生命周期。

在本章，我们将介绍4种开发方法，如图1-1所示：
- 瀑布开发方法；
- 迭代开发方法；
- 增量开发方法；
- 敏捷开发方法。

瀑布开发方法就是我们所说的预测型。换句话说，我们希望能够基于稳定的范围预测进度和预算。增量开发方法、迭代开发方法和敏捷开发方法都属于适应型，这意味着它们足够灵活，允许需求和范围的变更。

> **适应型**：一种创建可交付物的方法，允许不确定或变化的需求。
>
> **预测型**：一种创建可交付物的方法，该方法试图在项目开始时定义范围、进度和成本，并在整个项目中最小化变更。

图1-1　开发方法

瀑布开发方法

> **瀑布开发方法**：一种创建可交付物的预测型方法，遵循线性开发模式，即完成一个阶段的工作，再开始下一阶段的工作。

瀑布开发方法在本质上是预测型的。换句话说，它从定义明确的范围开始，然后项目团队逐步细化到更详细的层级，接着对工作进行排序，进行持续时间和成本估算，最后设定基准。在整个项目过程中，进度将根据基准进行衡量。使用瀑布开发方法的项目经理会遵循项目计划，并努力使变更最小化。

图1-2展示了一个使用瀑布开发方法的轻轨项目的生命周期。你可以看到一个阶段是如何在下一个阶段开始之前完成的，图形的形状看起来像瀑布。在环境影响分析阶段，将进行场地研究、材料分析、地质调查、生命周期评估等类似工作。在计划阶段，将制订详细的资源、预算、进度、沟通、风险和其他计划。在计划阶段结束时，这些计划将被确定为基准。工程设计阶段包括绘制蓝图、设计架构、建模和其他类似的工作，以确保设计满足需求，符合监管要求，并将对环境的影响降到最低。施工阶段将进行所有的体力工作。施工阶段是最显眼的，花费预算最多，也可能是耗时最久的。工程设计和施工阶段的进度会与计划基准进行比较，以确保项目符合进度计划和预算。

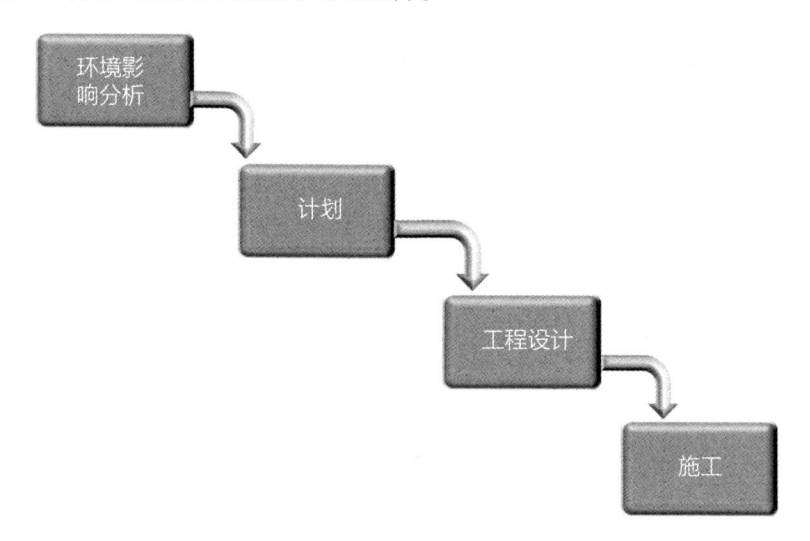

图1-2　瀑布开发方法

当需求可以被预先定义，并且项目的范围预计不会改变时，瀑布开发方法是最好的。这种方法通常被用于有很多预算的项目，详细的计划可以帮助减少不确定性和风险。具有高风险可交付物或受到重大监管的项目也适合采用瀑布开发方法。

使用瀑布开发方法的项目类型包括：
- 工程建设；
- 国防项目，如建造新飞机、舰船或坦克；
- 医疗设备；

- 基础设施，包括道路、桥梁或公共交通。

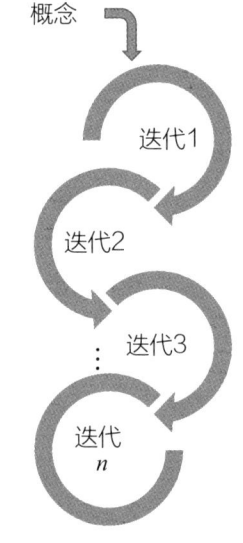

迭代开发方法

迭代开发方法本质上是适应型的。当人们对期望的结果仅有高层级的理解，但没有定义实现该结果的最佳方法时，便会使用迭代开发方法。项目团队使用一系列迭代来明确交付结果的最佳方法。

> **迭代开发方法**：一种适应型开发方法，从交付简单的东西开始，然后根据输入和反馈进行调整。
>
> **迭代**：项目中团队执行工作的一个简短的固定时间间隔。也称时间盒或冲刺。

迭代开发方法可用于设计一种新的多功能自行车。它可能开始于一个在画板上的想法，这个想法可以展示给关键干系人以获得反馈。一旦干系人对设计感到满意，团队就可以使用廉价的材料构建一个简单的车架模型，人们可以观察并坐上去，进而提供更多反馈。一旦车架模型被确定，下一次迭代就可以专注于寻找合适的材料。合适的材料会影响乘坐体验、价格、重量、手感及预期寿命。

当车架尺寸和材料确定后，团队可以进行迭代，以确定最佳的齿轮、刹车器和其他部件。只有当团队整合了所有相关反馈后，他们才会最终确定设计、材料和规格，以便投入生产。

图1-3展示了迭代开发方法的一个通用例子。请注意，每次迭代都为下一次迭代提供了信息。迭代的次数取决于反馈和决策者何时同意最终迭代能够满足项目的目标。

迭代开发方法可以与敏捷开发方法结合使用，尤其适用于软件开发。除了可以用于软件开发，迭代开发方法还有许多其他用途。可以使用迭代开发方法的项目类型包括：

- 新产品开发；
- 软件开发；
- 营销活动。

图1-3 迭代开发方法

增量开发方法

增量开发方法本质上是适应型的。当最终产品可以分解为更小的组件，并且可以增量部署可交付物时，就会使用增量开发方法。每个增量都从以前的部署中学习，添加或改进可交付物的特性和功能。

> **增量开发方法**：一种适应型开发方法，从简单的可交付物开始，然后逐渐增加特性和功能。
>
> **最小可行产品**：首次发布的产品，包含最少数量的特性或功能。

增量开发方法可能从一个想法开始，然后构建这个想法的一个基本版本并发布出来。产品发布后，团队会收集反馈，比如人们如何使用产品，哪些功能用得最多，哪些功能不用，以及请求支持的数量。这些反馈在下一个增量中解决。根据产品的不同，团队可能会添加新的组件或升级软件。

这种方法可以用来开发在线学习课程。第一个增量可以包括能在线访问的幻灯片和能下载的PDF文档。这两个元素大概就是所谓的"最小可行产品"。换句话说，它的功能刚好能够出售。一些客户可能会提供有关产品的明确反馈。由于产品是在线学习课程，因此可以监控客户的行为，包括他们在每个功能上花费的时间，他们恢复了哪些功能，以及他们何时退出登录。

基于反馈，下一个增量可能包括内置的练习、测验和互动活动。这将被发布，并收集更多的数据。再下一个增量可能包括视频和音频剪辑或线程讨论。开发和升级将继续下去，直到确定产品已经完成。

请注意，使用增量开发方法，团队发布的产品的每一个增量都是完整的。他们不必等到整个产品完成或集成后才发布。这使得团队能够快速学习并根据干系人的反馈更新他们的计划。

图1-4展示了增量开发方法的一个通用例子。这个例子展示了四个增量，每个增量都将增加更多的功能。

增量开发方法经常与敏捷开发方法一起用于软件开发，尽管这并不是增量开发方法的唯一用途。可以使用增量开发方法的项目类型包括：

- 客户忠诚度计划；
- 应用程序开发；
- 在线学习课程开发。

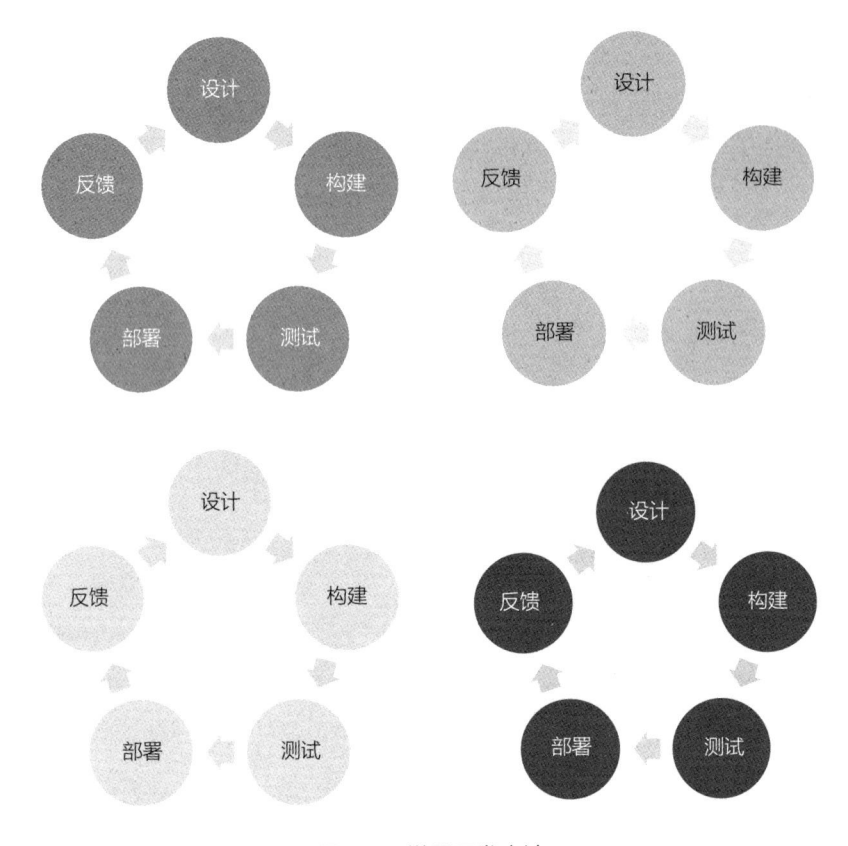

图1-4　增量开发方法

敏捷开发方法

正如前言中提到的，敏捷是一种基于价值观和原则的思维方式。有几个框架或方法融合了这些价值观和原则。它们都包括迭代开发和持续反馈。本书不会偏向任何一种方法，而是将敏捷作为一种开发可交付物的方法。

> **敏捷**：遵循《敏捷宣言》中确立的4个价值观和12项原则，以适应型方式交付价值。

迭代开发方法和增量开发方法都可应用于敏捷。不过，迭代或时间盒非常短，通常持续一两周或四周。在每次迭代（有时称时间盒或冲刺）结束时，团队会向干系人展示他们已经完成的工作。干系人提供反馈，然后将功能和特性的待办事项列表按优先级排序，以供下一次迭代使用。

敏捷开发方法有几个独特的方面，将在本书中进行描述，如不同的角色、会议、优先级排序方法和进度计划。

使用敏捷开发方法的一个例子,可能是一个城市的管理者想了解其居民如何使用公园和开放空间。他们可以开发一个应用程序,从在线搜索、教育计划、调查、停车收费表、供应商和其他数据源中提取数据。该应用程序将从这些不同的来源编译数据并使其可检索,创建表格、图表、仪表板和其他工具。这些信息可以为该城市在人员安排、规划和居民满意度等方面提供帮助。

团队将从这个高层级概念以及客户要求的特性和功能列表开始。客户会确定工作的优先级,而团队会决定在接下来的迭代中可以完成哪些高优先级功能。在迭代结束时,他们将演示自己的工作,接收反馈,并进入下一次迭代。在某些时候,他们将有足够的特性和功能来发布应用程序以供使用。如果需要,他们可以在以后的版本中添加更多的功能。

上面这个例子可以使用迭代实践来演化应用程序的各个方面。它也可以使用增量实践来发布一些功能,做更多的工作,发布更多的功能,等等。

图1-5展示了敏捷开发方法的一个通用例子。每个冲刺都使用上一个冲刺的反馈来计划和开发下一个冲刺。

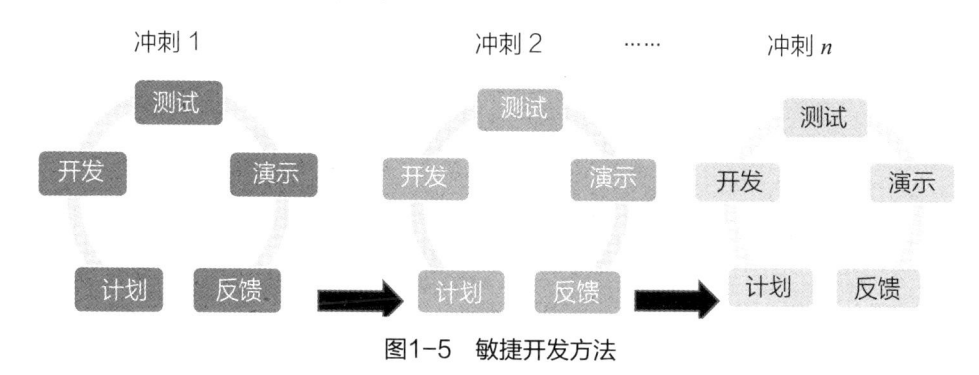

图1-5 敏捷开发方法

混合项目管理和开发方法

混合方法使用一些预测型和一些适应型方法(见图1-6)。扩展一下开发新自行车的迭代案例,自行车的设计可以使用迭代开发方法,然后在准备制造和之后的分销时使用瀑布开发方法。自行车的设计方面需要使用反馈来确保自行车满足潜在客户的需求。生产和分销需要预先计划和一组稳定的需求。

> **混合项目管理**:结合预测型和适应型的方法来交付价值,由产品、项目和组织变量决定。

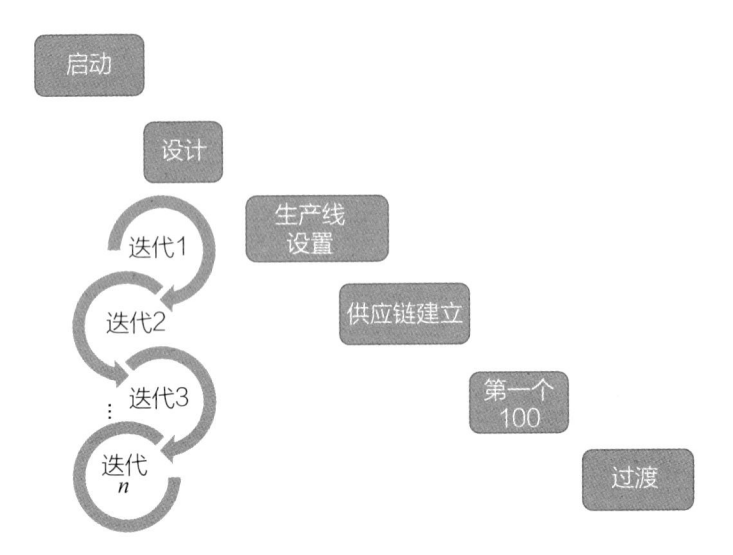

图1-6 混合方法1

开发一款新的运动手表可以在手表的软件部分使用迭代开发方法，在手表的硬件部分使用瀑布开发方法。人们在使用手表时，可以对新的或修改的功能提出请求，这些功能可以被更新和部署到手表的操作系统上，但手表本身不会发生变化。图1-7展示了瀑布开发方法和迭代开发方法，其中包括外包手表的生产。

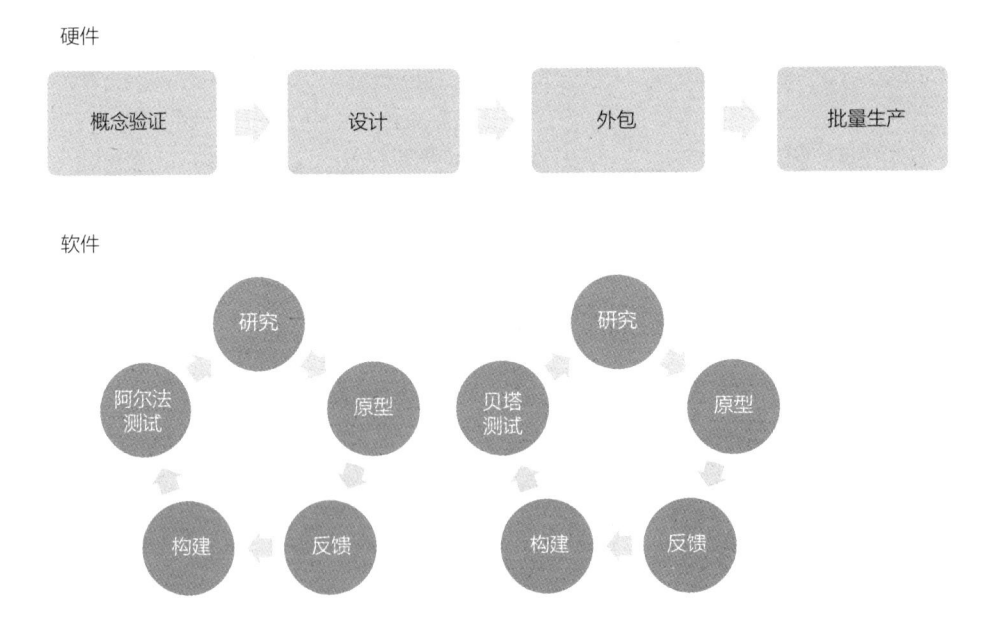

图1-7 混合方法2

找到合适的承包商并完成承包的法律工作是项目的一部分。一旦开始批量生产，项目的硬件部分就完成了。随着手表硬件工作的进行，团队可以逐步开发手表的功能和特性。等到准备批量生产的时候，软件应该已经经过了几次迭代，准备部署了。

不同的开发方法通常适用于特定的实践和工作方式。本书会指出这些，但混合项目管理的美妙之处在于，你可以定制、混合和匹配，以满足你的项目、环境和干系人的需要。

总结

在本章中，我们介绍了混合项目管理的关键概念和术语。我们研究了创建可交付物的4种不同的开发方法：

- 瀑布开发方法；
- 迭代开发方法；
- 增量开发方法；
- 敏捷开发方法。

我们还将混合项目管理视为一种结合或混合并匹配这些开发方法以满足项目需要的方法。

关键术语

Adaptive 适应型

Agile 敏捷

Deliverable 可交付物

Development Approach 开发方法

Hybrid Project Management 混合项目管理

Incremental 增量

Iteration 迭代

Iterative 迭代的

Minimum Viable Product 最小可行产品

Predictive 预测

Value 价值

Waterfall 瀑布

第 2 章 选择开发方法

为项目中的可交付物选择开发方法需要熟悉各种选项（瀑布、迭代、增量和敏捷），了解产品及关于项目和组织的背景信息。虽然没有为每个可交付物提供完美方法的捷径，但有一些指导原则可以帮助你评估适合项目的正确方法。

在本章中，我们将着眼于产品变量、项目变量和组织如何影响开发方法的选择。

产品变量

从产品变量开始是有意义的，因为这些变量关系到项目将交付的范围和成果。当我们为每个可交付物评估最合适的开发方法时，我们将审查以下8个产品变量：

- 创新程度；
- 范围稳定性；
- 需求确定性；
- 变更难易程度；
- 风险；
- 关键性；
- 安全性；
- 合规性。

对于每个变量，我将描述混合方法的使用方式。

创新程度

创新时要考虑你在项目中使用的技术和方法是新的、未经测试的，还是已知的、标准化的。使用你熟悉的方法和过程用瀑布开发方法更有效。尖端技术或实验过程使用适应型方法更有效。

一个重建8个社区的项目不需要任何创新。技术和方法都是众所周知的，所以像这样的项目很适合采用瀑布开发方法。相反，要想打造一个在零重力环境下可以持续使用10年的电池，就需要重大创新。因此，这种类型的项目适合采用迭代和增量开发方法。团队需要大量的创造力和实验能力，并尝试不同的方法来实现预期的结果。

> **混合选项：**
>
> 如果你的可交付物中有的是已知的，有的是新的，那混合方法就很适用。你也可以先使用适应型方法，直到你测试过这项技术并适应了它，然后换成支持已知技术的流程。

范围稳定性

你的客户改变主意、添加新功能或提出不同要求的可能性有多大？如果你正在做一个范围固定且不太可能变更的项目，如在住宅开发中布置园林景观，你可以使用瀑布开发方法。相反，如果你的客户是善变的或者有很多想要尝试的新想法，如重塑一条产品线，那么你应该考虑一种适应型方法。

> **混合选项：**
>
> 你可能正在做一个项目，其中有些可交付物是稳定的，有些可能会发生变化。在这种情况下，灵活的混合方法是一种不错的选择。另一种选择是先使用适应型方法，直到范围稳定，再使用瀑布开发方法。

需求确定性

需求确定性与范围稳定性有关，但两者略有不同。范围是你要交付什么，需求是为实现项目目标而必须存在的能力或必须满足的条件。有些项目一开始就有非常明确的需求，例如，建造一个三层楼高、可以容纳500辆车的停车场。有明确需求的项目适合采用瀑布开发方法。

> **需求**：为了实现项目目标而必须具备的能力或必须满足的条件。

许多项目在开始时并不知道全部的需求。团队期望在整个项目中添加新需求并让需求不断演变。针对高端信用卡客户打造礼宾服务的项目可能会从一些高层级概念和想法开始，但随着服务的推出，这些需求可能会根据用户的要求和反馈而演变和变更。

> **混合选项：**
> 当需求不确定或容易发生变化时，使用适应型方法来测试不同的需求或需求集是启动项目的好方法。一旦有了更多的确定性，你就可以更多地使用瀑布开发方法。你也可以记录和管理确定的需求，同时使用适应型方法来灵活处理那些可能发生变化的需求。

变更难易程度

"变"是生活的常态，在项目中尤其如此。但并不是所有的项目都能轻易地吸纳变更。创建电子绩效仪表板的项目可以相当容易地吸纳范围或需求的变更。这种类型的项目非常适合采用适应型方法。

一个建造桥梁的项目不能很好地应对变更。对于这类项目，你想在开始施工前确保所有的参数都准确无误，因为任何变更都可能非常耗时和昂贵！因此，你需要采用瀑布开发方法，在开始施工前就锁定范围和设计。

> **混合选项：**
> 为了解决项目中既有容易变更的可交付物又有不易变更的可交付物的情况，你可以把可交付物进行分类，容易变更的就采用适应型方法来管理，不易变更的就采用严格的变更控制流程来管理，这是瀑布开发方法的标志。另一种选择是允许变更并尽可能晚地做决策，然后在某个时间点锁定产品，这之后就不允许再有任何变更了。

风险

> **风险：** 可能对项目产生影响的不确定事件或条件。

项目的不同风险类型与不同的风险应对措施匹配。与产品验收或新技术有关的风险应对措施可以在适应型方法中使用。适应型方法允许团队试验和开发原型，然后根据成果和反馈改进产品。

对于存在安全风险的项目，或者一旦完成就无法修复的项目，瀑布开发方法是最好的。例如，如果你正在发射一颗卫星，一旦发射，你就不能重做或返工；因此，在瀑布开发方法中最好进行预先规划和稳健的风险管理。

> **混合选项：**
> 无论采用何种方法，风险管理和应对都是必要的，不过，应对的类型可能有所不同。因此，混合项目将有各种各样的选择来应对风险。风险管理过程的稳健程度可以根据项目中存在的风险类型而调整。

关键性

关键性涉及组件、可交付物或项目的相对重要性。例如，维持医院的电力是非常重要的。具有高关键性的组件或可交付物通常采用瀑布开发方法是最好的。容易更换且发生故障后不会产生重大影响的组件可以采用适应型方法。例如，一个在线订购系统的项目需自动发送订单确认邮件。如果这个功能失效了，修复相对容易，没有收到确认邮件也不会对任何人造成伤害。

> **关键性**：组件、可交付物或项目的重要性。

> **混合选项：**
> 如果你有各种各样的可交付物或组件，有些很关键，有些则不然。对于关键的可交付物，要在一开始就确定所需的计划、测试和必要的文档。对于不太关键的可交付物，你可以使用不那么详细的流程。

安全性

当涉及安全问题时，大多数项目都依赖于瀑布开发方法。例如，开发植入式医疗器械的项目存在重大安全隐患。它们需要瀑布项目中常见的计划、文档和测试。相反，在智能手机上更新游戏应用程序的项目就没有太多的安全隐患，所以适应型方法会很有用。

> **混合选项：**
> 不是每个项目的可交付物都有安全影响。对于那些明显没有安全影响的可交付物，你可以使用适应型方法，同时为那些有安全影响的可交付物维护稳健的计划、文档和测试。

合规性

许多项目都是为了实现或保持合规性。这可能包括对使用危险材料的工厂设施或遵守认证要求的教育机构的检查。大多数监管机构希望看到证明合规的详细文档和严格的政策与程序。这些项目采用瀑布开发方法。要是不需要证明合规或符合监管要求，瀑布开发方法和适应型方法都是有效的。

> **混合选项：**
>
> 如果一个项目只有某些方面要考虑合规，则将需要考虑合规的部分与不需要考虑合规的部分拆开。为那些有合规要求的可交付物制定所需的策略和流程并编写所需的文档，并为没有合规要求的可交付物适当放宽策略、流程和文档要求。

项目变量

影响开发方法的项目变量包括：
- 干系人；
- 交付选项；
- 资金可用性。

干系人

项目的干系人范围非常广泛，有些是项目团队所熟知的，如发起人或产品负责人，有些则是项目团队从未谋面的，如某些最终用户或者普通群众。敏捷方法的优点之一是能够联系到关键干系人。在纯敏捷环境中，关键干系人（如产品负责人）可以帮团队回答问题并保护团队不受干扰。他们定期检查工作，如每两周进行一次演示，并在待办事项列表中对功能进行优先级排序。因此，对于使用敏捷方法开发产品的项目来说，联系关键干系人是个必选项。

使用瀑布开发方法的项目通常较少需要干系人也较少联系干系人。虽然与干系人有一些交互，但也不像在敏捷项目中那样持续或频繁。

> **混合选项：**
>
> 如果你正在做一个项目，其中一些可交付物使用适应型方法，你会希望定期与适当的干系人保持密切联系。对于项目中使用瀑布开发方法的那些可交付物，月度状态报告就够了。你可以通过将适应型信息汇总至管理层的月度状态报告的方式来应用混合方法。

交付选项

你的项目有一个主要的可交付物，还是可以分解成多个较小的可交付物？所有可交付物必须同时发布，还是可以分批发布？这些问题的答案将为你指明选择开发方法的正确方向。

通常，只有一次最终交付的项目会使用瀑布开发方法，这样你就可以计划开发、测试和交付。建造新酒店就是一个只有一个主要可交付物的项目的例子。那种处理多个不同的可交付物，但在发布前将它们放在一起的项目，使用迭代开发方法会很有用。更新薪酬系统的项目可能有多个组件，但它们都必须在发布前完成集成。周期性交付的项目，如网站，使用增量开发方法会很有用。

> **混合选项：**
>
> 对于有多个可交付物，有的采用适应型方法而有的采用瀑布开发方法的项目，你可以通过让Scrum Master和适应型团队一起工作来支持适应型开发。Scrum Master可以就整个项目与项目经理保持联系，并提供状态信息、里程碑和交付日期，这些信息可以合并到瀑布型框架和时间表中。

资金可用性

许多涉及新产品开发的项目，尤其是数字产品，一开始的预算很少，随着产品获得市场份额并开始盈利，他们将添加特性和功能。这种商业模式本质上是利用产品的利润来为未来的升级和增强提供资金。该模式通常用于敏捷项目或使用迭代开发方法的项目。前期投资相对来说较少，如果产品做得不好，项目就会被取消，投资损失也很小。该模式对于投资额或投资时间存在不确定性的项目也同样适用。敏捷开发方法允许团队为投资交付一些价值，即使没有实现所有的目标。

有大量预算的跨年度的项目需要考虑资金可用性。一些项目受到财务年度资金的约束，必须围绕资金可用性进行规划。如果最后只有一个大的可交付物，那么通常会使用瀑布开发方法，并围绕资金可用性来规划工作。

> **混合选项：**
>
> 这个变量最常见的混合场景是设想一个新产品创意，并使用适应型方法测试市场。一旦做出决定向前推进，并且有更稳定的资金可用时，可以使用瀑布开发方法扩大开发和交付规模。

组织变量

组织变量应该与首选的开发方法相匹配，否则项目将很难成功。需要注意的4个组织变量是：

- 组织结构；
- 文化；
- 项目团队；
- 经验和认同感。

组织结构

组织结构的范围很广，从层级式结构到矩阵式结构再到扁平式结构。层级式结构有很多管理层级，而且职能通常是孤立的。这种类型的结构通常具有稳健的策略和过程，并且不同职能间的沟通和交互可能是受限的。在这样的结构中做项目，使用瀑布开发方法比敏捷开发方法好。例外情况是，如果有一个或一组特定的职能，如IT，采用敏捷开发方法。

扁平化的、对变更和调整灵敏的组织，是适应型项目管理实践的"沃土"。审批层级更少，开发也更为灵活。

> **混合选项：**
> 敏捷开发方法在官僚主义环境中的效果不佳。然而，敏捷开发方法的意义在于，你仍然可以使用其中的一些方法和技术，如每日站会和任务板。

也有一些组织在某些领域（如IT）中采用敏捷开发方法，而在其他领域中主要采用瀑布开发方法。如果你的项目中有习惯于不同开发方法的团队成员，那么你可以混合使用各种开发方法，并让你的团队了解每种开发方法的好处。

文化

企业文化是选择最佳项目管理方式的一个重要决定因素。使用敏捷开发方法的项目基于信任的氛围，团队被授权对项目做出许多决策。他们构建了属于自己的关于工作、沟通、故障排除等的方式。敏捷团队通常是自组织的，没有特定的领导。这种工作方式在高度官僚化或"命令和控制"式的环境中行不通。

相反，一个需要大量文档、决策签字、严格流程等的项目，在一个层级分明的环境中会执行得很好，但在扁平化的组织中就不太适合了。许多组织在实施敏捷开发方法中挣扎或失败的原因之一是企业文化与敏捷的工作方式不匹配。

> **混合选项：**
>
> 　　除非你正在进行组织转型，否则改变企业文化以采用不同的项目工作方式可能不属于你的项目范围。但是，你可以从不同的方法中引入一些技术。例如，在瀑布环境中，你可以为原型和实验安排任务。在敏捷环境中，你可以囊括里程碑、状态报告，甚至可能讨论发布的关键路径。通过从不同的开发方法中引入一些实践，你可以减少不同工作方式所受到的阻力，并帮助人们看到采用不同的方法是卓有成效的。

项目团队

　　项目团队成员的数量和位置会影响开发方法的选择。敏捷开发方法最适合5～10人（在同一空间）的团队。虽然你可以在更大的团队或虚拟团队中应用敏捷开发方法，但这更具挑战性。敏捷团队有每日站会，他们的大部分合作都是一对一的对话——最好在附近有一块白板来捕捉创意。当你的团队成员超过10人或者在不同的位置时，特别是当他们在不同的时区或国家时，这些实践会更具挑战性。

　　大型团队则更适合在瀑布项目中工作。这样能少开很多会，很多文档都是电子版的，分散的团队成员也并不少见。

> **混合选项：**
>
> 　　对于想要使用敏捷实践的大型团队，你可以采用一种规模化敏捷方法，如SAFe（Scaled Agile Frameworks）、LeSS（Large Scale Scrum）或SaS（Scrum at Scale）。你还可以放弃一些对于大型或分散的团队更具挑战性的实践，如每日站会。另一种选择是将团队会议室中通常可见的大部分数据（如任务板和燃烧图）电子化。
>
> 　　在有多个可交付物的大型项目中，你可能会发现这样做会很有用，那就是使用瀑布框架管理整个项目，并且团队成员中有的使用适应型过程，有的使用瀑布型实践。

经验和认同感

　　最后一个变量是团队和组织的经验与认同感。具有管理项目的特定方法的经验和认同感的团队与组织可能难以采用新的工作方式。即使团队有经验并认同以某种方式工作，如果与组织的经验和工作方式不一致，这将是一段艰难的旅程。另一方面，如果一个组织想要尝试一种新的工作方式，如投资于敏捷实践，但团队不参与，这将是一场斗争。

> **混合选项：**
>
> 　　与组织变量中的其他变量一样，一个好的选择是一次引入一些替代实践，让团队和组织习惯它们，并看到它们是有效的。你也可以指出实践之间的相似之处。例如，敏捷中使用的回顾与瀑布开发方法中使用的总结经验教训异曲同工。你可以混合经验教训的实践和回顾来模糊界限。你还可以混合一些估算实践，如在多点估算中使用计划扑克中的估算值，或者在瀑布项目中使用计划扑克来进行估算。通过小步快跑并证明其有效性，你可以打开通往混合环境的大门。

开发方法评估工具

我们已经研究了影响开发方法的变量，我们需要找到一种简单的方法来根据变量评估项目或项目可交付物，以确定最佳方法。一个好的开始是给你的项目或可交付物的每个变量打分，从1分到5分。

下面的评分表是这样设置的，评分"1"更适合瀑布开发方法，评分"5"更适合敏捷开发方法或适应型方法。这些评分只是你可能想要使用的一个例子；你的项目或组织可能有不同的需要，因此要调整这些分值以适应你的环境。

产品变量

创新程度

1	3	5
技术稳定	较新的技术	技术还不存在

范围稳定性

1	3	5
范围稳定	预计有些变更	渐进明细

需求确定性

1	3	5
需求明确	有些需求已知	需求不明

变更难易程度

1	3	5
变更会使项目处于危险之中	变更需要返工	易于变更

风险

1	3	5
重大产品风险	一些产品和/或市场风险	重大市场风险

关键性

1	3	5
关键	较关键	重要但不关键

安全性

1	3	5
有重大安全隐患	低安全隐患	无安全隐患

合规性

1	3	5
高度监管	部分监管	无监管

项目变量

干系人

1	3	5
干系人参与度低	干系人部分参与	干系人全程参与

交付选项

1	3	5
一次交付	多次交付	持续交付

资金可用性

1	3	5
资金稳定	资金部分可用	资金不足

组织变量

组织结构

1	3	5
层级	矩阵	扁平

文化

1	3	5
官僚主义和控制	强调管理胜过控制	自组织且高度信任

项目团队

1	3	5
大型团队和/或虚拟团队	中型团队，大多在现场	小团队，固定配置

经验和认同感

1	3	5
经验和认同感倾向于瀑布	经验和认同感比较均衡	经验和认同感倾向于敏捷

一旦你完成了对项目或可交付物评估的过程，最佳方法可能非常明显。但是，如果你想进一步进行评估，你可以通过可视化图表来帮助你了解全局。

创建变量的可视化图表

雷达图：在数轴上显示多个定量变量的图。

雷达图是帮助你可视化评估项目全部变量的最佳方法。要创建雷达图，请遵循以下步骤：

1. 从给每个变量打分开始，分值为1~5分。
2. 在Excel或其他电子表格中，在列中输入变量。
3. 在下一列中输入每个变量的评分。
4. 选中包含数据的单元格。
5. 单击"插入"选项卡，选择"图表"。
6. 选择"雷达图"。

图2-1显示了三个不同项目的雷达图。

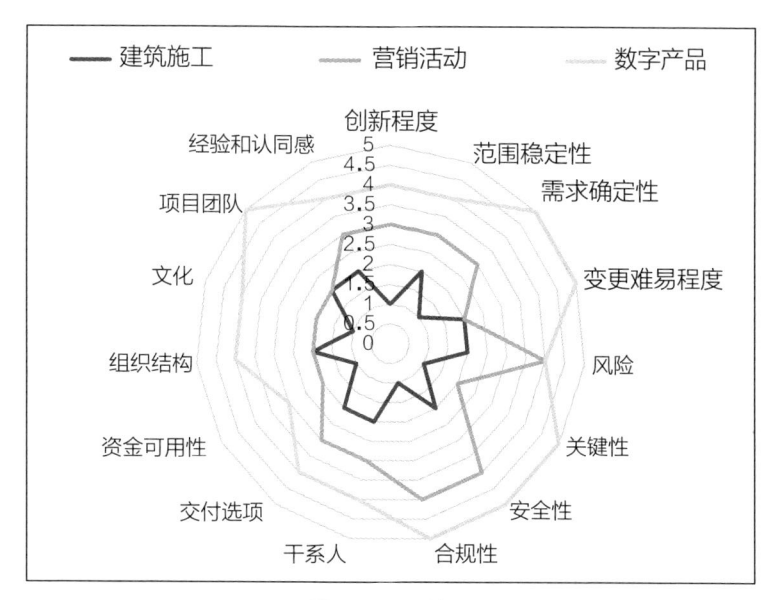

图2-1 雷达图

你可以看到建筑施工项目聚集在图的中心。所有的评分都是1分或2分。这表明瀑布开发方法是最好的。营销活动的评分为2~4分，这意味着混合方法是很好的选项，因为项目的某些方面可以利用瀑布开发方法的稳定性，而其他方面则可以利用敏捷开发方法的适应性。数字产品的评分为4~5分，这意味着敏捷开发方法是最好的。

总结

在本章中，我们研究了三类变量，以帮助评估可交付物的最佳开发方法。产品变量包括：

- 创新程度；
- 范围稳定性；
- 需求确定性；
- 变更难易程度；
- 风险；
- 关键性；
- 安全性；
- 合规性。

项目变量包括：

- 干系人；
- 交付选项；
- 资金可用性。

组织变量包括：

- 组织结构；
- 文化；
- 项目团队；
- 经验和认同感。

我们还介绍了一种对每个变量进行评分的方法，然后创建了一个雷达图，以获得项目的可视化显示。评估项目和可交付物的变量可以让你利用混合方法，这样你就可以混合并匹配开发方法和技术，以找到适合项目的最佳方式。

关键术语

Criticality 关键性　　　　　　　　Requirement 需求

Radar Chart 雷达图　　　　　　　Risk 风险

第3章
项目角色

即使有很好的进度计划和很棒的风险管理计划,也不能保证顺利完成项目。完成项目的是人。在本章中,我们将研究预测环境和敏捷环境下常见的项目角色。

了解项目角色的职责和特征将帮助你调整项目人员配置,以满足混合项目的需求。下面我们将回顾5个关键的项目角色:

- 项目发起人;
- 项目经理;
- 产品负责人;
- Scrum Master;
- 项目团队。

一旦定义了这5个角色,我们将研究混合项目的人员配置。

项目发起人

项目发起人通常扮演管理角色,为项目提供资源,监控项目进展,并为项目经理提供支持。在这种情况下,资源包括财务资源及团队资源。在许多组织中,发起人负责授权一个项目。

> **项目发起人**:提供项目资源并支持项目经理实现项目目标的个人或团体。

发起人在组织中的地位与项目的规模和重要性相一致。例如,一个跨越整个组织的项目,如收购项目,很可能会有一位最高管理层的成员(首席运营官、首席财务官等)担任发起人。对于只涉及一个部门的项目,项目发起人可能是该部门的经理或主管。

项目发起人负责启动项目、预先规划、监控进度和支持项目经理。下面我们将更详细地了解这些职责领域。

启动项目

项目的概念可以来自任何地方。通常由项目管理办公室（Project Management Office，PMO）、项目综合指导委员会或其他授权机构授权，一旦项目获得授权，就会指派项目发起人。有时候，发起人是显而易见的，例如，在更换组织中的一个主要系统时，首席信息官将担任发起人。有时，发起人和客户是同一个人，例如，当项目是根据合同完成的时，为项目付款的客户同时也是项目发起人。

发起人启动项目的职责包括以下3项。

- **在执行层面支持项目**：大多数组织拥有的项目比他们所拥有的资源要多。发起人在公司层面协商资源，如团队成员和预算。发起人还将继续支持该项目及其在整个项目中提供的利益。
- **提供财务资源**：在某些情况下，发起人从其部门预算中支付项目费用；在其他情况下，发起人会谈判并从其他渠道获得资金。
- **批准项目章程**：项目章程通常包含对项目的高层级描述，包括目标、预期收益等。发起人可以与项目经理一起制定章程，或者由发起人制定章程并将其交给项目经理。发起人签批项目章程表示对项目的批准，并授权给项目经理。

预先规划

在项目开始时，发起人和项目经理通常一起确定一些高层级信息，这些信息将指导制订更深入的计划。发起人在项目预先规划期间的职责包括以下3项。

- **提供关于项目的初始高层级需求和信息**：大部分高层级信息包含在项目章程中。然而，通常还有附加信息，如高层级需求、假设、约束、偏差阈值以及发起人在规划早期阶段提供的其他信息。
- **确定项目约束条件的优先级**：项目经理不断平衡范围、进度、成本、资源、质量和风险。项目发起人确定哪些是最重要的，以便项目经理可以根据这些约束条件的相对重要性做出决策。
- **批准基准**：项目发起人将评估和批准项目进度基准和预算基准。项目发起人是确保进度和预算反映所涉及的风险、资源可用性和其他变量的

"第二双眼睛"。基准将用于衡量整个项目的进度。

监控进度

一旦项目启动，发起人就不再参与其中。他们通常通过状态报告随时了解情况，并根据需要提供帮助。在整个项目过程中，对发起人有如下几点要求。

- **监控项目进度**：发起人是所有项目状态报告的接收者。他们将审查进度状态、预算状态、下一个报告期的预计工作以及任何新的重大风险和问题。
- **审查所有超出可接受偏差阈值的偏差**：如果项目偏差超出了设定的阈值，发起人将审查情况，并且可能与项目经理一起确定适当的措施，使绩效与基准保持一致。
- **批准项目的重大变更**：项目范围、进度和预算的任何重大变更都必须得到发起人的批准。这一般指增加范围，但也可能包括对资源、进度或预算的变更。

支持项目经理

在项目期间，项目经理与项目发起人之间有一条"虚线"，项目经理有责任向项目发起人报告。无论项目经理是否向发起人报告，发起人都可以通过以下方式支持项目经理。

- **解决项目经理权限之外的冲突**：项目经理可能会发现团队中有人比他们拥有更大的职位权力。如果这些团队成员有问题，或者冲突涉及项目团队之外的人，发起人通常拥有职位权力或政治影响力，可以比项目经理更有效地消除障碍和解决问题。
- **为项目经理提供适当的指导和辅导**：无论是与难以相处的干系人合作，处理办公室政治问题，还是运用情商，项目经理偶尔需要有人提供指导或辅导。发起人通常有经验和判断力，能够在这些情况下帮助项目经理。
- **深入了解组织高层战略和目标**：当面临项目决策时，深入了解组织的战略和目标，以确保项目与组织希望的方向保持一致是有用的。由于项目经理通常无法获得这方面的知识，他们可能会向发起人寻求帮助以获得指导和见解，引导他们朝着正确的方向前进。
- **管理可能影响项目的企业政治**：管理项目本身就足够具有挑战性，再加上处理企业政治，会让人筋疲力尽！项目发起人可以为项目经理提供企业政治掩护，使企业政治远离项目。

项目经理

> 项目经理：负责带领团队交付项目成果的人。

项目经理对项目的整体成功负责。这包括在与人合作时的领导力，以及为实现目标展示的良好管理能力。下面我们将研究领导力和管理能力这两方面的活动。

领导力

领导力包括与团队合作、与干系人合作，以及展示领导力行为。项目经理通过以下方式展示领导力。

- **为团队成员创建支持性的环境**：如果人们感受到支持和被重视，就更有可能全力以赴。项目经理最重要的工作之一是创造和维持一个提供心理安全的环境。这使团队成员能够做到最好并茁壮成长。

- **管理干系人的期望**：任何与大型的、不同的干系人群体合作过的人都知道，试图管理干系人是徒劳无益的。然而，我们可以与干系人接触并管理他们的期望。与干系人合作成功的项目经理比那些忽视干系人或仅仅容忍干系人的项目经理能取得更好的结果。

- **运用领导力**：领导力是项目成功的关键因素之一。项目经理不断地运用领导力，例如，有效沟通、促进会议、解决问题、不凭借职权施加影响和进行谈判。尽管项目经理通常不应凭借职权对团队成员施加影响，但项目经理可以，也应该始终展示领导力。

- **展示诚信、管理能力、公平和积极的态度**：团队期待项目经理为预期和可接受的行为设定标准。因此，除了上述领导行为，项目经理还必须在任何时候都表现出诚信和道德的行为。要做到这一点，决策必须公正、公平、透明。项目经理也应该表现出对环境和公司财产的尊重与管理。最后，项目经理应该保持积极的态度。团队成员往往会跟随项目经理的领导，项目经理要展示正能量，尤其是在面对挑战和挫折时，要为团队成员树立榜样。

管理能力

除了领导，项目经理角色的另一部分是管理项目以实现预期的结果。这需要一系列不同的活动。

- **制订计划**：管理预测型项目的很大一部分工作是制订计划。这是贯穿整个项目的持续过程。随着了解的信息越来越多，计划也越来越详细和现实。当风险或变化发生时，项目经理需要更新计划。因此，虽然大部分计划是在项目开始时完成的，但是直到项目完成，计划才最终完成！
- **建立项目体系**：项目经理支持团队的一种方式是让他们的工作更容易完成。显然，在组织已经建立的过程和系统中，如缺陷报告、质量保证和变更管理，团队需要遵循这些过程。如果没有组织驱动的过程，项目经理可以建立一组支持项目工作的工作方式。例如，设置会议时间、报告进度等。
- **保持项目按计划进行并且在预算之内**：项目成功的一个最普遍的定义是在预算内按时完成。因此，列出的许多行为都是为了在批准的预算内及时交付。
- **管理问题、风险和偏差**：项目是风险、问题和偏差的滋生地。除了有适当的流程和系统来管理风险和问题，我们还要善于找到方法，在第一时间防止风险和问题的发生。一旦风险、问题或偏差发生，项目经理需要与团队一起确定和评估纠正措施，使项目绩效重回正轨。
- **收集项目数据和报告进度**：管理干系人的期望，保持项目在计划和预算范围内，这取决于能够看到信息和解释信息。因此，项目经理需要收集和分析数据，然后以一种有效和令人信服的方式呈现出来。

产品负责人

产品负责人通常从事产品开发工作，特别是数字和软件项目。从项目的角度来看，他们通常参与敏捷项目，然而，许多组织正在转向产品线组织结构。因此，产品负责人可能会参与使用适应型方法或预测型方法的项目。产品负责人主要执行与产品相关的功能，尽管他们工作的某些方面涉及与团队和干系人的会议与交互。

> *产品负责人*：对产品绩效负责的人。

产品功能

产品负责人执行的典型产品功能包括以下几方面。

- **建立产品愿景**：在项目开始时，产品负责人将为项目和/或产品制定愿景陈述。

- **选择并优先考虑功能以实现价值最大化**：通过市场调查、客户反馈和其他信息来源，产品负责人确定产品最重要的功能，并为团队优先考虑这些功能。

- **管理待办事项列表并确定优先级**：待办事项列表是项目工作、特性和/或需求的存储库。产品负责人对待办事项列表进行优先级排序，以便团队始终专注于最有价值的工作。他们还可以通过添加或删除工作，或者重新确定现有工作的优先级来更新待办事项列表。

- **确定验收标准**：每个可交付物都有验收标准，在验收之前必须满足这些标准。由产品负责人建立并传达验收标准。

- **接受或拒绝可交付物**：在迭代结束时，团队展示他们已经完成的工作。产品负责人接受或拒绝，并解释为什么拒绝。

人员活动

产品负责人角色的另一个方面是与团队和各种其他干系人合作。

- **确保团队理解待办事项列表**：团队将从待办事项列表中获取信息，并创建可交付物。产品负责人确保团队理解待办事项列表中的信息，并且能够回答问题并澄清不确定的领域。

- **参加计划会议、演示和回顾**：产品负责人通常与团队关系密切。他们经常与项目工作人员进行日常互动。他们的互动包括参加计划会议、演示和回顾。

- **与外部干系人合作**：产品负责人的部分职责是与外部干系人保持联系。他们向团队传达干系人的需求，并管理干系人的期望。这使得团队可以专注于开发工作。

- **保持参与并随时为团队服务**：发起人和产品负责人之间的主要区别在于，产品负责人总是随时可以回答问题并澄清不确定的领域。这减少了等待响应的时间，并避免了因为猜测问题的答案而重复做无用功。

Scrum Master

Scrum Master存在于使用敏捷方法的项目。Scrum Master的角色是支持团队完成工作并遵循敏捷方法。他们是团队的推动者,支持项目的工作。

> **Scrum Master**:支持团队与敏捷价值观和原则保持一致的人。

促进

Scrum Master更像一个促进者,而不是管理者。作为促进者,Scrum Master将:

- **帮助团队自我管理和自我组织**。许多敏捷团队都是自我管理和自我组织的。Scrum Master通过确保团队拥有自我管理之所需来支持这一点。
- **促进团队与其他干系人之间的沟通**。Scrum Master通过参与干系人对话并促进对话,使团队能够专注于手头的工作。这有助于保护团队免受外部干扰和其他干扰。
- **促进会议**。敏捷方法有几种类型的会议,如每日站会、迭代评审会、迭代规划会和迭代回顾会。Scrum Master促进这些会议的举行。作为回顾会议的一部分,Scrum Master帮助团队改进流程。

支持

作为支持角色,Scrum Master将:

- **采用服务型领导**。作为服务型领导者,Scrum Master把团队的需求放在第一位。Scrum Master的领导方式是支持团队完成工作,而不是指导团队。
- **消除阻碍和障碍**。阻碍和障碍会使进度延迟。在每日站会中,团队成员交流完成工作的任何阻碍和障碍(也称阻碍因素)。Scrum Master跟进并努力解决与消除任何阻碍和障碍。
- **提供敏捷方法的指导**。Scrum Master确保团队遵循敏捷流程并正确地使用敏捷方法。这包括关于敏捷方法及其好处的指导、引导和教育。
- **协助产品负责人**。Scrum Master与产品负责人紧密合作,保持待办事项列表的更新。Scrum Master还协助沟通项目愿景,并在适当的时候与干系人进行交流。

在混合项目中,你可能会看到术语"敏捷项目经理"或"敏捷交付负责人"。

这些角色履行与Scrum Master相同的职责，但在混合环境中，他们可能有额外的职责。

项目团队

项目团队是执行项目工作的一组人。在大型预测型项目中，项目团队中可能有一个子集，称为项目管理团队。这个小组由团队领导者或其他帮助管理项目各个方面的个人组成。团队成员将：

- **提供主题专业知识。**团队成员通常在其专业领域拥有深厚的知识和洞察力。他们在计划、评估和管理风险方面贡献自己的专业知识。
- **提供规划工作的知识。**最有效的计划是那些与项目经理或Scrum Master和团队成员合作制订的计划。作为主题专家，团队成员为需要做什么以及如何才能最好地完成提供有价值的信息。
- **进行工作评估。**团队成员的专业知识和经验是对工作量及持续时间进行可靠评估的必要条件。团队成员还可以提供有关材料和设备的可能成本以及承包商费率的信息。
- **完成分配的活动。**在整个项目中，团队成员运用他们的知识和技能来完成项目活动。
- **提供关于风险和问题的信息。**团队成员凭经验预测项目中可能出现的问题。因此，团队成员可以帮助识别出现的风险和问题并提出应对措施。
- **参与团队会议。**在预测型项目中，通常每周都会举行团队会议。在敏捷项目中，有每日站会、计划会、演示会和回顾会。
- **在整个项目中表现出领导行为。**所有团队成员，无论他们在团队中的职位如何，都应该表现出领导行为。这包括积极参与解决问题、做出决策和进行头脑风暴。团队成员应表现出协作、尊重沟通和其他领导行为。

通才型专家

敏捷中有一个概念叫作通才型专家。这里指的是深入掌握单一专业技能并广泛掌握团队所需其他技能的人员。这些人也被称为T型人才，其专业领域是T的垂直线，而具

> **I型人才**：深入掌握单一专业技能的人员。
>
> **T型人才**：深入掌握单一专业技能并广泛掌握团队所需其他技能的人员。

有广泛知识的领域由T的横线或水平线表示，如图3-1所示。

拥有T型团队成员的好处是，可以代表多个视角，并在多个领域开展活动。这减少了团队成员之间知识转移和交接的需要，从而节省了时间。T型团队成员可以帮助解决瓶颈，因为其可以在许多领域提供帮助。

图3-2是I型人才。I型人才和T型人才相反，I型人才只在一个领域非常专业，其他领域知识很少甚至没有。

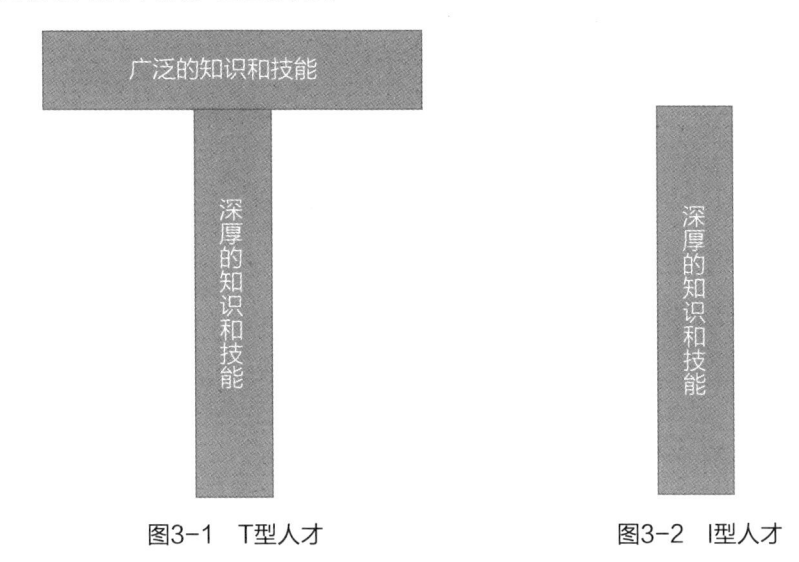

图3-1　T型人才　　　　　　　　图3-2　I型人才

在组建团队时，拥有尽可能多的通才型专家是很有用的，能让项目顺利运行。

混合选项

在混合项目中，你可以混合、匹配和组合角色，以满足项目的需求。下面有几个例子。

- 发起人也可以扮演产品负责人的角色。
- 可能有一个发起人负责整个项目，一个产品负责人负责项目的一部分。发起人将对项目进行授权，并提供有关总体战略方向和预期收益的信息。产品负责人将使用该信息针对项目的特定可交付物做出决策。
- 项目经理可能对整个项目负责，但与Scrum Master合作完成软件交付。项目经理可以保持项目进度和预算不超出范围，在迭代和发布中保留占位符。同时，Scrum Master将通过迭代和发布来促进开发团队的发展。

- 项目经理可以采用敏捷项目中使用的方法，同时使用预测框架来领导团队和管理项目。他们可能实施每日站会，采用服务型领导，使用任务板，并召开回顾会议。

对于混合项目来说，重要的不是标题，而是项目的意义。

总结

在本章中，我们介绍了5种项目角色：项目发起人、项目经理、产品负责人、Scrum Master和项目团队。项目发起人负责启动、预先规划、监控进度和支持项目经理。项目经理同时进行管理和领导活动。产品负责人负有产品责任和人员责任。Scrum Master专注于团队的促进活动和支持活动。团队成员提供他们专业领域的技能和知识。有的团队成员是T型的，知识深而广，有的团队成员是I型的，对某一领域的专业知识有很深的了解。

关键术语

Generalizing Specialists 通才型专家　　　Project Manager 项目经理

I-shaped People I型人才　　　　　　　　Sponsor 发起人

Product Owner 产品负责人　　　　　　　T-shaped People T型人才

第4章
启动混合项目

项目开始总是令人兴奋的。项目经理考虑的是项目将产生的结果和可交付物、与之合作的团队和其他干系人，以及项目将带来的影响。根据所从事的项目类型，项目经理可以使用项目章程、项目愿景声明或两者的某种组合来启动项目。这两个文档都是对项目的高层级描述，但在细节和结构方面有很大的不同。

当开始一个项目时，项目经理可能没有需要的所有信息，然而，项目经理仍然需要制订计划。在缺乏信息的情况下，项目经理使用假设日志做出假设并记录下来。制约因素会限制项目的选择，这些也会被记录在假设日志中。假设日志是在整个项目中不断更新的动态文档。

在这一章中，我们将了解项目章程和愿景声明的目的与结构。然后，我们将查看一个研究案例的愿景声明和项目章程，在本书的其余部分使用它来演示概念。

愿景声明

愿景声明是对期望的未来状态的简短而有说服力的描述。组织有愿景声明，项目也可以有愿景声明。

组织的愿景声明

让我们先来看一些组织愿景声明的例子。

> 乐施会：一个没有贫穷的公正世界。
> 苹果：制造世界上最好的产品，让世界变得更好。
> 领英：为全球每一位员工创造经济机会。
> 索尼：成为一家激发并满足你好奇心的公司。

这些愿景声明有什么共同之处？它们满足良好愿景声明的4个标准。

简短：愿景声明不应超过一两句话。Instagram最初的愿景声明是"捕捉和分享世界的精彩瞬间"。耐克最初的愿景声明是"打垮阿迪达斯"。这些愿景声明都是简短的、引人注目的、令人难忘的。

引人注目：愿景声明应该激励人们去工作，应该吸引人们。乐施会的愿景声明给了你一个早上起床上班的好理由。我不知道有谁不想要一个没有贫穷的公正世界！

令人难忘：组织中的每个人都应该能够背诵愿景声明。要做到这一点，愿景声明必须既简短又引人注目。Cold Stone Cream的愿景声明是"终极冰激凌体验"。这是一个很好的愿景声明，因为它绝对比"我们做的冰激凌很好"之类的话语更令人难忘。

以目标为出发点：愿景声明应该说得好像组织正在为之奋斗的未来就在眼前。愿景声明可以写成一个已经解决的问题或已经做出的变革。阿尔茨海默病协会的愿景声明是"一个没有阿尔茨海默病的世界"。这不是现在的状态，但它是简短的、引人注目的、令人难忘的。它说的是未来的状态，就好像它正在发生一样。

项目愿景声明

> **项目愿景声明**：描述项目完成后的未来状态的简短而令人信服的声明。

与组织愿景声明一样，项目愿景声明也应该简短、引人注目和令人难忘，并与目标保持一致。波音推出777机型时，他们想要的是一种技术先进、能在极端环境（如海拔1 609米的丹佛）下飞行、能进行海外飞行、能忍受极端温度的中型飞机。所有这些都是要求，但没有一个是特别引人注目的愿景声明。然而，把它描述为"在炎热的一天从丹佛到火奴鲁鲁"，会在人们脑海中创建一个视觉形象，比一系列需求更引人注目，更令人难忘。

另一个引人注目的愿景声明是约翰·肯尼迪（John F. Kennedy）所说的"……在这个十年结束之前，让人类登上月球并安全返回地球"。对于为这个项目工作的员工来说，这一声明是令人振奋的、令人难忘的和鼓舞人心的。这个愿景声明不仅对项目人员有吸引力，而且对地球上的大多数人也有吸引力——它是以结果为出发点的。

如何将其转化为我们的项目？我们大多数人所从事的项目都不像阿波罗计划那样引人入胜；然而，我们的项目仍然可以从一个好的愿景声明中受益。在《跨越鸿沟》一书中，杰弗里·摩尔为新产品的愿景声明制定了一个模板，如下所示：

对于_____（表示客户），

谁_____（提供更多详情），

_____（产品的名称）是_____（描述产品），

_____（说明产品的作用）。

与_____（描述竞争对手的产品）不同，

我们的产品_____（提供差异化因素）。

例如，一个旨在提供技能提升和再培训的成人教育中心的愿景声明可以是：

对于成年人，

如正在转行的人，

职业技能提升中心是一个帮助你学习新技能的地方，

这为你找到急需的工作做好了准备。

与学位课程不同，

职业技能提升中心只在需要的时候提供所需的技能。

虽然这并不像"打垮阿迪达斯"那样简短和引人注目，但它确实提供了一种识别客户、描述产品以及产品将如何满足客户需求的简单方式。它还确定了差异化因素。这对项目来说是一个很好的"电梯演讲"，它为团队和关键干系人提供了一个关于项目将完成什么的宏伟蓝图。

愿景声明经常用于新产品开发项目。

项目章程

项目章程比项目愿景声明要详细得多。项目章程通常由项目发起人制定或由项目发起人和项目经理共同制定。它提供高层级信息，并作为启动项目的授权。

> **项目章程**：正式批准项目并提供项目高层级描述的文档。

项目章程的内容应该根据产品、项目和组织的需要进行定制。表4-1描述了项目章程中常见的要素。

表 4-1 项目章程中常见的要素

要素	描述
项目目的或原因	开展项目的原因。可能指商业论证、组织的战略计划、外部因素、合同协议或执行项目的任何其他原因
高层级项目描述	项目的摘要级描述。可能包括有关高层级产品和项目可交付物以及项目方法的信息
高层级需求	为达成项目目的而必须满足的高层级条件或能力。描述为满足干系人的需求和期望而必须呈现的产品特性和功能 本部分不描述详细的需求,因为这些都包含在需求文件中
项目目标和成功标准	项目目标通常至少要考虑范围、进度和成本 范围目标描述了实现项目计划效益所需的范围 时间目标描述了及时完成项目的目标 成本目标描述项目支出的目标
高层级风险	项目层级的初始风险,如资金可用性、新技术或资源缺乏
总体里程碑进度计划	项目中的重大事件。示例包括关键交付物的完成、项目阶段的开始或完成、产品验收
总体预算	项目的预计支出范围
关键干系人	对项目成功感兴趣和有影响力的重要人物名单。不需要重大参与的干系人可以在干系人登记册中注明,而不是在项目章程中注明
项目审批要求	客户或发起人接受项目必须满足的标准
委派的项目经理、职责和权限级别	项目经理在人员配备、预算管理和偏差、技术决策和冲突解决方面的权力 人员配备权力的示例包括雇用、解雇、纪律处分以及接受或不接受项目人员的权力 预算管理是指项目经理承诺、管理和控制项目资金的能力。偏差是指需要上报以供批准或重新确定基准的偏差级别 技术决策定义或限制了项目经理对可交付物或项目方法做出技术决策的权力 冲突解决定义了项目经理在团队内部、组织内部及外部干系人之间解决冲突的程度
发起人或授权项目章程的其他人的姓名和权限	为项目目的监督项目经理的人员的姓名、职位和权限。常见的权限类型包括批准变更、确定可接受的偏差限制、影响项目间冲突,以及在高级管理层支持项目的能力

一般来说，项目章程用于预测型项目，除非项目目标发生重大变化，否则项目章程不会改变。

案例研究

在本书中，我们将研究Geek God酒集团的案例，以演示用于项目工作的预测型方法、适应型方法和混合选项。

背景

Geek God酒集团（GGWG）是一家成功的酒庄。GGWG正在通过收购加利福尼亚州中部的一家老酒庄来扩大其业务。酒庄将被命名为Dionysus酒庄。酒庄拥有250英亩（约为1平方千米）的葡萄园和大型但老化的生产和储存设施。

GGWG计划翻新酒庄，并建造一个精品酒店、餐厅和品酒室。为了确保运营高效，GGWG将开发一个酒庄管理系统，用于储存、生产和葡萄园管理。GGWG对酒庄有很大的规划，包括葡萄酒俱乐部及许多社交和娱乐活动。

托尼是一位在预测型和适应型方法方面都有经验的项目经理，他被邀请管理该项目。

特萨是GGWG的首席运营官。她将担任发起人，并向GGWG董事会负责新酒庄的成功启动和运营。

Dionysus酒庄愿景声明

在项目开始时，托尼和特萨会面，为Dionysus酒庄制定了一份愿景声明。

> 对于成年人，
> 特别是喜欢葡萄酒和美好时光的人，
> Dionysus 酒庄是一个顶级的酒庄，
> 可以让顾客纵享轻松和快乐。
> 与其他只提供葡萄酒、俱乐部和品酒室的酒庄不同，
> Dionysus酒庄还提供教育和娱乐活动，与众不同的住宿体验以及创新的、源自当地的美食。

Dionysus酒庄项目章程

以愿景声明为指导，托尼和特萨制定了Dionysus酒庄项目章程。

Dionysus酒庄项目章程

项目的目的

为个人、情侣和团体提供有趣、高档、独特的酒庄体验。

高层级项目描述

本项目包括以下所有必要工作：

- 翻新现有的葡萄酒生产设施；
- 翻新现有的葡萄酒储存设施；
- 开发新的酒庄管理系统，用于储存、生产和葡萄园管理；
- 建造一个拥有50间客房的精品酒店；
- 建造一个可以同时容纳200人就餐的餐厅；
- 建造一个可容纳25个品酒站、250位客人的品酒室；
- 成立一个葡萄酒俱乐部；
- 举办盛大的开幕活动，展示Dionysus酒庄葡萄酒和社交活动；
- 招聘和培训所有员工；
- 酌情与所有干系人沟通；
- 领导多个团队交付项目；
- 管理项目范围、进度、预算、资源和风险；
- 每月向GGWG提供状态更新说明。

高层级需求

项目应满足以下条件和能力：

- 尽可能利用当地劳动力；
- 使用混合方法，为每个可交付物选择最佳交付方法，同时保持总体计划、进度和预算；
- 采用环保材料和做法；
- 遵守所有有关葡萄园、酒庄、品酒室、住宿、人员配备、活动的州和地方法律、法规、条例；
- 酒店按照四星AAA级标准建设；
- 餐厅按照四星AAA级标准建设和配备员工；

- 盛大的开幕式将包括Dionysus酒庄葡萄酒、餐厅食物、音乐和有趣的活动。

项目目标和成功标准

如果达到下列目标，该项目将被视为成功：

- 负责生产、储存、葡萄园和所有施工交付物的管理和范围控制；
- 不断优化葡萄园、储存和生产系统的范围；
- 确定盛大开幕式以及社交和娱乐活动的范围；
- 在项目开工后12个月内举行盛大开幕式；
- 将预算绩效保持在±10%以内。

高层级风险

本项目最大的不确定性为：

- 具备所需技能的员工的可用性；
- ·入住许可证和执照的及时性；
- 材料的可用性；
- 材料成本。

总体里程碑进度计划

以下里程碑将用于跟踪进展：

- 启动；
- 改造完成（生产和存储设施）；
- 建设完成（酒店、餐厅、品酒室）；
- 部署酒庄管理系统；
- 人员配备和培训到位；
- 成立葡萄酒俱乐部；
- 盛大开幕；
- 过渡到运营。

总体预算

项目预算为900万美元。这并不包括应急储备或管理储备。

关键干系人

最初的干系人被确定为：

- Geek God酒集团；
- 发起人；
- 团队；

- 葡萄园员工；
- 当地艺人和活动供应商；
- 其他酒庄；
- 当地居民；
- 游客/访客；
- 媒体。

项目审批要求

当满足以下标准时，发起人将认为项目完成：

- 满足所有需求；
- 拿到所有许可证和执照；
- 所有场馆人员配备齐全，工作人员经过培训；
- 隆重开幕；
- 所有业务都已移交给员工。

委派的项目经理、职责和权限级别

项目经理托尼在人员配备、预算管理和技术决策方面的权力如下：

- 管理所有团队领导的权力，这些团队领导将管理和领导他们的团队成员；
- 评估、监控和控制所有资金（工资和运营费用除外）的权力和责任。

项目经理无权：

- 雇用或解雇员工，但他的意见将被认真考虑；
- 签订合同；
- 就培育（酿酒葡萄）和酿造（酿酒）做出技术决策。

发起人的姓名和权限

这个项目的发起人是Geek God酒集团的首席运营官特萨。特萨对新Dionysus酒庄项目的成功负有全部责任。这包括批准进度计划、预算、人员配备、变更和偏差。特萨是项目经理权限之外的风险、问题和冲突的上报人。

特萨是该项目的高层管理者。

签名：

托尼   *特萨*

项目经理   项目发起人

好的开始是项目成功的关键因素之一。拥有引人注目的愿景声明和项目章程是交付成功项目的良好开端。

假设条件和制约因素

从项目一开始，项目经理就在假设条件和制约因素下工作。例如，当开始一个项目时，可能会假设项目人员将有足够的技能来完成工作。在项目开始时，你可能不知道谁将参与项目，但是如果不做一些假设，你就无法制订进度计划或预算。如果以后你发现某个假设不正确，你可能需要更新进度计划或预算来反映新的信息。重要的是要记住，不正确的假设可能给项目带来风险。

> **假设**：在项目中被认为是真实的东西。
> **制约因素**：限制或约束因素。
> **假设日志**：用于识别和跟踪假设条件和制约因素的动态文档。

项目在一系列制约因素下运行。制约因素可以通过需求、法规和政策来阐明。此类制约因素的例子包括遵守当地法规或遵守公司有关合同的政策。其他制约因素更具体，主要针对项目，如固定的交付日期或资金限制。

在假设日志中同时记录假设条件和制约因素是一个很好的做法。假设日志中常见的内容如下。

- 类别：对假设条件和制约因素进行分类，如资源、进度计划、预算等，有助于组织假设条件和制约因素并对其分类。
- 假设条件/制约因素：对假设条件或制约因素的简要描述，包括足够的信息来理解假设条件或制约因素，但没有详尽的细节。
- 状态：假设的状态，如待定、进行中或证实。
- 评论：任何其他有用的信息。这可能包括历史信息、正在进行的验证假设的活动、假设无效时的影响等。

假设日志还可以包括验证假设的责任一方、到期日期和验证的领域。

表4-2显示了Dionysus酒庄项目初始假设日志的示例。

表 4-2　Dionysus 酒庄项目初始假设日志

编码	类别	假设条件/制约因素	状态	评论
A1	技能	我们假设当地有足够的人才储备来为葡萄园、酒庄和品酒室配备员工	待定	由于该地区有几家酒庄，很可能有具备所需技能的人
A2	运营	我们假设葡萄园状况良好，将由现有的 Geek God 酒集团员工管理	证实	葡萄园运营不是这个项目的一部分，但是员工被认为是这个项目的重要干系人
A2	资源	我们假设建筑资源按市场价格供应	待定	建筑材料一直短缺。我们认为短缺问题将得到解决，不会影响本项目
C1	监管	生产、储存和酿酒厂设施必须按照酒精饮料控制委员会的最新规定进行升级改造	进行中	新规定已经通过，生产和储存设施不符合规定

考虑到项目的动态性质，我们并不总是能够掌控事情将如何发展。因此，对我们的项目做出假设并记录这些假设是很重要的。你的假设日志是一个动态文档，将在整个项目中不断发展和更新。

总结

在本章中，我们介绍了两份可以在项目启动时使用的文档，一份是项目愿景声明，一份是项目章程。我们还描述了如何使用假设日志来记录项目假设条件和制约因素。

我们介绍了Dionysus酒庄的研究案例，该研究案例将贯穿全书。作为介绍案例研究的一部分，我们记录了Dionysus酒庄的愿景声明、项目章程和假设日志。

关键术语

Assumption　假设

Assumption Log　假设日志

Constraint　制约因素

Project Charter　项目章程

Project Vision Statement　项目愿景声明

第5章 混合项目管理规划与架构

混合项目需要预先构思和规划，以适当地架构它们。我所说的架构，是指确定你将用于每个可交付物、生命周期阶段的开发方法，以及你将如何在项目中集成适应型方法和预测型方法。你还需要考虑哪些元素应该在你的项目管理计划中，以及它们需要有多详细。可交付物通常需要各种评审和签字。你可以在项目路线图中记录此信息以及里程碑和关键交付日期。

在本章中，我们将介绍项目规划中的基本概念。无论你采用何种开发方法，这些概念都适用并将贯穿整个项目。我们将研究项目管理计划中的常见元素，并讨论如何裁剪它们。然后我们将描述项目生命周期和项目阶段。我们将通过展示如何将这些信息应用于Dionysus酒庄项目来演示这些概念。最后，我们将介绍项目路线图，并展示它如何为项目提供高层级架构。

规划的基础

在项目管理中，有两个基本事实：
1. 你不可能一开始就知道一切。
2. 你必须平衡相互矛盾的需求。

我们首先来看一种规划技术，它揭示了项目的本质——不确定性。

渐进明细与滚动式规划

一旦你有了项目愿景声明和/或项目章程，你就可以开始规划项目了。通常在项目开始时就有一定程度的规划，然后随着项目的推进，规划的程度也会随之变化。

正如第2章中所讨论的，有范围演变的项目不需要大量的预先规划。对于这种类型

> **渐进明细**：随着信息越来越多进而不断提高项目管理计划的详细程度的迭代过程。

的项目，其范围并不是很确定，因此在项目一开始就花费时间详细估算资源、持续时间和预算是没有意义的。

对于范围已得到充分理解和明确定义的项目，可以有更多的预先规划，但并非所有事情都能够或应该在项目开始时就被详细规划出来。这是因为，虽然前90天的资源、进度和成本估算可能相当确定，可一旦过了90天，事情就变得越来越不确定了。风险和问题可能会冒出，干系人可能会改变他们的想法，还可能出现进度延迟、团队成员变动等。因此，即便在瀑布型项目中，我们也希望随着项目的推进不断地为计划和估算提供更多的细节。这个概念被称为"渐进明细"。

渐进明细是项目的一个事实。尽管我们希望能够准确地预测项目在第210天会发生什么，以及我们将花费多少预算，但这是不可能的。

平衡与项目相关的不确定性和对可预测性的渴望的一种方法是使用滚动式规划。滚动式规划确保规划所花费的时长适合项目中的时间点。有些人使用90天期限——这意味着未来90天的信息会被详细地记录下来。这可能包含带有活动、依赖关系和定义的持续时间的进度计划。其成本估算的区间

> **滚动式规划**：一种逐步细化的形式，在这种形式中，对近期的活动进行详细规划，而对远期的活动则只做粗略规划。

较窄，资源也得到了保证。90～180天的信息规划就不那么详细了。进度计划可能也没那么详细，而且成本估算的区间可能更大。必要的技能可能已被确定，但某些活动可能还没有指定具体的成员。6个月以后才做的工作会被归在里程碑层级上，并对成本进行粗略的估算。

根据项目的不同，你可能有更短的规划"波"（滚动周期）。对于少于90天的固定范围的项目，你通常可以在开始就做出相当完整的工作规划，并在此过程中调整你的估算。渐进明细并不意味着你忽略了章程中的里程碑和概要级别预算。这意味着你没有在一开始就花很多时间去研究整个项目的细节。随着项目的进展，你将详细阐述和改进细节。

互相竞争的需求

在项目管理中有这样一种说法"你可以拥有好的，你可以拥有快的，或者你可以拥有便宜的，三选二"。换句话说，"范围、进度或成本，哪个更重要"。范围、进度和成本被称为"铁三角"。虽然这很形象，但不能说明全部情况。

可以肯定的是，这是项目中的三个重要约束条件，但它们并不是我们需要注

意的仅有的约束条件。让我们看几个建造定制住宅的项目的例子。

范围和质量不同：假设客户想要瓷砖地板。你可以去当地的五金店购买售价为5美元的12英寸×12英寸瓷砖。但每片5美元的瓷砖的质量与同等尺寸但要价为20美元的意大利大理石瓷砖是完全不同的。"拥有瓷砖地板"这个范围可能会得到满足，但可能达不到客户所期望的质量。在这个例子中，需要在质量和预算两个约束条件之间寻求平衡。

成本和持续时间依赖于资源：在一个完美的世界里，拥有你所需技能的团队成员是唾手可得的，你所需要的所有材料都是当地的，而且价格合理。我们都知道，这是可能的，但无法保证。有时团队成员在其他项目上，有时供应链出现问题会导致进度延迟和价格攀升。这表明需要用资源来平衡进度、预算，甚至范围和质量。

风险可以影响项目的方方面面：即使你拥有全部所需的资源、切合实际的进度计划、达成一致的质量要求和充足的预算，也没有人能保证使一切付诸东流的风险、问题或困难不会出现。

因此，我认为每个项目至少要受到以下6种约束：

- 范围；
- 进度；
- 成本；
- 质量；
- 资源；
- 风险。

此外，大多数项目受到特定于某个行业或专业的监管限制。别忘了干系人。干系人是项目存在的原因。因此，在整个项目中，当平衡相互矛盾的需求时，我们也应该在约束中考虑干系人的满意度。

因此，从规划项目开始，一直到项目结束，我们总是在平衡和再平衡相互竞争的需求。这需要持续的关注和良好的判断力，才能成功地交付项目。

项目管理计划

瀑布型项目的治理文件是项目管理计划（又名项目计划）。项目管理计划中的信息

> **项目管理计划**：描述如何计划和管理项目的文件。

和信息详细程度取决于项目和组织的指导。对于大型复杂项目来说，制订项目管理计划可能是一个耗时且严格的过程。然而，制订项目管理计划的过程会提供有价值的信息，并有助于项目顺利进行。

项目管理计划通常包括生命周期和阶段的描述，以及项目关键因素的若干子计划。它还描述了必要的关键评审。

子计划

> **子计划**：项目管理计划的组成部分，描述如何规划和管理项目的某个具体领域。

子计划涉及如何规划和管理项目的某个具体领域。例如，任何项目都有一个风险管理计划，概述了团队将如何识别、分析和应对风险。

表5-1提供了常见的子计划及其内容说明。

表 5-1 常见的子计划及其内容说明

子计划	内容说明
范围管理计划	指导如何对范围进行定义、记录、确认、管理及控制 获得项目可交付物的正式核实与验收的说明 控制项目范围变更的过程
需求管理计划	描述如何对需求进行收集、跟踪和报告 描述需求的配置管理计划 定义需求的优先级标准 建立需求跟踪结构
进度管理计划	描述进度计划方法 确定进度计划工具 设置项目进度计划的格式 建立控制项目进度的标准
成本管理计划	定义估算的精确度 定义度量单位 建立成本控制临界值
质量管理计划	确定质量管理角色和职责 定义质量保证方法 定义质量控制方法 定义质量改进方法

续表

子计划	内容说明
人员配备计划	概述角色、权限和职责 设置项目组织结构 描述员工招聘与离职过程 确定培训需求
资源管理计划	确定如何估算实物资源 定义如何以及何时获取资源 概述资源信息（交付、存储、管理）
沟通管理计划	描述将被分发的信息类型：详细程度、格式、内容等 识别每个沟通的受众 概述分发的时间和频率 记录术语表
风险管理计划	概述风险管理的角色和职责 确定风险管理活动的预算和时间安排 描述风险类别 提供概率和影响定义 提供概率和影响矩阵 描述使用的定量报告的方法
采购管理计划	概述采购权限、角色和职责 编制标准采购文件 确定合同类型 记录选择标准
干系人参与计划	识别所有类别的干系人的当前参与程度和期望参与程度 描述促进干系人有效参与的活动 确定干系人之间的关系
变更管理计划	确定如何提交变更请求 记录评估变更请求的流程 确定变更控制委员会的成员资格 概述批准变更的权限

当然，还有其他适用于项目的计划，如后勤计划、配置管理计划和安全计划。有的项目要比上述内容更为详细，而对有的项目来说较少的信息反而更合适。

> **提示**：寻找整合或减少子计划数量的方法。比如，你可以把范围管理计划和质量管理计划整合起来。另一个例子是，如果你没有大规模采购，你可能就不需要采购管理计划。

为混合项目裁剪项目管理计划

领导混合项目，需要你对项目管理计划进行的裁剪甚至比瀑布型项目还要多。下面是一些关于你如何裁剪项目管理计划的示例。

范围管理计划可能包含以下信息：哪些可交付物将使用预测型方法进行范围开发，哪些将采用渐进明细方法。

进度管理计划可能用甘特图或任务看板来展示某些可交付物的进度计划。进度管理计划还将描述如何将任务看板上的工作整合，并在整个项目的进度计划中展示。

人员配备计划可能会说明团队的不同角色和职责，如Scrum Master、项目经理、发起人和产品负责人。敏捷项目和瀑布型项目对角色资质的认证存在着差异，因此任何资质认证或培训需求都应被记录在人员配备计划中。

沟通管理计划通常记录用于状态沟通的各种会议类型。适应型项目中使用的会议类型与预测型项目中使用的会议类型不同。因此对会议类型、频率以及谁应参会的期望都会被记录在沟通管理计划中。

变更管理计划可以识别哪些可交付物需要走变更管理流程。

这些只是你该如何裁剪项目管理计划以满足混合项目需要的很少的几个例子。

项目生命周期

> **项目生命周期**：项目从开始到结束所经历的一系列阶段。

项目生命周期是项目从开始到结束所经历的一系列阶段。项目阶段具体取决于所做工作的类型。例如，在第1章中，我们展示了一个施工项目的生命周期，如图5-1所示。

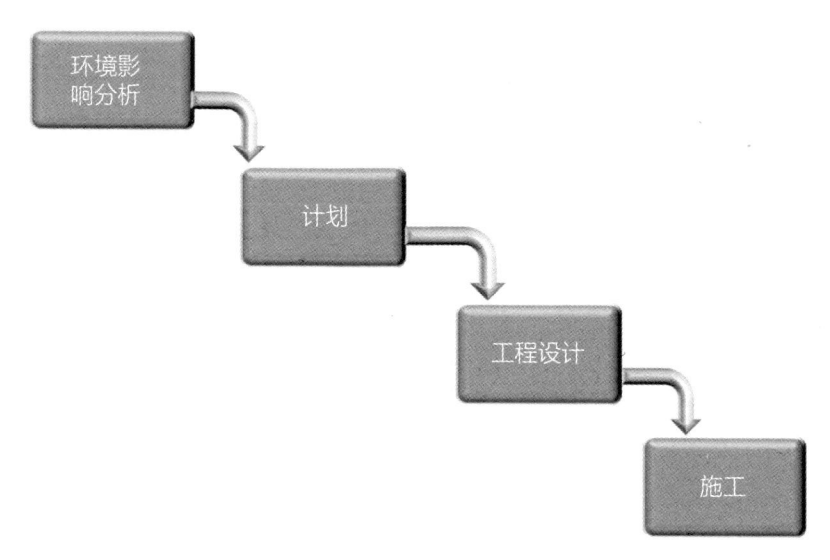

图5-1 施工项目生命周期示例

显然，你不会为一个研发项目使用与图5-1同样的项目阶段。对于研发项目来说，更适合的生命周期可能类似于图5-2。

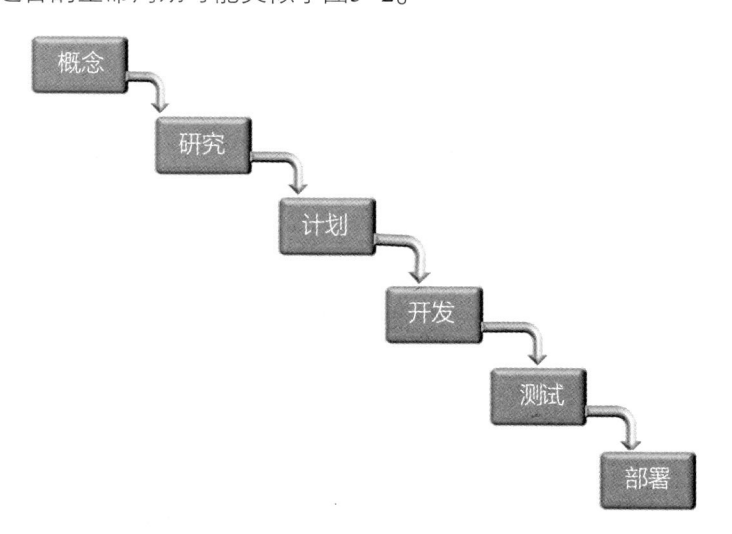

图5-2 研发项目生命周期示例

在这个研发项目的生命周期示例中，如果团队使用适应型方法，那么计划、开发和测试阶段可能会以迭代的方式同时进行。在瀑布开发方法中，阶段会依次进行，也可能重叠。因此，产品的性质影响开发方法，而开发方法又影响项目生命周期。

项目阶段具体取决于所做工作的类型。我认为对每个阶段中的待办事项以及从一个阶段推进到另一个阶段的标准做一个简要的说明是有用的。表5-2展示了我在写本书时所用到的生命周期示例。除了列出各阶段，它还描述了每个阶段执行的工作类型以及推进到下一个阶段的标准。

表5-2 出版一本书的生命周期示例（以美国为例）

阶段	工作	进阶标准
提案	• 定义概念 • 确定方法 • 填写图书出版建议书 • 市场调研 • 合同	• 市场调研对提出的概念有利 • 双方签署合同 • ISBN 编号获批
撰写	• 制定详细大纲 • 起草章节 • 绘制图表 • 创建术语表 • 校对 • 提交	• 手稿和所有图表都按照编辑指南提交给出版商 • 所有合同里程碑都已达成
校订	• 评审内容、语法 • 评审图表清晰度 • 作者评审	• 技术和项目编辑批准内容 • 美术部门批准图表 • 作者已评审所有校订并批准了最终内容
排版	• 出版商转换所有内容以供印刷 • 设置分页 • 图表转换为打印格式 • 完成封面设计	• 所有内容均为打印格式
出版	• 页面制作并审查准确性 • 页面排版 • 创建校稿 • 印版印刷 • 打印 • 装订	• 页面通过 QA • 校稿通过 QA • 页面正确打印 • 完成装订并准备上市
上市	• 添加到商品目录和在线资源中 • 销售和促销 • 在网上和实体店销售	• 项目完成 • 移交给运营管理

通过表5-2你可以看出，各个阶段的描述都很简短。它们提供的信息仅够表

明每个阶段中发生的活动，以及进入下一个阶段将发生什么。在许多项目中可能会有重叠的阶段。例如，在校订和排版阶段以及在出版和上市阶段可能会有一些重叠。在这种情况下，你可能会有阶段完成标准而不是阶段进阶标准。

使用不同开发方法的混合项目，其生命周期的阶段可能会并行。整个项目可能有一个启动阶段，然后根据工作类型的不同，会并行多个开发阶段。例如，你可能看到需求→开发→软件交付能力测试阶段与工程→构建→完成可交付物实施阶段在并行。这种类型的生命周期增加了一定程度的复杂性，因为需要跨项目协调不同类型的工作和可交付物。

关键评审

项目通常在其中关键节点上进行评审。它们可能出现在一个阶段的开始或结束时，抑或在关键可交付物完成时。评审的目的是让干系人审查工作，提出问题，查看演示（如果可能的话），并确保某些标准（如进阶标准或验收标准）已经满足。

关键评审的例子包括综合基准评审、初步设计评审和技术同行评审。下面的描述提供了关于关键评审的通用概念。

综合基准评审（Integrated Baseline Review，IBR）：IBR用于确认项目计划是否良好。评审至少评估以下方面：

- 进行了稳健的风险评估，并解决了风险；
- 范围、成本和进度基准是一致的；
- 有适当的控制系统；
- 项目管理计划是完整的，足以向前推进。

初步设计评审（Preliminary Design Review，PDR）：PDR用于确认项目是否可以进行详细规划。评审至少评估以下方面：

- 初步设计满足各项要求；
- 项目能够满足成本和进度基准；
- 技术风险是可接受的，并有适当的应对措施；
- 已识别所有接口；
- 验证方法已确定。

技术同行评审（Technical Peer Review）：管理层不参加技术同行评审；相

反，这是同行们回顾工作的机会。它一般用于工程项目。该评审通常在项目的开发阶段进行，可用于评审产品组件或完整产品。

与所有事情一样，评审取决于可交付物和项目的性质。小型项目在过渡到运营之前可能只进行一次评审。大型项目的评审可能多达7～10次，这些评审是与客户、承包商和分包商的多日事务审查。

阶段结束时的评审通常被称为阶段关口。阶段关口用于判定一个阶段是否准备好推进到下一个阶段。通常这意味着一个阶段的完成标准已经得到满足。有时项目仍会推进，即使其中有一两个事项仍在进行或需要修改。在极少数情况下，项目会在某个阶段关口终止，因为项目的需求不再存在，或者项目已明显无法满足目标，或者由于其他原因。

> **阶段关口**：为做出项目是否已准备好进入下个阶段的决定而开展的阶段末审查。

混合项目的项目管理计划

我们将以Dionysus酒庄项目来演示如何在项目管理计划中裁剪组件以满足项目的需要。我们将从记录开发方法和生命周期开始，然后讨论哪些子管理计划是有用的，最后以关键评审结束。

开发方法

不同的可交付物将有不同的开发方法。建造和改造项目使用预测型方法会做得很好，而管理系统可以使用适应型方法来进行开发。

托尼已经会见了项目团队，并且他们已经记录了每个可交付物的开发方法，以及为什么要使用该方法的简要说明。

表 5-3　Dionysus 酒庄项目的开发方法

可交付物	开发方法	备注
精品酒店	瀑布	对酒店的需求很好理解，不太可能变更。大部分计划可以从一开始就实施，并且计划可以作为基准并遵循
餐厅	瀑布	对餐厅的需求很好理解，不太可能变更。大部分计划可以从一开始就实施，并且计划可以作为基准并遵循
品酒室	瀑布	对品酒室的需求很好理解，而且不太可能变更。大部分计划可以从一开始就实施，并且计划可以作为基准并遵循

续表

可交付物	开发方法	备注
翻新葡萄酒生产设施	瀑布	对葡萄酒生产设施的需求很好理解，而且不太可能变更。大部分计划可以从一开始就实施，并且计划可以作为基准并遵循
翻新葡萄酒储存设施	瀑布	对葡萄酒储存设施的需求很好理解，而且不太可能变更。大部分计划可以从一开始就实施，并且计划可以作为基准并遵循
酒庄管理系统	敏捷	管理系统可以从特性和需求的优先级列表开始。管理系统的不同模块可以由不同的团队同时开发。团队可以使用相同的时间盒，并定期演示工作软件。当干系人看到系统如何演进时，他们可以进行修改，变更优先级，并添加新的特性，还可以选择在持续添加特性的同时发布软件的增量
招聘和培训员工	迭代	招聘和培训员工可以使用迭代开发方法，因为每个主要职能（酒厂、酒店、餐厅等）都有自己的需求以及招聘和培训的时间。然而，只有在所有职能部门都配备了人员并接受了培训之后，才能认为可交付物是完整的。在这个过程中，可能会有对招聘和培训流程调整的机会并吸取经验教训
葡萄酒俱乐部	增量	葡萄酒俱乐部可以使用增量开发方法，从为会员提供最低限度的福利开始，然后根据会员的反馈增加和调整福利
开业庆典	瀑布	开业庆典需要提前计划，因为一些活动，如娱乐活动，需要提前预订。这些需求可以在一开始就确定下来，虽然可能会有一些小调整，但不应该有太大的变化。此外，这一开业庆典有一个固定结束日期，人们并不期望它有变动

生命周期

由于项目的混合性和不同的开发方法，该项目将有一个启动阶段和三个主要分支，每个分支都有适用于将要完成的工作类型的阶段。托尼为特萨制作了一个表格（见表5-4），用于标识每个阶段的名称、工作和完成标准。

表 5-4　Dionysus 酒庄项目的生命周期

阶段名称	工作	完成标准
启动	• 进行市场调研 • 经营理念 • 项目章程 • 组建团队 • 启动大会	• 市场调研有利于提出的概念 • 项目章程已由发起人和项目经理签署 • 团队成员已确定 • 启动大会已召开
签约	• 项目采购策略 • 建议邀请书 • 选择资源 • 执行合同	• 制定了全面的采购策略，包括合同类型 • 所有采购都已发布工作说明书和招标文件 • 所有采购都已收到回复的建议邀请书，并完成评估 • 合同已签订
建筑设计/ 工程规划	• 建筑图纸和立面图 • 工程规范	• 所有的新建筑都有建筑图纸和立面图 • 所有翻新的建筑物都有建筑图纸和立面图 • 所有新建筑都有工程计划和规范 • 所有翻新的建筑都有工程计划和规范
施工	• 地基 • 结构 • 技术工作 • 收尾工作	• 所有施工都获得许可 • 所有施工均符合建筑和工程计划 • 竣工查核事项表是完整的，并完成签批 • 所有的使用许可证都已获批
翻新	• 升级当前代码 • 订购并安装生产设备 • 订购并安装存储设备	• 所有升级都获得许可 • 新生产设备已订购、测试和安装 • 葡萄酒存储设备已订购、测试和安装 • 竣工查核事项表是完整的，并完成签批 • 使用许可证获批
系统开发	• 确定需求 • 构建、测试和调试功能 • 集成与发布工作	• 当酒庄数据、葡萄酒数据、库存管理和葡萄酒俱乐部功能齐全并符合需求时，初始开发将被视为完成 • 在最初发布之后，额外的功能将由运维负责
招聘与培训	• 确定员工职位 • 招聘启事 • 面试 • 招聘 • 培训	• 所有工作人员的职位都被及时确定和填补 • 所有新员工都经过培训，能够胜任工作职责 • 在初始人员配置之后，招聘和培训将过渡给运营

续表

阶段名称	工作	完成标准
葡萄酒俱乐部	• 市场调研 • 商业模式 • 市场营销	• 一个多层的商业模式得到了特萨的认可 • 社会营销已启动 • 宣传册和传单已制作 • 管理葡萄酒俱乐部是运营的职责
开业庆典	• 预定娱乐活动 • 市场营销 • 菜单/餐饮计划 • 设备租赁 • 事件管理	• 特萨批准了开业庆典的计划 • 行政总厨为活动准备食物 • 设备、家具和材料的合同已经签订 • 这次活动的组织和管理都很好

在审查表格之后，特萨要求以图形的方式描述各阶段如何流动和交互。托尼向她展示了图5-3中的信息。

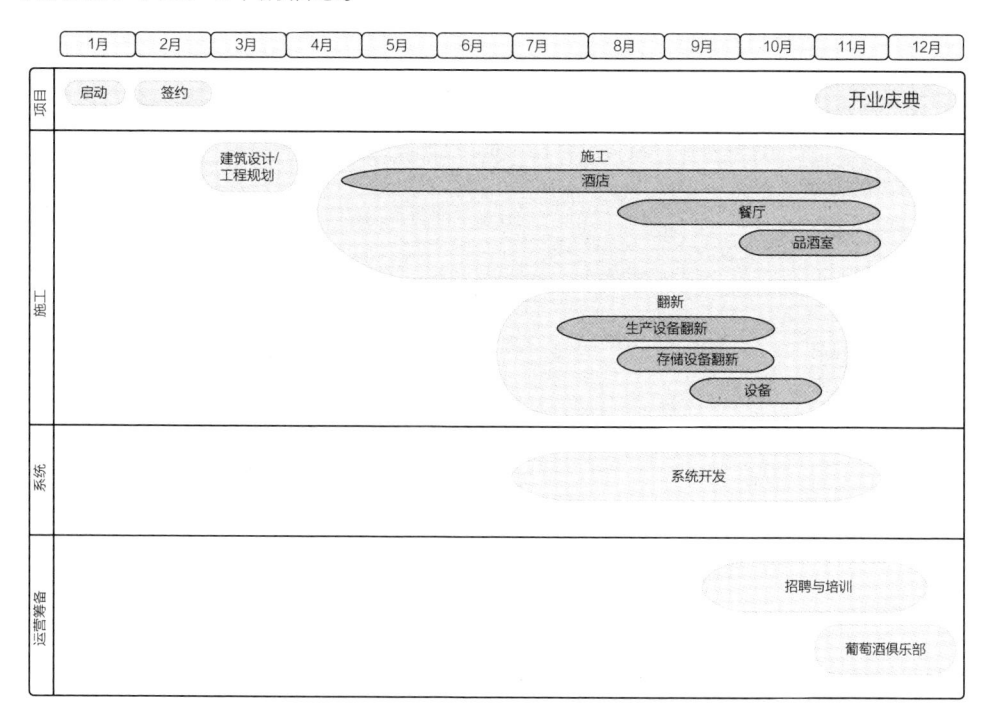

图5-3 Dionysus酒庄项目生命周期各阶段

子计划

托尼和他的团队花了几小时讨论如何以最好的方式管理这个项目。他们评估了控制某些可交付物的必要性，并平衡了其他可交付物的灵活性需求。最终，他们认为该项目可以通过以下子计划来实现最好的服务：

- 范围管理计划；
- 进度管理计划；
- 成本管理计划；
- 人员配备计划；
- 培训计划；
- 施工管理计划；
- 安全计划；
- 后勤管理计划；
- 沟通管理计划；
- 风险管理计划；
- 采购管理计划；
- 干系人参与计划；
- 变更管理计划；
- 系统测试计划；
- 开业庆典计划。

关键评审

特萨和托尼会面，以确定特萨和管理团队的其他成员应该在哪些时间点评审项目进展并签批进阶。他们认为4次评审就足够了。

综合基准评审（IBR）：IBR将用于确保所有计划都是完整的、集成的，并包含充分的风险应对措施。这将在总承包商和关键分包商加入后进行。评审将包括施工范围、进度和成本基准以及综合风险登记册。IBR完成后，项目将进入建筑设计和工程规划阶段。

施工就绪评审（Construction Readiness Review，CRR）：CRR将使高级管理层有机会评审和批准所有的蓝图，以及任何进度和成本估算的更新。一旦CRR完成，酒店、餐厅和品酒室的建造就可以开始，同时还可以对葡萄酒生产和葡萄酒存储设施进行翻新。

系统就绪评审（System Readiness Review，SRR）：SRR将在库存、葡萄园、葡萄酒俱乐部和酒厂管理系统运行之前使用。由于将使用敏捷开发方法，干系人将在开发过程中看到这些特性。SRR将允许干系人看到整个系统集成并在测试环境中运行。

运营就绪评审（Operational Readiness Review，ORR）：ORR将包括每个场

所的演练、餐厅的葡萄酒晚餐（当然）以及各职能部门（酒店、餐厅、酒厂、设施、人力资源等）的负责人的介绍。这次评审将在盛大开幕前两周进行。这将确保管理层所有的系统都已就位，以迎接客人并将项目过渡到运营。

路线图

项目管理计划定义了生命周期，生命周期展示了通用的工作流。项目管理计划还确定了关键评审。项目章程通常包括重要的里程碑，并列出了可交付物。但是，要获得所有摘要信息的高层级视图，你可以切换到路线图。除了阶段、评审、里程碑和其他关键信息，路线图通常还囊括关键交付、阶段关口和时间线。

> **项目路线图**：一张包括项目阶段、评审、里程碑和其他关键信息的项目高层级视图。

图5-4显示了Dionysus 酒庄项目的路线图。

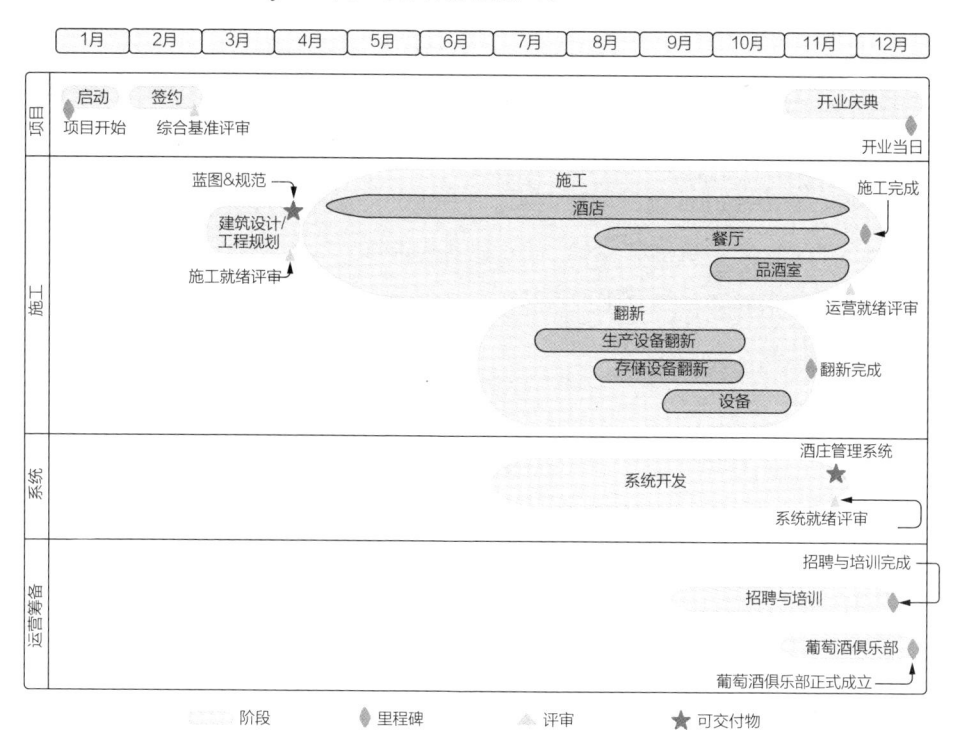

图5-4 Dionysus 酒庄项目的路线图

你可以看到该路线图如何允许团队、高层级管理人员和其他关键干系人获得项目工作的概述，并查看何时计划重大事件。路线图带有一个图例，用于标识里程碑、阶段关口、关键评审和可交付物。

总结

在本章中，我们将渐进明细和滚动式规划确定为规划的主要原则。我们描述了互相竞争的需求，以及如何平衡各种项目约束条件。

我们确定了项目管理计划中的要素，并描述了裁剪或制订子计划以满足项目需要。我们描述了项目可交付物如何影响开发方法，而开发方法又反过来影响生命周期阶段。然后我们讨论了项目评审。Dionysus 酒庄项目展示了项目管理计划的要素。

项目路线图被描述为允许关键干系人获得项目工作和主要事件概述的一种方式。本文还展示了 Dionysus 酒庄项目的路线图，以证明路线图的有用性。

关键术语

Phase Gate 阶段关口

Progressive Elaboration 渐进明细

Project Life Cycle 项目生命周期

Project Management Plan 项目管理计划

Project Roadmap 项目路线图

Rolling Wave Planning 滚动式规划

Subsidiary Plan 子计划

第6章 在混合项目中定义范围

在混合项目中有许多方法可以用来规划和定义范围。你可以使用范围管理计划、工作分解结构（Work Breakdown Structure，WBS）词典和需求管理软件来提供非常详细的信息，你也可以使用用户故事和待办事项列表这样的轻量级方法。考虑到范围驱动着项目的方方面面，思考如何最优地识别、细化、规划和管理项目范围是非常重要的。

在本章中，我们将从定义范围的预测型方法开始。这些方法非常适合那些可预先定义且只有很少变更的可交付物。然后，我们将研究记录可交付物的方法，并根据不断演变的范围确定优先级。在本章中，我们将通过Dionysus酒庄项目来演示相关概念和方法。

用范围管理计划规划范围

在第5章中，我们将范围管理计划确定为项目管理计划的子计划。在这里，我们将更详细地讨论范围管理计划。

在混合项目中，你可能对有些可交付物使用预测型方法，而有些可交付物将随着项目的推进而不断扩大范围。你可以使用范围管理计划来记录你打算如何处理这两种范围的定义和细化。例如，你可能希望在你的范围管理计划中有一部分用于预测型范围，还有一部分用于适应型范围。

> **范围管理计划**：项目管理计划的子计划，描述如何定义、记录、管理和验证项目范围。

关于预测型范围的部分可能会记录你将如何从项目章程中分解范围、编排范围、控制范围变更，并验证范围是否正确。关于适应型范围的部分可能会记录你将如何排列范围的优先级和验证范围。

范围管理计划还可以记录如何整合范围管理和需求管理。如果承包商正在开发重要的可交付物，则范围管理计划可能会讨论如何将采购范围与内部开发的范围整合起来。

接下来你将看到 Dionysus 酒庄项目的范围管理计划示例。

Dionysus 酒庄项目的范围管理计划

预测型范围

分解

那些本质上具有预测性的元素，如酒店、餐厅、品酒室、葡萄酒生产设施、葡萄酒储存设施和开业庆典，将使用范围说明书进一步分解。范围说明书将提供每个可交付物的叙述性说明，识别与每个可交付物相关的组件，并识别范围外的工作（除外事项）。

编排

使用工作分解结构来编排范围，并进一步将范围分解为低层级的可交付物。随着获得的信息越来越多，将采用渐进明细法来进一步分析这项工作。

WBS 词典仅用于开业庆典。总承包商将管理所有建设和改造工作相关的详细信息。

控制变更

设立变更控制委员会（Change Control Board，CCB），以确保严格控制范围变更。变更控制委员会的成员包括安东尼、特萨和总承包商。如有需要，将会有额外的人员加入，以帮助 CCB 了解拟议变更的性质和影响。

任何建议的变更都应提交变更请求，说明理由，以及评估对范围、质量、进度、成本、资源和风险等相互竞争需求的影响。

变更日志将保存所有变更请求的信息及其处理情况。

CCB 将每两周开一次会来审查变更请求。他们的决定将被记录在变更日志中，然后传达给干系人。

验证和确认

验证（技术正确性）和确认（客户验收）将贯穿整个项目。对于施工工作，验证和确认将包括：

- 在需求文档上签字；
- 在蓝图上签字；
- 当所有技术工作完成时，进行走查；

- 当所有收尾工作完成时，进行走查；
- 审查所有的施工许可证；
- 审查使用许可证；
- 成功通过评审（综合基准评审、施工就绪评审和运营就绪评审）。

适应型范围

适应型范围包括招聘和培训、建立葡萄酒俱乐部、开发酒庄管理系统。

分解

招聘和培训及建立葡萄酒俱乐部将使用每个可交付物单独的范围说明书进行分解。范围说明书将提供叙述性说明及与可交付物相关的描述，并识别范围外的工作（除外事项）。

编排

资源分解结构将用于编排人员，培训计划将用于组织和设计培训。

开发酒庄管理系统和建立葡萄酒俱乐部将使用单独的待办事项列表来排列优先级。

控制变更

基于适应型原则，可以引入变更，但截止日期不可变。按时交付至关重要，因此，任何范围的修改都不能妨碍按时交付。

验证和确认

招聘和培训将由公司人力资源部门在审核招聘和培训过程的基础上进行验证和确认。

葡萄酒俱乐部将由特萨进行验证。

酒庄管理系统将通过定期的功能演示进行验证和确认。这些演示将以固定的节奏进行，安东尼、特萨、运营经理（待聘）和企业IT总监都将参加。最终验收是运营经理的职责。

较小的项目可能不怎么使用范围管理计划。不过，混合项目在本质上更加复杂，该计划可以有效区分项目各方面的范围管理。

用范围说明书明确范围

范围说明书使用来自项目章程的信息，并逐级详细描述。范围说明书包含对项目的

> **范围说明书**：描述项目范围和可交付物，同时标识范围边界的项目文件。

叙述性说明，对每个可交付物的描述，并识别超出范围的工作。如果验收标准没有在其他地方（如范围管理计划或验证和确认计划）确定，则在范围说明书中确定。

叙述性说明

叙述性说明比章程更详细地描绘了最终结果。它为整个项目提供了更丰富的描述。例如，Dionysus 酒庄项目的愿景声明是：

> 对于成年人，特别是喜欢葡萄酒和美好时光的人，Dionysus 酒庄是一个顶级的酒庄，可以让顾客纵享轻松和快乐。与其他只提供葡萄酒、俱乐部和品酒室的酒庄不同，Dionysus酒庄还提供教育和娱乐活动，与众不同的住宿体验及创新的、源自当地的美食。

项目章程中所述的Dionysus酒庄的目的是：

> 为个人、情侣和团体提供有趣、高档、独特的酒庄体验。

范围说明书中的叙述性说明可以是：

> Dionysus 酒庄是一家精品酒庄，将为顾客提供有趣又迷人的体验。顾客将有机会了解有关葡萄和酿酒过程的知识，品尝在不同发酵和陈酿阶段的葡萄酒，并了解不同的食物如何与葡萄酒相得益彰。

除了学习葡萄酒知识，Dionysus 酒庄还举办有趣的活动，如乘坐热气球、音乐欣赏、脚踩葡萄、在葡萄园骑马和其他类似的活动。

酒庄的餐厅和品酒室将提供从当地采购的食物，并具有托斯卡纳风味。庭院将为婚礼、纪念日和其他特殊活动提供浪漫的场所。

你可以看到，这种叙述为项目提供了更为丰富的描述和更加深入的理解。

可交付物

对每个可交付物都进行了详细的描述，以传达更为完整的概念。详细描述每个可交付物的过程使团队能够开始做决策，减少不确定性，并形成可交付物。团队通常需要完成进一步的分析和研究，这是完成范围说明书的工序之一。这可能包括创建一个决策矩阵，或者通过系统工程分析、价值分析、产品分解结构或其他识别项目组成部分的方法来分解可交付物。

以Dionysus 酒庄项目中开业庆典筹划过程为例。该团队为开业庆典考虑了3个方案：托斯卡纳风味自助餐、坐席式红酒晚宴，或者脚踩葡萄。特萨将其期望的效果进行优先级排序：

1. 活动能容纳的人越多越好。
2. 活动应该令人难忘——获得无与伦比的体验。
3. 费用要合理。

团队使用决策矩阵来确定最佳方案。决策矩阵通过创建具有对决策很重要的一组标准的矩阵来评估多个方案。决策矩阵在第1行中列出了3个方案，在第1列中列出了标准。这些标准可以被赋予权重系数，以表明优先顺序。根据每个标准对方案进行评分，权重乘以分数，以确定最优选项。

> **决策矩阵**：一种工具，用于根据一组标准评估多个选项。

利用特萨确定的标准和3个方案，团队创建了一个决策矩阵。他们根据特萨的偏好来为这些标准匹配权重：最符合标准的选项被评为5分，其次的选项被评为3分，最不符合标准的选项被评为1分。决策分析如表6-1所示。

表6-1 开业庆典决策分析

评分标准及权重		脚踩葡萄		坐席式红酒晚宴		托斯卡纳风味自助餐	
标准	权重	评级	得分	评级	得分	评级	得分
人要多	40%	5	2.0	1	0.4	3	1.2
令人难忘	35%	5	1.75	3	1.05	1	0.35
费用合理	25%	3	0.75	1	0.25	5	1.25
总计			4.5		1.7		2.8

根据这一分析，很明显，开业庆典的主题应该是脚踩葡萄。

开业庆典的可交付物描述可以是：

开业庆典将提供一个有趣而难忘的脚踩葡萄活动。人们两人一组进行比赛，一个人踩葡萄，另一个人往瓶里接果汁。每场小组赛将有12支参赛队伍。当所有的队伍都比赛完毕后，每场小组赛的优胜者将开始最终角逐。大奖得主将获得为期一年的免费葡萄酒俱乐部会员资格。

开业庆典将在多个品酒站展示所有的红酒，并有大车轮奶酪和成堆的饼干来搭配葡萄酒。乐队将在脚踩葡萄活动前后进行演奏。

范围之外

在详细说明和记录项目的范围时，确定范围之外的领域与确定范围之内的领域同样重要。通过预先明确地识别范围外的工作，你可以管理干系人的期望，并在创建基准之前解决有关范围内和范围外的任何问题。

在计划会议上，团队确定以下领域不在Dionysus酒庄项目的范围之内。

- 任何与修缮和管理葡萄园相关的工作和费用；
- 开业庆典后的所有运营和维护；
- 工资谈判；
- 员工的人工费不包含在预算中。

用WBS编排范围

> **WBS**：用于分解和组织项目和产品范围的工具。

范围说明可以帮助团队详细评估项目范围和每个可交付物。但是，你需要一种方法来协助编排范围。WBS可以帮助你编排和定义项目的总体范围，包括创建可交付物的生产工作和组织与管理项目的项目工作。

当你开始使用WBS时，它看起来像一个组织结构图。它从高层级开始，并随着可交付物被分解为更低的级别而向下展开。除了编排工作，WBS还使团队能够识别满足项目目标所需的所有可交付物。换句话说，WBS包含项目中的所有工作。如果工作没有在WBS中表示，那么它就超出了范围。图6-1显示了Dionysus酒庄项目的高层级WBS。

> **提示**：在使用WBS时，术语"分解"（Breaking Down）"拆解"（Decomposing）或"解构可交付物"（Deconstructing Deliverables）都是同一个意思。

WBS层级

关于WBS，你需要了解一些术语和概念。每个层级都有对应的数字。项目是层级1，在这个例子中，是Dionysus酒庄。顶级组织活动是层级2（项目管理、施工、场地、酒店管理系统和运营筹备）。更低的分解层级从层级2展开，然后是层级3、层级4，以此类推。

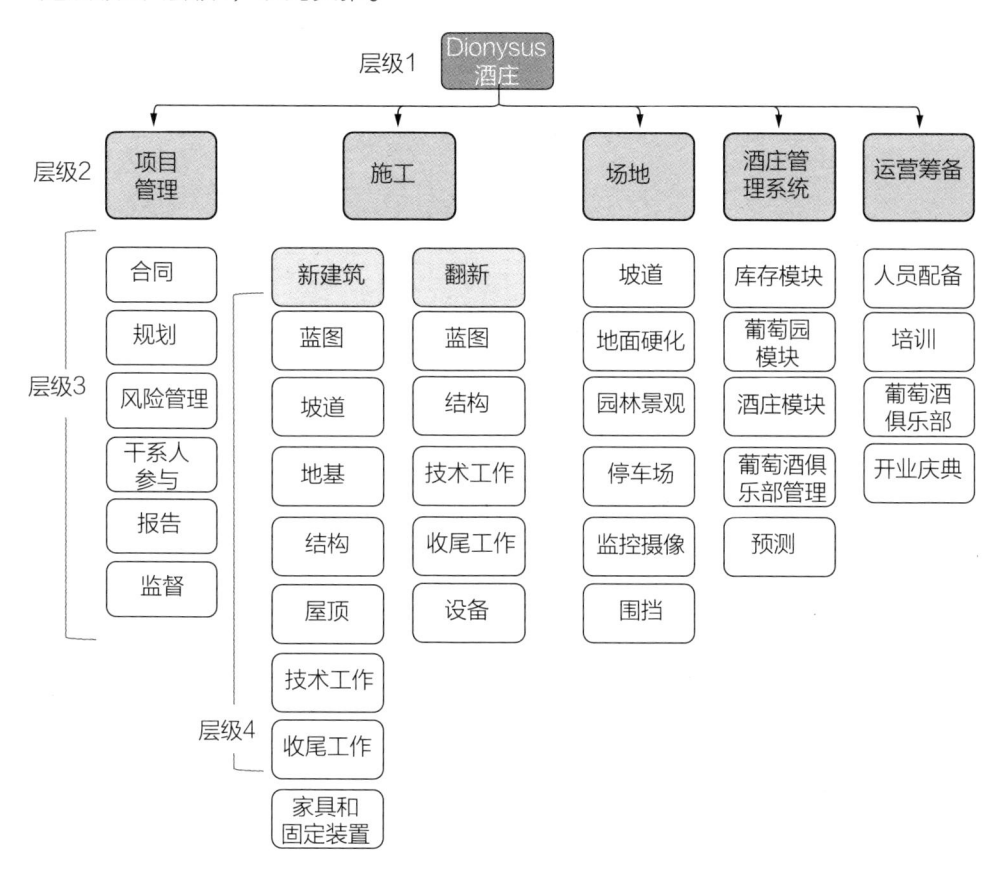

图6-1　Dionysus 酒庄项目的高层级WBS

图6-1中的WBS遵循"按可交付物编排工作"的最佳实践。注意，除了项目管理，WBS的元素都是可交付物（名词）。按可交付物分组也意味着WBS是按逻辑而非顺序排列的。工作将进一步分解为活动，并按进度计划的顺序排列。

有些项目使用层级2编排工作是按照生命周期阶段，而不是可交付物。有多个地理位置的项目可以按地理位置编排工作。虽然按主要可交付物编排是一种最佳实践，但它不是唯一的方法——就像项目管理中的所有事情一样——所以要裁剪你的方法来满足你的项目的需要。

WBS将会像大多数项目组件一样采用渐进明细法。随着项目的推进，给项目提供更多的细节非常有意义。在某些时候，使用图6-1处理工作会很不方便。通常，当项目超过层级3或层级4时，将以大纲格式记录。图6-1中的部分WBS以大纲格式显示如下：

1 Dionysus 酒庄

 1.1 项目管理

  1.1.1 合同

  1.1.2 规划

  1.1.3 风险管理

  1.1.4 干系人参与

  1.1.5 报告

  1.1.6 监督

 1.2 施工

  1.2.1 新建筑

   1.2.1.1 蓝图

   1.2.1.2 坡道

   1.2.1.3 地基

   1.2.1.4 结构

   1.2.1.5 屋顶

   1.2.1.6 技术工作

   1.2.1.7 收尾工作

   1.2.1.8 家具及固定装置

  1.2.2 翻新

   1.2.2.1 蓝图

  ……

由于施工范围有很强的可预测性，因此可以在项目开始时将工作拆解到较低的层级。然而，酒庄的管理制度是不断演变的，因此只能拆解到层级3，也就是我们所知道的关键功能：库存模块、葡萄园模块和酒庄模块。葡萄酒俱乐部采用的是渐进明细法，因此，当团队得到干系人想要什么的反馈时，对应分支的工作将进一步被分解。

工作包、规划包和控制账户

对于只需要3~4个层级的小型项目，目前提供的关于WBS的信息已经足够了。然

> **工作包**：WBS中最低层级的可交付物。

而，对于像酒庄这样的大型项目，你还需要一些术语来描述详细程度。在WBS中有3种关于层级的描述：工作包、规划包和控制账户。

工作包是WBS中最低层级的可交付物。如果不列出与工作相关的活动，就不能进一步拆解它。WBS并不用于表示活动，只用于表示可交付物。图6-1中的WBS未分解为工作包。如果我们将屋顶分解为工作包，它可能看起来像这样：

1.2.1.6 屋顶

 1.2.1.6.1屋顶结构

 1.2.1.6.2隔热

 1.2.1.6.3防水板

 1.2.1.6.4屋顶板

 1.3.1.6.5雨水管

 1.2.1.6.6排水口

 ……

规划包表示该工作尚未被分解为工作包。这可能是由于没有足够的信息将工作分解为工作包，采用了滚动式规划，抑或是已批准但尚未被分解的变更请求。图6-1中的WBS所展示的大多是尚未完全分解的。

> **规划包**：WBS中的一个组件，表示尚未分解到工作包中的WBS组件。

控制账户用于控制和报告。控制账户在WBS上处于较高的层级。它下面包含了规划包和工作包。每个控制账户有多个工作包，且每个工作包只属于一个控制账户。控制账户用于衡量成本和进度的绩效。当向高级管理层汇报时，他们通常不想听到

> **控制账户**：WBS的一个组件，用于控制工作绩效并报告成本和进度状态。

每个工作包的细节，尤其是在没有绩效问题的情况下。因此，你要以对项目有意义的方式"汇总"绩效信息。

对于酒庄项目，报告有关场地、运营筹备的绩效可能是有意义的。它们都是控制账户，为了报告，这些账户之下的所有工作的绩效将被整合。

对于新建筑，特萨和安东尼必须决定他们想要什么程度的细节。如果特萨想要高层级信息，那么汇报新建筑就行。如果她想要更多的细节，那么重组WBS的这个分支可能是有意义的，这样它就可以按照报告进展的方式组织起来。

创建WBS的步骤

要创建WBS，请遵循以下5个步骤：

1. 分析范围说明书和需求，以理解项目工作。
2. 确定如何构建WBS（根据主要可交付物、阶段等）。
3. 分解工作，直到你有了工作包，或者直到你无法进一步分解它。
4. 识别控制账户（如果使用控制账户作为报告用途）。
5. 建立数字编码结构，特别是当你的WBS有超过50个工作包的时候。

用 WBS 词典进一步细化

> **WBS词典**：针对WBS的每个组件定义其工作、活动、里程碑、资源、成本和其他信息的文件。

WBS词典用于大型项目，为WBS中的组件提供更详细的信息。WBS词典包括工作范围或工作说明的定义、定义的可交付物、相关活动列表和里程碑列表。其他信息还可能包括开始和结束日期、所需资源、成本估算、合同信息、质量需求和技术参考资料，以促进工作的执行。WBS 词典模板如图6-2所示。

如果你不需要像图6-2所示的那样多的细节，你可以裁剪表格以满足你的需要。并非所有项目都需要使用WBS词典，但是WBS词典作为大型项目的交流工具非常有用，它可以确保与可交付物相关的所有工作细节都得到充分理解。

用需求开展工作

理解和记录范围的部分工作就是处理需求。所有混合项目都有需求，甚至它们被称为干系人的需要、绩效标准或其他名称。需求管理本身就是一门学科，所以我们不会在这里深入到非常重要的细节，但是我们将从总体上讨论需求。

> **需求**：为了实现项目目标，必须存在的能力或必须满足的条件。

WBS 词典
项目名称：＿＿＿＿＿＿＿　　　编写日期：＿＿＿＿＿＿＿

工作包名称：	账户编码：
工作描述：	假设条件与制约因素：

里程碑： 1. 2. 3.	到期日：

ID	活动	资源	劳动力			材料			总成本
			小时	小时费率	总计	单位	成本	总计	

质量要求：
验收标准：
技术资料：
协议资料：

1/1页

图6-2　WBS词典模板

启发需求

需求管理的第一个方面是启发需求。启发需求不仅仅包括询问干系人他们的需求是什么。你可以使用几种技术来启发需求。我把它们分为3个主要类别：与干系人合作、研究以及可视化方法。

> **启发**：获取需求的一种结构化方法。

与干系人合作

识别需求并达成一致的第一步是与干系人合作。干系人包括最终用户、客户、支持人员、团队成员、供应商，以及任何可以帮助你识别需求的人。下面描述了一些与干系人合作的常见方法。

访谈：访谈包括询问人们将如何使用最终产品，他们目前所面临的、需要通过产品来解决的困扰，以及他们希望看到和不希望看到的特性和功能。访谈的一个强大之处在于，你可以问开放式问题。通过倾听、探究和澄清，你可以了解到很多人们想要的和需要的东西。

焦点小组：焦点小组类似于访谈，但焦点小组是由训练有素的主持人引导的。主持人与一组干系人一起工作。主持人可以展示场景，提出开放式或封闭式问题，并利用小组讨论来找出显性和非显性需要。

头脑风暴：与不同职能的干系人一起进行头脑风暴非常有效。例如，在Dionysus酒庄项目中，运营人员、财务经理、葡萄园经理和葡萄酒生产人员有着不同的需要。让他们在同一间屋子里就他们需要什么进行头脑风暴可能会比单独与他们交谈更有成效。

调查和问卷：调查和问卷是从许多不同的干系人那里快速收集数据的好方法。许多问卷提供多项选择题，可以快速制成表格来量化结果。

原型：原型提供产品或服务的功能性或非功能性模型。它们允许干系人看到系统或产品将如何运行。原型可以像一个用于收集反馈和建议的可视化模型一样简单。例如，你可能有一个酒庄场地的模型，显示葡萄园、生产设施、仓库、餐厅、酒店和停车场的位置。这可以帮助人们将最终结果可视化，提出问题，并提供建议。

研究

研究方法包括查阅学术论文、市场调查、标杆对照、文件分析，以及观察。学术论文和市场调查不言自明。下面介绍了标杆对照、文件分析和观察。

标杆对照：标杆对照包括识别同类中最好或行业中最好的例子，并将其作为实现或超越的目标。它可以包括识别有效的流程和最佳实践。

文件分析：审查文件可以发现干系人可能没有想到的需求。文件分析可以包括审查错误日志、投诉文件、保修工作、进度、预算等。

观察：有时理解需求的最好方法是观察人们如何与类似的产品交互。你可以观察工作流、用户交互和环境。这可以让你看到人们是如何参与的，而不是他们说他们是如何参与的。对于酒庄，你可以观察顾客在其他酒庄的行为，他们在哪里消磨时间，他们对什么感到兴奋，以及他们远离什么。

可视化方法

两种主要的可视化方法是思维导图和亲和图。

思维导图：思维导图是头脑风暴的视觉表现。在中心写下核心思想，然后将不同类别的需求从中心延伸出来（见图6-3）。每个分支都可能有与需求或想法相关的分支。当需求和想法被确定时，思维导图将它们组织起来。你可以使用带便利贴的纸质思维导图，也可以使用电子思维导图来捕捉想法。你可以在图6-3中看到酒庄管理系统的思维导图。

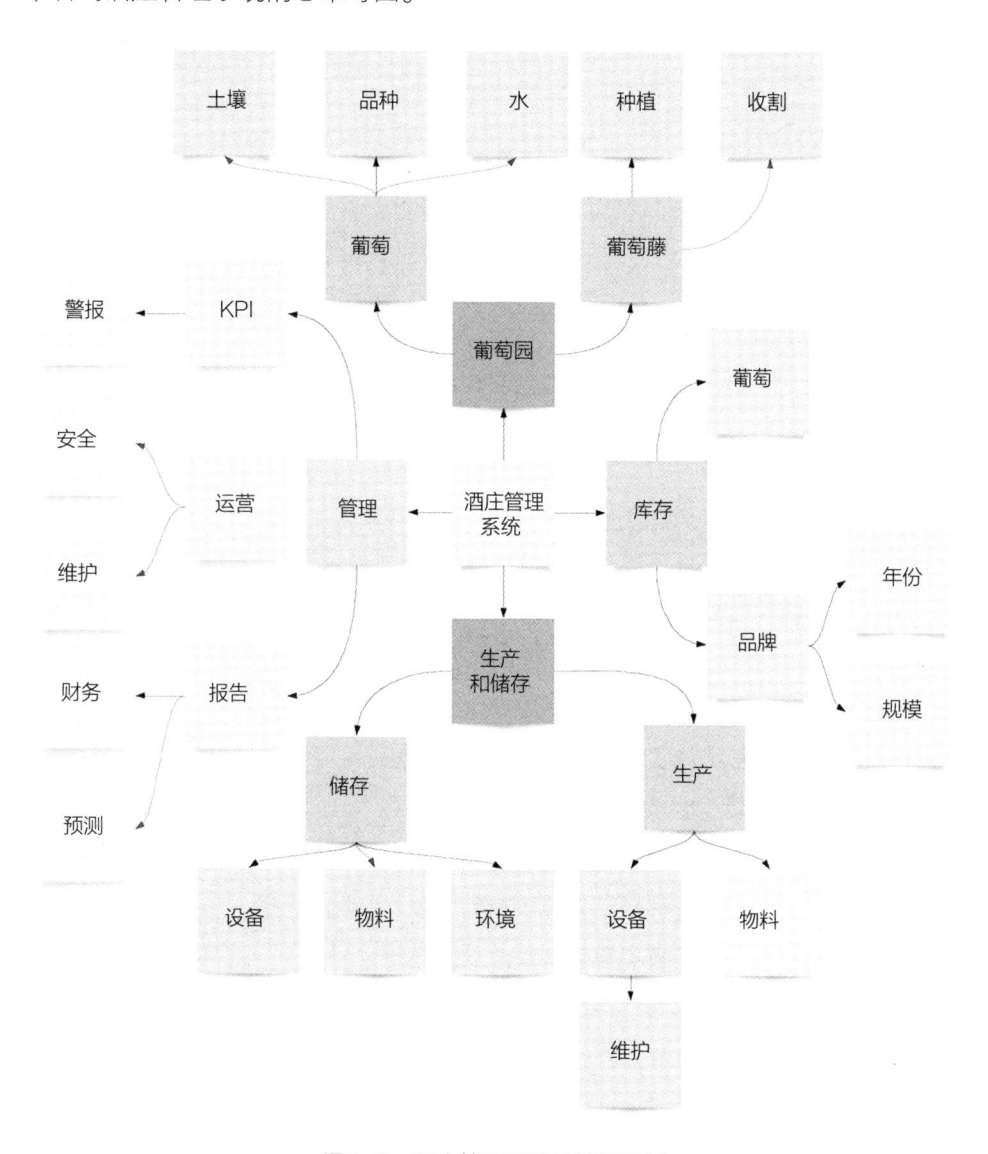

图6-3　酒庄管理系统的思维导图

亲和图：亲和图使用一种称为亲和分组的技术来根据相似性对想法进行分类（见图6-4）。它类似于思维导图，但被设置为表格或分解结构。酒庄管理系统的亲和图如图6-4所示。

> **亲和分组**：根据相似的特征将元素分组。

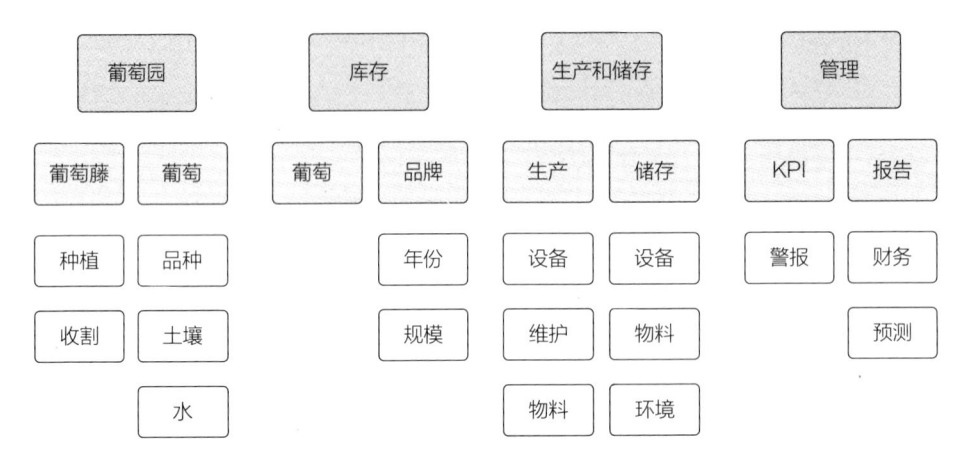

图6-4 酒庄管理系统的亲和图

确定需求优先级

一旦确定了需求，接下来就应该排列它们的优先级。有一种排列优先级的方法是按功能排序，如"库存需求最重要，其次是生产、安全等"。另一种选择是按进度规划排序。比如，葡萄园的运营优先进行，接下来是生产、储存、库存，然后是管理。

你还可以通过使用名义小组技术让干系人参与优先级排序。要使用名义小组技术进行需求优先级排序，请遵循以下步骤：

1. 针对需求开展头脑风暴。
2. 讨论需求，让大家达成共识。
3. 让大家为每个需求评级。这里有3个可用于评级的示例：

a. 每个人从最重要到最不重要对需求进行编号。

b. 每个人都有一定数量的点数（如100），他们根据自己对每个需求的相对重要性的看法来分配点数。

c. 每个人根据自己的看法从1到5为每个需求分配一个数字（例如，1代表不重要，5代表非常重要）。

4. 统计结果。

名义小组技术的简化版本是点投票。在点投票中，每个人都有规定数量的点，他们把点分配给其认为最重要的需求。当所有的点都分配好了，需求的优先级就排列出来了。

记录需求

有几种方法可以记录需求。拥有数百甚至数千个需求的大型项目使用软件来记录和管理需求。不过,你也可以使用低技术含量的方法,如卡片或用户故事。

卡片

当需求被记录在卡片上并被登记时,卡片成为需求的索引卡。如今,由于远程工作和分布式团队的增加,我们普遍使用电子卡片。卡片收集关于需求的基本信息,并以一致的方式记录这些信息。需求卡片示例如图6-5所示。

需求 #:	类别:
描述:	
发起人:	优先级
验收标准:	
备注:	

图6-5 需求卡片

用户故事

用户故事描述了干系人想要做什么以及它提供的好处。用户故事通常是这样表达的:

用户故事:从干系人的视角对其期望结果的概要描述。

"作为一个_____,我想要_____,这样我就可以_____。"

这种方法使干系人的需要在整个开发过程中可见。对于酒庄,你可能会看到以下用户故事:

> 作为酒庄的生产经理,我想要跟踪设备维护的需要,这样我就可以高效地安排和维护设备。
>
> 作为运营经理,我想按品牌跟踪葡萄酒库存,这样我就可以确保我们有足够的库存来满足需求。
>
> 作为葡萄酒俱乐部的成员,我想知道每一瓶葡萄酒的历史,这样我就可以增加我的葡萄酒知识。

用待办事项列表确定范围的优先级

> **待办事项列表**：待完成工作的列表。

WBS和WBS词典用于预测型项目。对于范围不断演变的使用敏捷开发方法的项目，可以使用排列了优先级的待办事项列表。图6-6显示了酒庄管理系统的部分待办事项列表。

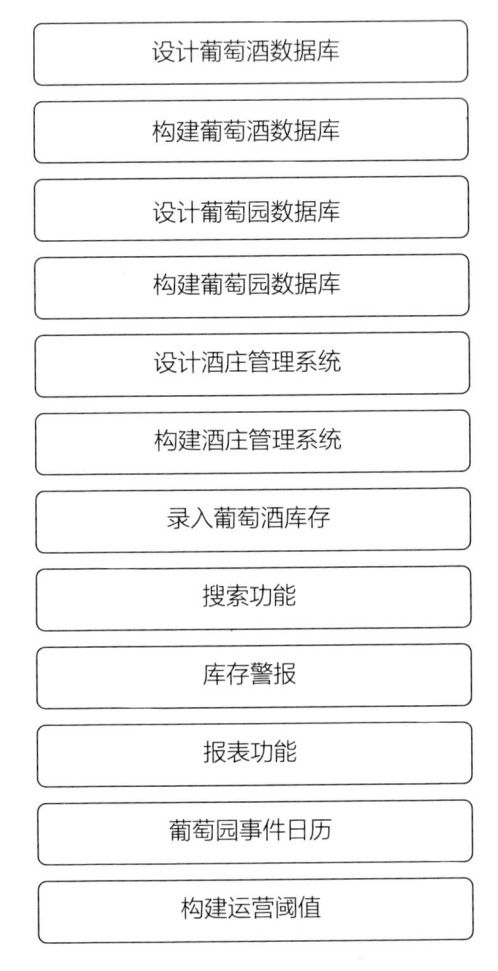

- 设计葡萄酒数据库
- 构建葡萄酒数据库
- 设计葡萄园数据库
- 构建葡萄园数据库
- 设计酒庄管理系统
- 构建酒庄管理系统
- 录入葡萄酒库存
- 搜索功能
- 库存警报
- 报表功能
- 葡萄园事件日历
- 构建运营阈值

图6-6 酒庄管理系统的部分待办事项列表

待办事项列表归属于产品负责人并由他确定优先级。Scrum Master帮助产品负责人维护待办事项列表的更新，并与团队一起澄清工作。产品负责人可以根据干系人的请求、反馈、更新信息等，添加新工作或重新确定现有工作的优先级。待办事项列表可以记在挂图、共享平台或便利贴上。

> **提示**：你可以创建带有特性、需求或用户故事的待办事项列表。

总结

在本章中，我们描述了范围管理计划如何对范围进行定义、记录和管理。对于具有预测型范围的项目，我们讨论了使用范围说明书来详细说明源自项目章程中关于项目范围的信息，并使用WBS来编排范围。对于大型项目，我们描述了使用WBS词典作为记录可交付物细节的结构。

范围和需求是齐头并进的。我们描述了启发需求、确定需求优先级和记录需求的方法。我们研究如何使用待办事项列表来演变适应型范围并为干系人的需要确定优先级。

关键术语

Affinity Grouping 亲和分组	Scope Management Plan 范围管理计划
Backlog 待办事项列表	Scope Statement 范围说明书
Control Account 控制账户	User Story 用户故事
Decision Matrix 决策矩阵	WBS Dictionary WBS词典
Elicitation 启发	Work Breakdown Structure（WBS）工作分解结构
Planning Package 规划包	
Requirement 需求	Work Package 工作包

第 7 章
制订预测型进度计划

作为项目经理,我们最常被问到的问题之一是"什么时候能够完成"。有时候,这个问题看起来就像你的孩子在问"我们到了吗"。说真的,你的项目进度计划是项目进度最全面的视图。它包含各种信息,从里程碑到资源、开始日期和结束日期等。知道如何创建、优化和维护进度计划是项目成功的基本要求。

在本章中,我们将讨论借助进度管理计划来帮助你规划如何管理计划的预测性和适应性方面。然后,我们将描述创建一份具有明确范围定义的进度计划的4个步骤。

用进度管理计划组织工作

如果一个项目的某些可交付物能够被清晰地定义,并且有合理、准确的持续时间估算,那么这个项目的进度计划准确性就比较高。但对于某些可交付物直到项目进行到一半才能确定或达成一致的项目来说,情况就不同了。针对这两种情况的进度计划方法存在着非常大的差异。但是在混合项目中,你仍然需要制订一份能够兼顾这两种情况的进度计划。在这里,进度管理计划可以帮助你思考制定和维护项目进度的最佳方法。

> **进度管理计划**:项目管理计划的子计划,描述如何制订进度计划,管理和维护项目进度。

与所有的项目工件一样,进度管理计划应该根据你的需求进行调整。表7-1描述了在进度管理计划中常见的信息。

表 7-1 在进度管理计划中常见的信息

信息	说明
进度计划方法	记录将用于项目的进度计划方法,包括关键路径、敏捷或其他方法
进度计划工具	确定项目将使用的进度计划工具:进度计划软件、任务板等

续表

信息	说明
准确度	描述估算所需的准确度。如果有用于持续时间和工作量估算的滚动式规划和细化程度的指导方针,那么你需要指出随着时间的进展所需的准确度水平
计量单位	说明对持续时间的估算是以天、周、月、故事点还是其他度量单位来表示的
偏差临界值	指出可接受的偏差,以便衡量工作处于什么状态:准时、危险或延迟
进度更新	记录更新进度的过程,包括更新频率和版本控制。说明维持基准完整性和更新基准的指导方针(如果有必要的话)

对于Dionysus酒庄项目,进度管理计划阐述了将如何使用多种开发方法和不同进度计划方法产出的可交付物整合到一个进度计划中的信息。在Dionysus酒庄项目进度管理计划中,有几个进度计划术语到目前为止还没有被定义或使用。这些术语的定义如下。

综合主进度计划:将项目的所有进度计划汇总成一份全面的文件。

关键路径:项目中历时最长的一系列任务,决定了项目最快可以完成的时间。

关键路径法:一种进度计划方法,用于确定驱动项目持续时间的路径,并确定其他路径上的进度灵活性。

摘要任务:将详细工作的信息聚合到单个任务中的活动。

发布:投入使用的一组特性、功能或可交付物。

发布计划:显示发布的预计时间、里程碑和成果的计划。

迭代:项目中团队执行工作的一个简短的固定时间间隔,也称时间盒。

故事点:用于估算用户故事中工作量的相对度量单位。

Dionysus酒庄项目的进度管理计划如下所示。

Dionysus酒庄项目的进度管理计划

进度计划方法和进度计划工具

因为在这个项目中将使用不同的开发方法,所以我们使用一个能够同时容纳关键路径和迭代的综合主进度计划。

那些具有预测性的元素——酒店、餐厅、品酒室、葡萄酒生产设施、葡萄酒储存设施和开业庆典——将使用关键路径法。

招聘和培训最初将作为摘要任务记录下来。它将使用迭代开发方法,其中每个功能都将使用相同的一组活动。持续时间、开始日期和结束日期将由负责的职能经理定义和细化。

葡萄酒俱乐部的初始收益将作为项目的一部分。由于这些收益还没有被定义，因此葡萄酒俱乐部将被记录为一个摘要任务，并在获得信息后加以详细阐述。

酒庄管理系统将采用敏捷开发方法。发布计划使用一系列为期两周的迭代开发出来。第一个版本将是一个最小可行产品（Minimum Viable Product，MVP）。然后，产品负责人（运营经理）将优先考虑额外的特性和功能。综合主进度计划将显示两周的迭代。该细节使用任务板进行管理。

准确度和计量单位

采用关键路径法的工作将被全面规划。在60天内发生的工作将被细化，以天为单位显示持续时间。从60天到项目结束期间发生的工作将以周为单位进行估算。

迭代和增量工作将使用周作为度量单位。

敏捷工作将使用固定时长的时间盒。

偏差临界值

关键路径或近关键路径上超过一周的偏差被视为延迟。非关键路径上的偏差如果超过其浮动时间的50%，则被认为处于危险之中。

进度更新

综合主进度计划将每周更新进度。每月将进度状况报告给发起人。

许多项目不需要进度管理计划。但是，由于混合项目使用不同的进度计划方法，并且可能使用不同的进度计划工具，因此考虑如何整合这些信息是个好主意。拥有一个综合主进度计划可以有效地管理进度和干系人的期望，并允许你确定整个项目的状态。

进度预测

为项目中那些有明确和固定范围的部分制订进度计划包括6个步骤：

1. 识别任务。
2. 排列任务顺序。
3. 分配团队成员。
4. 估算持续时间。

5. 分析进度计划。

6. 确定进度计划。

下面几节将详细地介绍第1步到第4步。第5步和第6步将在第8章介绍。

识别任务

任务是创建工作包所需的操作。当创建WBS时，你将分解工作以创建工作包。为了制订进度计划，你可以分解工作包来创建任务。换句话说，你的WBS应该由名词组成，而任务列表应该由动词组成。

> **任务**：规划项目工作的重要组成部分，也称活动。

第6章中的图6–1展示了一个高层级的WBS。下面的任务列表详细说明了基础建设工作包。你可以看到，以列表格式为WBS开发的编号方案将继续应用于任务。

1.2.1.3 地基

 1.2.1.3.1 挖掘

 1.2.1.3.2 坡道

 1.2.1.3.3 安装桩脚

 1.2.1.3.4 铺设模板

 1.2.1.3.5 安装钢筋

 1.2.1.3.6 浇筑混凝土

 1.2.1.3.7 拆除模板

对于短期项目，你可能不需要使用滚动式规划。然而，对于超过6个月的项目来说，确定所有需要完成的任务通常是不可行的。因此，只确定那些你需要在60～90天内完成的任务，并将未来的工作保持在一个较高的层级上。

> **提示**："活动"和"任务"是可以互换的。大多数进度计划软件使用术语"任务"。《项目管理知识体系指南（PMBOK®指南）》中使用术语"活动"。

让你的团队成员确定完成工作包所需的任务是一个很好的实践。他们拥有识别工作包所需的主题专业知识。如果以一个类似项目的进度计划作为参考开始，你仍然需要让你的团队成员帮助你调整它，以满足项目的需要。

排列任务顺序

> **完成—开始**：一种关系，在此关系中，紧前任务完成，紧后任务才能开始。
>
> **开始—开始**：上一个任务在下一个任务开始之前开始的关系。
>
> **完成—完成**：一种关系，在此关系中，紧前任务完成，紧后任务才能完成。

一旦确定了任务，你就需要把它们按顺序排列。项目中的大多数工作都是顺序进行的——一个任务完成，然后下一个任务开始。然而，在某些情况下，任务在同一时间或几乎同时开始，或者在同一时间或几乎同时完成。任务之间的3种主要关系如下所示。

- **完成—开始**：上一个任务完成后，下一个任务开始。图7-1中的任务都具有完成—开始的关系。完成—开始关系的缩写为FS。这是最常见的关系。

挖掘　　安装桩脚　　铺设模板　　安装钢筋　　浇筑混凝土　　拆除模板

图7-1　具有结束——开始关系的网络图

- **开始—开始**：上一个任务必须在下一个任务开始之前开始。在这种情况下，前一个任务只需要在下一个任务开始之前开始，但它不必在下一个任务开始之前完成。对于酒厂的盛大开业活动，在规划酒单之前，菜单的规划任务就会开始。在确定酒单之前，菜单不必完全计划好，但至少应该开始了。开始—开始关系的缩写为SS。

- **完成—完成**：上一个任务必须在下一个任务完成之前完成。例如，如果运营经理正在编写操作手册，他可以编写内容的初稿，然后将其交给专业编辑人员，后者将对内容进行编辑和排版。对于这一系列任务，有些工作可以同时进行。然而，只有写作完成，编辑才能完成。只有编辑完成，排版才能完成。这种完成—完成关系的缩写为FF。

> **提示**：存在开始—完成（SF）的关系，但这种关系很少见。例如，新系统必须在前一个系统关闭之前运行。这种类型的关系最好留给专业的调度人员。

使用便利贴来确定任务的初始顺序是一个很有用的做法。这样，如果你出现了错误，或者找到了更好的方法，或者忘记了一项任务，重新排列便利贴会很容易。

提前量和滞后量

有时候，你不想在前一个任务完成后立即开始一个任务——有时候你想等待。在进度术语中，这被称为滞后量。例如，基础建设工作包任务里，在浇筑混凝土（任务1.2.1.3.6）之后，在拆除模板（任务1.2.1.3.7）之前会有10天的滞后量。滞后量用加号（+）表示。因此，这两个任务之间的关系显示为"FS + 10d"，其中"d"表示天数。

> **滞后量**：相对于紧前活动，紧后活动需要推迟的时间量。
> **提前量**：相对于紧前活动，紧后活动可以提前的时间量。

如果你想缩短两项任务之间的时间，你可以使用提前量。例如，如果在收集需求和设计之间存在FS关系，那么你可以采用提前量来加速设计。这可以表示为"FS-2w"，其中FS是完成—开始的关系，提前量用负号显示，2w表示两周。

表7-2显示了进度计划中常用的缩略语。

表7-2 进度计划中常用的缩略语

缩略语	含　　义
FS	完成—开始
FF	完成—完成
SS	开始—开始
SF	开始—完成
m	月
w	周
d	天
+	滞后量
−	提前量

创建网络图

网络图是对进度从头到尾的可视化描述。它将任务显示为框（也称节点），并通

> **网络图**：使用节点和箭头对进度计划进行逻辑关系展示的图形。

过箭头连接。一旦你对流程感到满意，或者图开始变得过大，你可以从使用便利贴切换到将信息输入专业的进度计划软件。图7-2显示了与图7-1相同的信息，但这些信息被输入了进度计划软件中，并显示了10天的滞后量。

挖掘 → 安装桩脚 → 铺设模板 → 安装钢筋 → 浇筑混凝土 —FS+10d→ 拆除模板

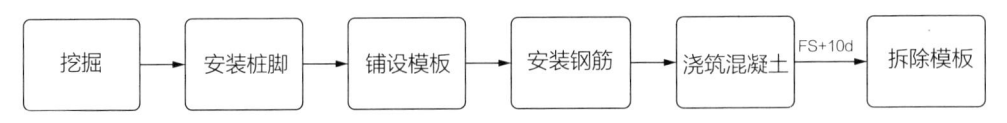

图7-2　进度计划软件中的网络图

分配团队成员

资源加载：在进度规划工具中载入资源。

你可以用一个完美的网络图来展示工作流程，但没有团队成员什么也做不了。在项目开始时，你将考虑你需要的角色和技能。随着项目的进展，你将用团队成员的名字代替这些角色。将团队成员角色或名称输入进度计划软件中被称为资源加载。

对于有50名或更多团队成员的大型项目，你需要花一些时间考虑每个角色所需的团队成员数量。在接下来的内容中，你将了解一些可以用来帮助跟踪团队需求的简单工具。

资源分解结构

资源分解结构：按资源类型或类别进行分组展示的层级结构图。

资源分解结构可以显示每个角色所需的人员数量。图7-3的资源分解结构显示了Dionysus酒庄翻新项目的示例。

翻新
├─ 木工：高级(2)、熟练(4)、入门(4)
├─ 电工：高级(2)、熟练(3)、入门(2)
├─ 水管工：高级(2)、熟练(4)、入门(2)
├─ 暖通空调工：高级(1)、熟练(3)、入门(2)
└─ 布线工：高级(1)、熟练(2)、入门(3)

图7-3　资源分解结构

这个资源分解结构类似于组织图或工作分解结构，但它关注的是项目资源。如果你有很多物理资源，如设备、材料和供应品，你可以整合这些类别，或者为物理资源制作一个单独的分解结构。

资源直方图

你还可以使用资源直方图来显示资源需求。图7-4是一个资源直方图，其信息与图7-3中的资源分解结构相同。你可以通过在电子表格中创建表7-3这样的表格来生成资源直方图。你只需要筛选出想要展示的数据，然后插入一个柱形图。

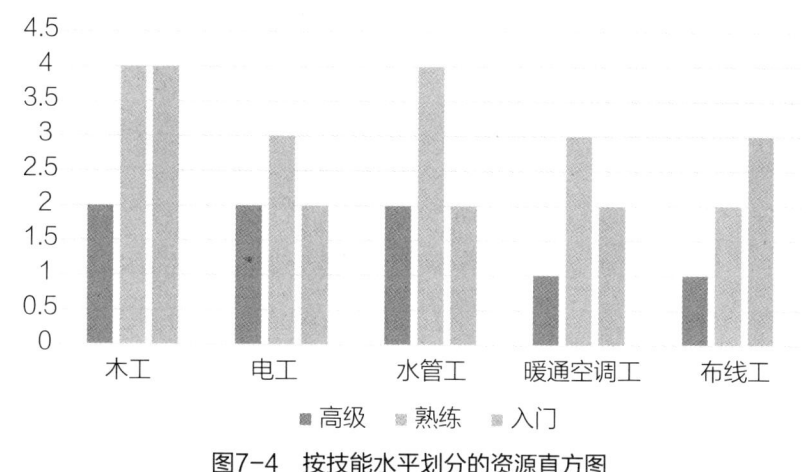

> **资源直方图**：展示资源信息的柱形图，如数量或技能。

图7-4 按技能水平划分的资源直方图

表7-3 资源表

资源	高级	熟练	入门
木工	2	4	4
电工	2	3	2
水管工	2	4	2
暖通空调工	1	3	2
布线工	1	2	3

资源直方图的另一个重要用途是根据技能水平、月份或每个位置显示你需要的资源数量。图7-5是按月显示资源需求的资源直方图。

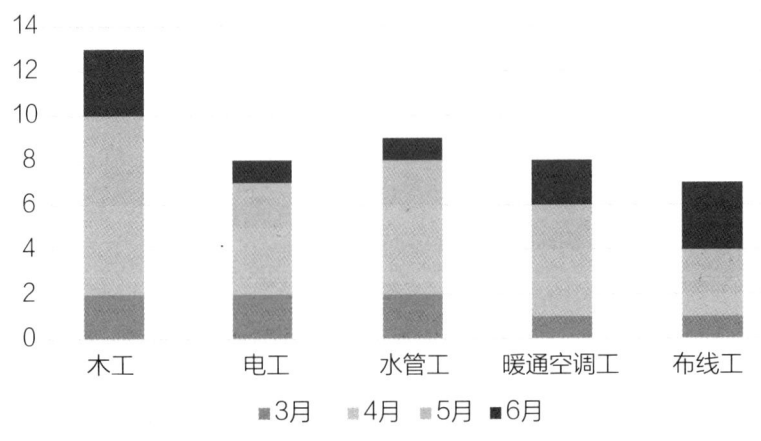

图7-5 按月显示资源需求的资源直方图

这个资源直方图显示的是堆积条形图，而不是柱形图。绘制资源需求直方图没有唯一正确的方法，你可以选择最适合自己的方法。

角色描述

在项目中发生的许多误解是由于对角色、能力、职责和权限没有一个清晰的理解。拥有一份明确标识这些信息的文档可以帮助减少误解。例如，你可以这样记录信息。

> **角色**：团队中的职位，描述了需要完成的工作类型。
>
> **能力**：一个人的技能或技能水平。
>
> **责任**：担任某一角色的人被期望完成的工作。
>
> **职权**：做出决策或批准决策的权力。

角色：团队中的职位。它描述了需要完成的工作类型，如作家、程序员或电工。角色通常与职位头衔相吻合。

能力：描述一个人的技能或技能水平。初级水管工具备按照图纸铺设和连接管道的能力，而一个高级水管工则可以设计符合标准和规定的管道。

责任：在某一角色中的人被期望完成的工作。具有编辑角色的人负责审查所有内容并确保其符合编辑准则且易于理解。

职权：做出决策和批准决策的权力。担任合同管理人角色的人通常是唯一有权订立或变更合同的人。

责任分配矩阵

责任分配矩阵（Responsibility Assignment

> **责任分配矩阵（RAM）**：展示团队成员在工作包中的角色的图。

Matrix，RAM）是一个矩阵图，它显示了每个角色（或团队成员）和每个工作包的参与类型。和角色描述一样，这个矩阵清楚地说明了对每个团队成员的期望，并减少了误解的可能性。

责任分配矩阵的一个常见版本被称为RACI图，因为它记录了谁执行（Responsible，R）、谁负责（Accoutable，A）、咨询谁（Consulted，C）和谁知情（Informed，I）。

- 执行的人是做实际工作的人。这可能与责任人相同，也可能不同。
- 负责的人是对可交付物负责的人。
- 被咨询的人可能是以前做过这类工作的人、对结果感兴趣的干系人、客户，甚至是顾问。
- 知情的人需要知道交付物的状态。他们可能有一个相关的可交付物，或者可能是项目经理或其他感兴趣的干系人。

图7-6展示了使用工作包和角色的RACI图的一部分。

	总承包商	建筑师	项目经理	水泥供应商	酿造经理	生产经理
需求	I	I	I		R	A/R
制图	C	A/R	C		C	C
挖掘	A			R		
地基	A			R		

图7-6 RACI图（部分）

对于RACI图，需要注意的是，每个可交付物必须有且只有一个负责人，因为应该只有一个人对可交付物的状态和成功负责。

RACI图是RAM的一个常见版本，但肯定不是唯一版本。在RAM中增加代表签字（Sign-off）的"S"也是非常有用的。如果在上面的RAM中使用了签字功能，项目经理可能会在生产经理提交的需求和建筑师提交的图纸上签字。

RACI图：责任分配矩阵的一种类型，记录了谁执行、谁负责、咨询谁和谁知情。

选择团队成员

你可能没有选择团队成员的特权。如果你确实需要选择团队成员，那么有几个变量需要考虑。即使你不能选择团队成员，也要记住这些变量，这样才能优化团队绩效表现。

- **技能水平和经验**：具有丰富经验和高技能的团队成员能够在更短的时间内完成工作，返工更少，并且相比经验较少的人工作质量更高。然而，他们的时薪通常更高。
- **可用性**：能够全身心投入项目中的团队成员要比那些只能兼职的团队成员更有效率。一个人在同一时间从事的项目越多，他在任何一个项目上的效率就越低。
- **成本**：使用内部资源的项目可能不必担心团队成员的成本，但如果你使用供应商，则需要考虑团队成员的时薪或日薪。
- **态度**：态度会在很多方面影响你的项目。例如，一个真正想要参与项目的人可能比一个更有经验但对你的项目不感兴趣的人更适合这个团队。态度的另一个方面与一个人的总体看法有关。一个拥有积极人生观的人往往比那些过于挑剔、好斗或消极的人更能融入团队。
- **灵活的技能组合**：在第3章中，我们讨论了团队中的通才型专家，也被称为T型人才。对特定技能有深刻理解的团队成员和对互补技能有广泛理解的团队成员是团队的宝贵资产。如果其他团队成员落后了，他们可以提供支持，并从整体而不是狭隘的角度提出想法。
- **地理位置**：如果你有一个项目需要团队成员面对面沟通，地理位置可能是分配团队成员的一个重要因素。然而，如果你拥有一个虚拟团队，你可能会找到技能出众、价格更低的团队成员。在建立虚拟团队时，在沟通上投入额外的时间是至关重要的。你希望人们即使不见面彼此也能有联系。此外，当你不能读懂别人的肢体语言时，你就错过了一些好的沟通线索，所以建立尽可能多的沟通渠道以减少误解是很重要的。

估算持续时间

> **持续时间**：完成工作所需的时间。
>
> **工作量**：完成工作所需的劳动量。

对整个项目的持续时间、可交付物或任务进行估算，这些都不是一次性的事情。估算持续时间和工作量的技术将在第10章中描述。在本节中，我们将区分持续时间和工作量，并描述一些影响持续时间的变量。

当你发现关于项目的更多信息时，你的估算将逐渐变得更为详细和准确。在项目开始的时候，你只有高层级的估算，如项目章程中的里程碑。一旦开始制订进度计划，你就可以对可交付物的持续时间有一个合理的理解。然后采用渐进明细法，你可以通过计算持续时间和所涉及的工作量来开始进一步细化估算。

为了理解工作量和持续时间之间的区别，假设你每周工作40小时，而一项任务需要付出80小时的努力。

- 如果你有两个全职工作的团队成员，你可以假设需要5天或1个工作周来完成这项工作。计算方法是80小时/2 = 40小时。
- 如果你只有一个以50%的效率工作的兼职团队成员，那就需要20天或1个经营月的时间来完成这项工作。计算方法是80小时/0.5 = 160小时。

正如前面关于选择团队成员的部分所指出的，诸如技能组合、经验和可用性等变量能够影响所需的工作量和任务的持续时间。

如果你想要得到真正准确的结果，就要考虑这样一个假设：人们每工作40小时，只有34小时是高效的。其余时间，他们会回复邮件、参加员工会议或从事项目以外的其他工作。

> **提示**：只投入必要的时间来完善你的估算。如果你不需要跟踪每小时或每天的成本，那么通常不需要计算工作时间。

此时，你将拥有进度计划的初始版本。但是，你的进度计划还没有准备好发布。你需要分析它，并尽可能找到压缩它的方法，然后才能设定基准和分享进度计划。我们将在第8章讨论这些主题。

总结

本章介绍如何制订预测型进度计划。进度管理计划描述了进度计划方法、进度计划工具，以及如何将进度的预测性和适应性方面整合到一个综合主进度计划中。我们还研究了制订预测型进度计划的前4个步骤：

1. 识别任务。
2. 排列任务顺序。
3. 分配团队成员。
4. 估算持续时间。

首先将工作包分解为任务，然后对这些任务进行排序以创建网络图。一旦分配了团队成员，他们可以帮助估算任务的持续时间及工作量（如果需要的话）。

> **关键术语**
>
> Authority 职权
> Competency 能力
> Critical Path 关键路径
> Critical Path Methodology 关键路径法
> Duration 持续时间
> Effort 工作量
> Finish-to-Finish 完成—完成
>
> Finish-to-Start 完成—开始
> Integrated Master Schedule 综合主进度计划
> Iteration 迭代
> Lag 滞后量
> Lead 提前量
> Network Diagram 网络图

第8章 分析并确定预测型进度计划

制订初始进度计划需要费一番功夫，特别是对于混合项目。但是，就算有了初始进度计划，你的进度计划工作也仍未结束。你需要分析进度计划，评估资源分配，并识别关键路径。然后你通常需要找到一种方法来减少完成所有工作所需的时间。只有这样，你才能够创建进度基准。

在本章中，我们将讨论进度计划的不同方面，以确保它适用于你的项目。然后，我们将研究两种压缩进度的方法。最后，我们将看看如何使用缓冲来保护你的交付日期，并制定进度基准。

分析进度计划

一旦绘制了网络图，载入了资源，并估算了持续时间，你就该分析进度计划了。在此步骤中，你的目标是确定进度计划是否满足干系人和项目约束的需要。你应该分析以下4个方面：

- 汇聚与分支；
- 资源分配；
- 关键路径；
- 浮动时间。

汇聚与分支

汇聚是指多个任务汇聚到一个任务的情况；有些人也将其称为"坍缩"。汇聚节点带有一定的风险，因为如果其中任何一条路径出现延迟，汇聚的任务就会晚开始。

> **汇聚**：进度计划中多个路径合并的点。
>
> **分支**：一个进度计划中后面有多个分支路径的点。

分支是指一个任务后面有多个任务，有时也称"爆发"。如果这个任务的完成时间出现延迟，那么这之后的任务的开始时间也会向后推迟。图8-1 显示了一个进度网络图，左边是汇聚，右边是分支。图8-2 显示了与图8-1相同的信息，是基于甘特图的视图。

> **甘特图**：用于规划进度的条形图，纵向列示任务，横条表示任务的持续时间。

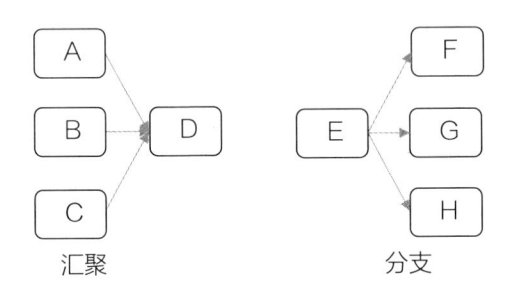

图8-1　汇聚与分支的进度网络图

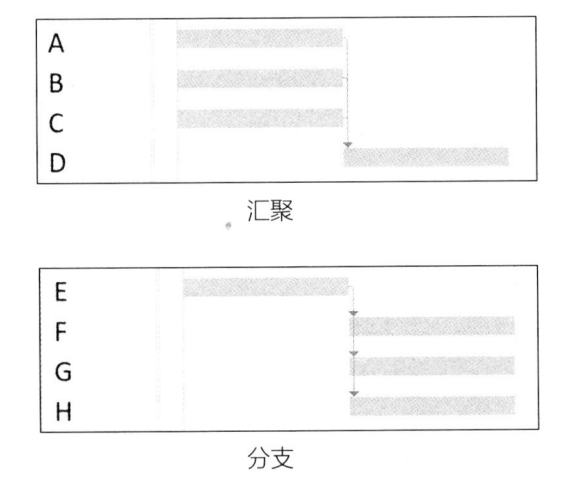

图8-2　汇聚与分支的甘特图

在你的进度计划中消除或至少最小化汇聚节点和分支节点的数量是一个很好的实践。

资源分配

最初，当你将团队资源分配到进度计划工具中时，你可能会发现一些资源被过度分配了——这意味着进度计划显示他们的工作时间超过了分配的时间。对于全职从事项目的团队成员来说，这表明他们每周的工作时间超过40小时。如果你只跟踪持续时间而非工作量，你可能看不出问题。例如，如果一个团队成员被安排在同一时间段内处理3个任务，每个任务只需要20小时的工作量，持续时间显示为两周，那么这个人就没有被过度分配。但是，如果每个任务都需要40小时的工作量，那么他们就被过度分配了。

对于团队成员被过度分配的情况，你可以使用资源平滑或资源平衡。资源平滑会调整活动的浮动时间，但不改变关键路径。换句话说，某些资源可能仍然会被过度分配。

> **资源平滑**：在可用浮动时间内重新分配资源，所以关键路径并不会受影响。
>
> **资源平衡**：重新分配资源，避免出现过度分配的情况。

资源平衡会调整任务日期，使资源不再被过度分配。资源平衡通常会延长完工日期。如图8-3所示，如果一个资源在3月1日到3月5日这一周内被安排完成任务 A 和任务 B，并且这两个任务都需要5天的全职投入，那么资源平衡将延长任务B的开始日期，从3月8日开始，到3月12日结束。这样你的资源就不会被过度分配。

平衡前

	1	2	3	4	5
任务 A	8	8	8	8	8
任务 B	8	8	8	8	8
总时间	16	16	16	16	16

平衡后

	1	2	3	4	5	6	7	8	9	10	11	12
任务 A	8	8	8	8	8							
任务 B								8	8	8	8	8
总时间	8	8	8	8	8			8	8	8	8	8

图8-3 资源平衡

图8-4显示了另一种类型的资源平衡，其目标是减少资源利用率的波峰和波谷。例如，资源平衡不会让资源一周工作40小时，下一周工作10小时，而是让资源每周工作25小时。

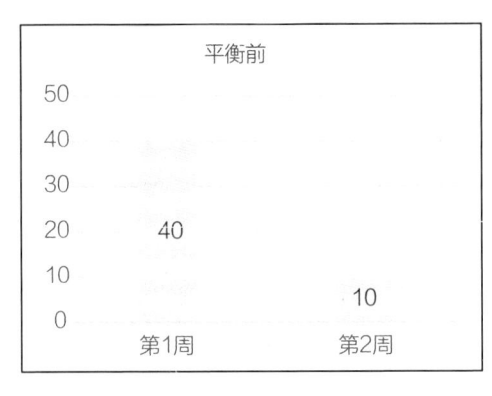

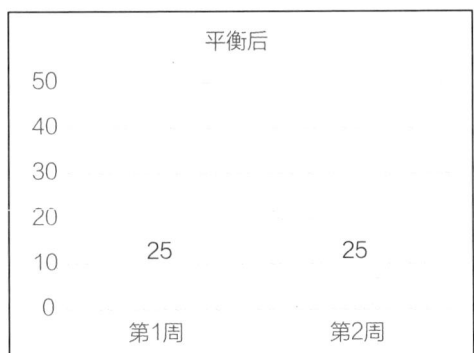

图8-4 平衡时间

关键路径

回想一下，关键路径是项目中持续时间最长的一系列任务，这决定了项目最快可以完成的时间。你肯定需要花一些时间分析关键路径上的工作。你应该关注以下5个方面。

1. 关键路径上是否存在高风险任务？如果存在，查看是否有方法可以重新调整进度网络，使高风险任务不在关键路径上。

2. 这符合逻辑吗？关键路径不应该由支持类型的工作来控制，如项目管理。它应该由具有明确可交付物的工作控制。

3. 有没有次关键路径？如果次关键路径上的某项工作晚了，那么该路径可能会成为新的关键路径。

4. 查看关键路径上是否有任何坍缩或爆发（汇聚节点和分支节点）。在可能的情况下，消除或减少这些增加路径风险的因素。

5. 确定是否有需要添加缓冲的区域。我们将在确定进度计划一节中讨论缓冲。

浮动时间

浮动发生在不处于关键路径上的任务上。浮动给你灵活性和空间来优化你的进度计划。有两种类型的浮动时间：总浮动时间和自由浮动时间。总浮动时间是任务在不影响项目制约因素或完成日期的情况下可以滑动的时间量。这就是大多数人所说的浮动。

自由浮动时间是一个任务可以滑动且不

> **总浮动时间**：在不影响项目完成日期或进度制约因素的前提下，任务可以从其最早开始日期开始推迟或拖延的时间量，即浮动的时间量。
>
> **自由浮动时间**：在不影响紧后任务的前提下，任务可以提前或延后的时间量。

影响下一个任务的时间量。自由浮动时间多见于两条或多条路径汇聚处。假设有两条持续时间长短不一的路径，自由浮动时间将出现在较短路径上的最后一个任务上。这些是唯一可以滑动的任务，并且不会影响紧后任务。

图8-5显示了包含总浮动时间和自由浮动时间的进度网络图。字母表示任务名称，数字表示任务持续时间（以天为单位）。因此，A2表示任务A，持续时间为2天。

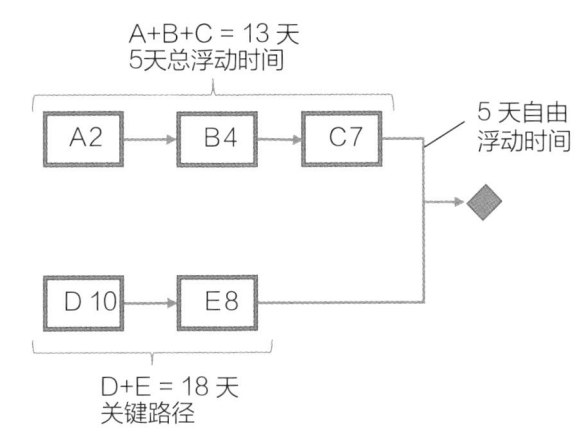

```
        A+B+C = 13 天
        5天总浮动时间
                                    5 天自由
    A2  →  B4  →  C7                浮动时间

    D 10 →  E8

    D+E = 18 天
    关键路径
```

图8-5　进度网络图视角下的总浮动时间和自由浮动时间

你可以看到，通过将任务A、B和C的持续时间加起来，你的总持续时间为13天。D和E的总持续时间为18天。因此，关键路径为D—E。A—B—C路径的总浮动时间为5天。

换句话说，该路径在影响约束因素之前可以容纳5天的滑动（路径汇聚处的里程碑是一个约束因素）。这说明该路径上的所有任务都共享总浮动时间。A使用的任何浮动时间量都会减少任务B和任务C可以使用的浮动时间量，只有任务C有自由浮动时间。假设A和B不使用任何浮动时间，那么C最多可以延迟5天，而不会影响网络图中的其他任务。

图8-6在甘特图中展示了同样的信息。

如果你的资源只在计划的日期可用，那么自由浮动时间是非常有用的。如果B和C的资源只在计划的日期工作，而A的时间要比规划的多2天，那就会有问题，因为B和C的资源可能会不可用，这有可能导致项目落后。因为需要等待资源可用来做B和C的工作。因此，当分析浮动时间时，你应该确定任何具有自由浮动时间的区域，因为它们最具有进度灵活性。

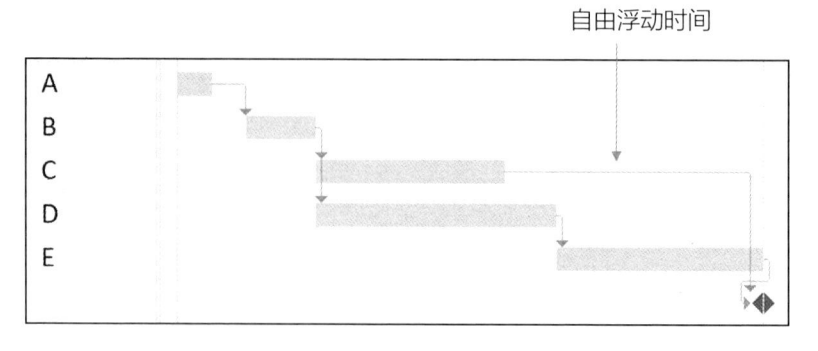

图8-6　甘特图视角下的总浮动时间和自由浮动时间

你还应该查看不同路径上的浮动时间。如果你有任何带有大量浮动时间的任务，请再次检查以确保你没有遗漏依赖关系。有大量的浮动时间可能有合理的理由；然而，这种情况并不常见，所以一定要检查那些具有大量浮动时间的路径。

如果你确实找到了浮动时间量比较多的路径，那么你可能希望查看分配给这些任务的一些资源是否可以帮助处理关键路径上的工作。如果在具有浮动时间的路径上的团队成员不具备完成关键路径上工作的必需技能，检查的结果可能会不尽如人意，但检查一下总归没有坏处。

确定进度计划

确定进度计划可能包含寻找压缩进度的方法以满足目标交付日期，确定应该包含缓冲的区域，以及确定进度计划的基准。

进度压缩

> **进度压缩**：在不缩小项目范围的前提下缩短项目持续时间的技术。

进度压缩包括寻找在不缩小项目范围的情况下缩短项目持续时间的方法。有几种可以压缩进度的方法。最明显的方法是减少官僚作风，或者找到更为有效的工作方式。这通常包括消除非增值的任务。你也可以通过赶工或快速跟进来压缩进度。这些方法将在接下来的内容中描述。

赶工

> **赶工**：通过增加人力或金钱等资源来压缩进度。

赶工涉及对成本和进度的权衡。换句话说，你通过申请更多的资源或花费更多的金钱来寻找缩短项目持续时间的方法。目的是用最少的钱获得最大的进度压缩。实现这一目标的一些常见方法如下所示。

- **投入更多资源**：有时，更多的人参与工作或使用额外的设备，可以加快进度。请小心，有时增加资源会延长时间，因为协调、沟通和冲突所耗费的时间要比所节省下来的时间更多！
- **加班**：有时，员工可以多干几小时或周末加班。然而，这只能在最初的几周内有效。几周后，人们会精疲力竭，效率低下，所以这是一个短期内的解决办法。你还需要考虑工会或劳动法规。
- **为加速交付付费**：这种解决方案可能包括连夜抢运和向提前交货的承包商支付奖金。你不能让所有事情都赶工。例如，你不能通过花钱多请两名检查员来加速使用许可证的审核，或者付钱让原有的检查员加速审核。因为赶工通常会增加支出，所以你需要权衡提前交付的好处和成本。

快速跟进

快速跟进，通过并行通常情况下按顺序进行的工作来压缩进度。做到这一点的一种方法是，通过使用提前量和滞后量来改变进度网络逻辑。例如，你可以将完成—开始关系更改为带有提前量的完成—开始关系。这将导致紧后任务在紧前任务完成之前开始。你还可以将关系更改为带有滞后量的开始—开始关系或带有滞后量的完成—完成关系。

> **快速跟进**：通过并行正常情况下按顺序进行的工作来压缩进度计划。

以下几个例子来自Dionysus酒庄的酒店建设：

- 如果最初的施工计划是在框架、电气、管道和采暖、通风和空调之间设置完成—开始依赖关系，你也许可以将一些电气、管道和采暖、通风和空调工作并行开展，而不是顺序进行。
- 如果你的外接管道（通往建筑物和房间的管道）和终端管道（安装水槽、厕所、淋浴器、固定装置等）之间存在完成—开始关系，那么你可以将完成—开始关系更改为开始—开始关系。例如，在一半的浴室安装完所有的管道后，就可以开始安装固定装置了。不必等到所有的浴室、公共区域和厨房的管道都布设好再进行收尾工作。

快速跟进会增加项目的风险，并且可能需要返工。当快速跟进时，确保你理解活动之间的真正关系，否则你最终会得到一个毫无意义且无法执行的进度计划。

进度计划缓冲

即使你的计划做得很好，拥有高技能的资源，有时事情也不会按计划进行。保护交付日期的一种方法是在你的进度计划中加入缓冲。缓冲是指没有安排工作的额外时间。在最终确定你的进度计划之前，你可能想要重新审视那些风险最大的区域，如汇聚节点和分支节点、阶段关口、关键可交付物、汇入关键路径的路径、合同规定的日期，或者最终可交付物。在这些时间点上，延迟是不可接受的。

> **缓冲**：在进度计划中插入时间以保证交付日期。
>
> **汇入缓冲**：在进度计划中非关键路径汇入关键路径时插入的时间。
>
> **项目缓冲**：在最终交付日期之前插入进度计划中的时间。

当有一条路径汇入关键路径时，使用汇入缓冲。添加汇入缓冲，是把一个时间区块加在与关键路径交互的路径的最后一个任务的后面。这样就可确保即使汇入的路径有延迟，也不会影响关键路径。

项目缓冲用于计划的完成日期和承诺的交付日期之间。这样，就算项目中发生了任何对项目持续时间产生负面影响的事情，你也不会延迟交付项目。

图8-7显示了带有汇入缓冲和项目缓冲的甘特图。

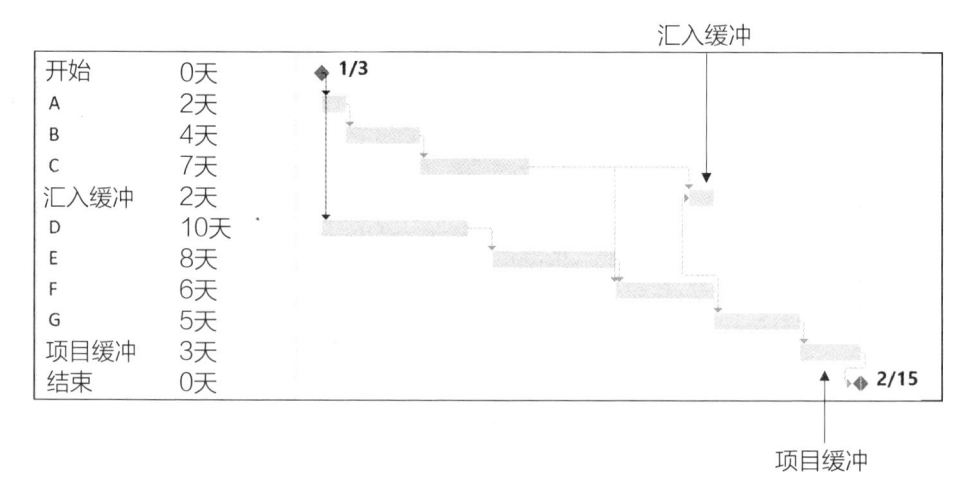

开始	0天	
A	2天	
B	4天	
C	7天	
汇入缓冲	2天	
D	10天	
E	8天	
F	6天	
G	5天	
项目缓冲	3天	
结束	0天	

图8-7　带有汇入缓冲和项目缓冲的甘特图

对于汇入缓冲，我插入了一个开始—开始关系，这样汇入缓冲总是在它并入关键路径前2天开始。这样，如果关键路径改变，汇入缓冲也会改变。

> **提示**：缓冲不同于浮动，它也不同于填充。缓冲是故意插入时间，以保护关键交付日期。浮动是基于网络图的，任务可以在不导致进度计划延迟的情况下滑动的时间量。填充是在不分析进度的情况下，为整个项目添加时间。它缺乏评估进度计划和战略性地增加时间以产生更好结果的规范。

制定进度基准

进度基准是一个达成一致的进度计划的版本，用于测量进度和检测偏差。当你分析了进度计划，解决了资源分配问题，评估了关键路径和浮动时间，并添加了任何你认为

进度基准：一种已达成一致的进度计划的版本，用于测量进度和检测偏差。

合适的缓冲时间时，你就可以与关键干系人分享你的进度计划，并获得他们对基准的同意。进度和预算的基准通常发生在预测型项目的规划阶段的末尾。一旦基准被批准，它就成为你用来度量项目其余部分进展的基准。基准只应在以下情况下变更：

1. 风险或问题的发生破坏了已达成一致的基准。
2. 绩效偏差太大，以至于根据基准进行测量不再提供任何价值。
3. 一个达成一致的变更被纳入项目中，导致必须更新基准。

进度基准通常保持在变更控制或配置控制之下。这意味着基准只能在上述3种情况下变更，并且只有经过批准才能变更。

一些项目经理将基准的进度计划保持在较高层级，而将工作的进度计划保持在更详细的层级。工作进度计划必须以高层级为基准，但要为项目的日常管理提供更多的细节和灵活性。

总结

本章涵盖了分析和最终确定预测型进度计划的信息。分析进度计划要处理的领域包括汇聚、分支和资源分配。你还可以评估关键路径和浮动时间。为了最终确定进度计划并建立基准，你可能需要寻找缩短项目持续时间的方法，如赶工和快速跟进。最后的步骤是评估你是否需要缓冲，然后创建一个进度基准。

关键术语

Base Line 基准
Buffer 缓冲
Convergence 汇聚
Crashing 赶工
Divergence 分支
Effort 工作量
Fast-Tracking 快速跟进
Feeder Buffer 汇入缓冲

Free Float 自由浮动时间
Gantt Chart 甘特图
Project Buffer 项目缓冲
Resource Leveling 资源平衡
Resource Smoothing 资源平滑
Schedule Compression 进度压缩
Total Float 总浮动时间

第9章
适应型与混合型进度计划

进度计划在适应型环境和预测型环境中的工作方式不同。正如你在前两章中所看到的，在预测型环境中，进度计划的目的是有序地组织工作。这个过程允许你确定团队何时致力于各种可交付物的相关工作，以及项目将在什么时候完成。当使用敏捷方法时，团队所确定的是在固定的持续时间内可以完成多大范围的工作。目标是尽早和频繁地交付价值，同时对不断变化的优先级持开放态度。

在本章中，我们将着眼于发布和迭代计划，为创建和交付价值提供一个高层级的规划。然后，我们将看看任务板是如何跟踪具体工作的。在本章的最后，我们将介绍几种在混合项目中使用的融合了预测型和适应型进度计划的方法。

适应型进度计划

当你处理可交付物时，范围会根据客户、市场和干系人的反馈而变化，在项目开始时，你并不知道你需要做的所有工作。通常情况下，甚至在项目进行到一半时，你都不知道自己需要做哪些工作。因此，在这种环境中规划进度需要采用渐进明细法，并且需要滚动式规划来安排可交付物的进度。

有3种类型的适应型工作：增量、迭代和敏捷。

- 增量开发工作是从简单的可交付物开始，然后依次添加特性和功能。
- 迭代开发工作是从简单的可交付物开始，然后根据输入和反馈进行调整。
- 敏捷是一种适应型的价值交付方式，遵循《敏捷宣言》中的4个价值观和12项主要原则。

> **迭代**：项目中团队执行工作的一个简短的固定时间间隔，也称时间盒或冲刺。

使用敏捷来规划进度，是在固定的持续时间的迭代中工作，如1周、2周或4周。迭代开发方法和增量开发方法可能会也可能不会为其迭代使用固定持续时间的时间盒，这取决于可交付物的性质。软件开发通常使用固定持续时间的时间盒，不过其他迭代项目和增量项目可能就不是这样了。节奏规律的固定迭代可以促进一致性和可预测性。

发布计划

> **发布**：投入使用的一组特性、功能或可交付物。
>
> **发布计划**：展示发布的预计时间、里程碑和成果的计划。

在适应型环境中，团队制订一个发布计划，该计划提供了一个高层级视图，表明特定特性和功能何时可用。当然，如果可交付物的优先级发生变更，该计划也可能会随之改变，但它提供了一个松散的计划以供跟进。

发布计划从项目或产品路线图开始。我们将使用 Dionysus 酒庄项目的系统开发可交付物来演示如何制订发布计划。Dionysus 酒庄项目的路线图（见图5-4）显示，系统开发将从第6个月的中旬开始，并在第11个月结束。运营经理安杰将担任该系统的产品负责人。他指出各功能的优先级如下：

1. 库存管理。
2. 酒庄管理。
3. 葡萄园管理。
4. 葡萄酒俱乐部会员。
5. 预测。

> **谨记**：最小可行产品是指产品的第一个版本，它包含能够让产品被使用的最少数量的特性或功能。

该系统的最小可行产品是库存管理功能，因此，这将是第一个发布。

安杰和托尼（项目经理）决定请苏菲担任系统开发工作的Scrum Master。他们3人查看了经过优先级排序的功能，并为各种功能何时可以开发、测试和发布做了估算。经过一番讨论，他们提出了图9-1的发布计划。

苏菲将与系统开发团队合作，来规划发布1里的更多细节。发布2到发布4将暂时保留在高层级上，因为团队需要更多地了解干系人的需要，以及用户将如何与各种系统应用程序交互。

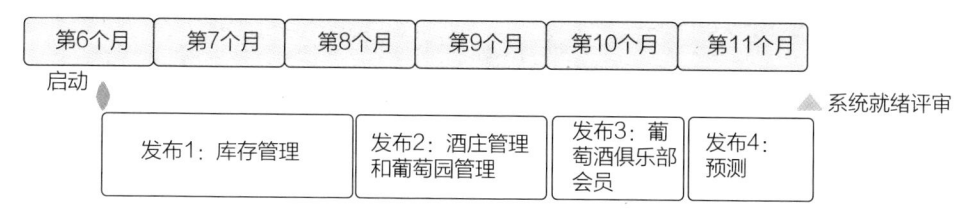

图9-1 酒庄系统开发发布计划

开发团队决定以2周为一次迭代的方式工作。他们将使用第一个2周（通常称为第一个冲刺或迭代0）来做准备。准备工作包括安排他们的工作空间，确保团队拥有所需的所有设备和物资，确定他们将用于开发和测试的流程，以及其他团队和后勤问题。他们还会审查将在第一个发布中所做的工作，并制订一个迭代计划（也称冲刺计划），该计划识别了他们期望在每次迭代中要做的工作。图9-2显示了团队的迭代计划。

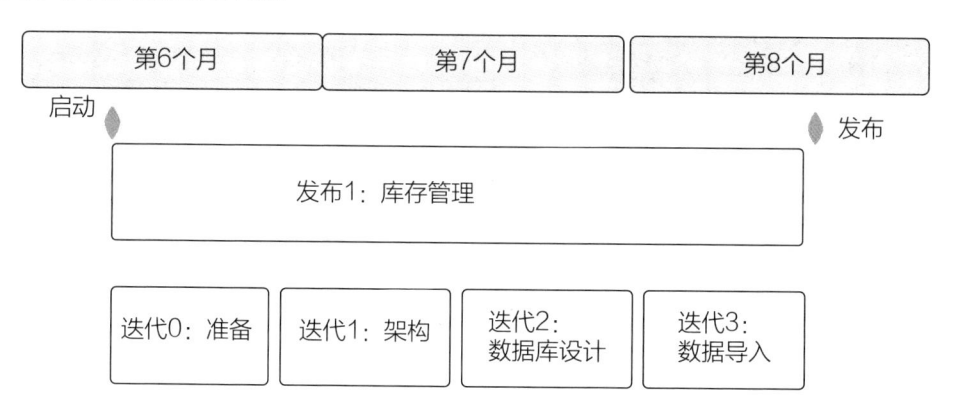

图9-2 酒庄系统开发迭代计划

对于迭代0之外的每次迭代，团队将与产品负责人进行迭代规划会议，以审查经过优先级排序的待办事项列表上的工作。他们将提出问题以澄清待办事项并定义验收标准。在会议的最后，团队将对当前迭代中的工作进行估算和规划。

> **迭代规划会议**：用于澄清和估算在规定的时间内将完成工作的会议。

在迭代的末尾，团队将向安杰、托尼和其他干系人演示功能。干系人将接受工作和/或提供反馈。在演示之后，团队将举行回顾会议，以考虑他们的工作过程，确定是否有他们想要更改的东西，并决定是否有他们想在下一次迭代中尝试的新东西。

> **回顾会议**：回顾工作成果和过程以找到改进成果的方法的研讨会。

任务板

当迭代开始时,迭代的工作被张贴在任务板上。任务板有多个列,用于指示工作状态。它们也可以被称为看板(看板在日语中是"指示牌"的意思)、Scrum板、敏捷板和其他类似的名称。任务板可以是电子的(在云端或服务器上),也可以是低技术含量的白板和挂图。对于在同一地点的团队,低技术含量的工具是首选。最简单的任务板,如图9-3所示,有"待办""在办""已完成"3列。

> **任务板**:对项目工作进度的可视化展示,使干系人都能看到各项任务的当前状态。

团队可以决定如何裁剪任务板。下面是一些裁剪的例子。

1. 增加一列"测试"或"验证"。
2. 用"用户故事"替代"待办"。
3. 用"待办事项列表"替代"待办"。

待办	在办	已完成
H	D	A
I	E	B
J	F	C
	G	

图9-3 任务板样例

一些项目团队使用任务板,但不使用迭代。这被称为基于流的进度计划。在基于流的进度计划中,当一个团队成员有空时,他们会处理待办事项列表中的下一个优先级任务。这使工作得以持续进行。在基于流的进度计划中,你可能会看到一个人扮演流程主管或解决方案交付经理的角色,而不是Scrum Master。

即使一个团队没有使用迭代,他们仍然应该至少每月开一次会,以反馈绩效和指标,并将反馈纳入计划和改进目的。基于流的进度计划很难在整合的主进度计划中表示,但它是完成工作的有效方法。

混合型进度计划

混合型进度计划是预测型进度计划（如第7章和第8章所述）和适应型进度计划的混合，以制订整合的主进度计划。有几种方法可以为混合项目规划进度。我们将在下一节中介绍其中的3个方法，但不要仅仅局限于这3个方法；混合项目的伟大之处在于，你可以对它们进行裁剪，以满足你的需要。

带有发布和迭代的预测型

这种类型的混合型进度计划使用预测型进度计划，并为发布创建一个占位符。每次迭代的详细工作都是用任务板软件管理的，如果团队在同一个位置，则使用白板。图9-4显示了该方案的一个示例，其中预测型工作显示为摘要任务，而适应型工作显示在发布层级。

任务名	持续时间
项目管理	271天
▪建筑	175天
新建筑	175天
翻新	90天
场地	35天
▪酒庄管理系统	115天
启动	2周
发布1	6周
发布2	6周
发布3	4周
发布4	4周
系统就绪评审	0天
▪运营筹备	115天

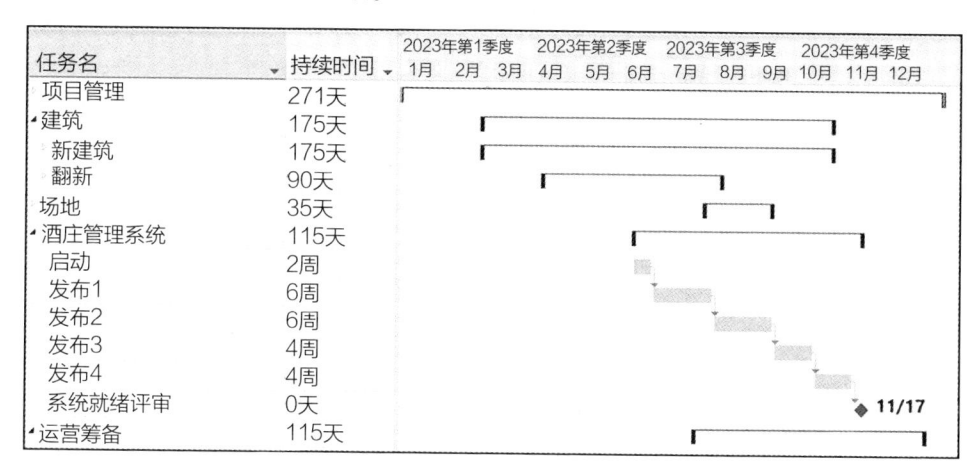

图9-4　带有发布的预测型进度计划

嵌套了迭代的预测型

有些进度计划软件允许你制订一个预测型进度计划或适应型进度计划。你可以分别制订每种类型的进度计划，并将适应型进度计划嵌入预测型进度计划中。图9-5显示了该方案的一个示例。预测型工作显示在摘要层级。适应型工作显示了所有的发布，并详细说明了第一个发布，以展示每次迭代的工作。

任务名	持续时间
项目管理	271天
▸建筑	175天
新建筑	175天
翻新	90天
场地	35天
运营筹备	115天
▸混合项目管理冲刺	170天
▸库存管理发布	8周
▸准备迭代	2周
确立工作方式	2天
获取设备	3天
准备环境	5天
▸架构迭代	2周
评估企业架构	10小时
评估企业架构策略	10小时
识别接口	20小时
绘制流程图	30小时
▸数据库设计迭代	2周
识别数据集	10小时
构建数据模型	40小时
构建原型	40小时
▸数据导入迭代	2周
导入数据	2天
清除数据	5天
编写用户说明	3天
酒庄和葡萄园管理发布	6周
葡萄酒俱乐部会员管理发布	4周
预测发布	4周

图9-5　嵌套了迭代的预测型进度计划

先适应型再预测型

新产品开发项目经常使用适应型方法来识别和开发产品的特性和功能。一旦产品最终确定，项目就转向生产、包装、营销和分销的预测型方法。

混合型进度计划中的依赖关系

混合项目陷入困境的方式之一是平衡预测型进度计划所需的结构与适应型范围变化的性质。当使用适应型方法开发项目组件时，开发该组件的团队需要意识到它们是更大项目的一部分。适应型工作和预测型工作之间存在依赖关系，必须遵守这些依赖关系才能使项目如期交付。

在 Dionysus 酒庄项目中，葡萄酒俱乐部管理组件必须在葡萄酒俱乐部营销活动开始之前发布。当会员注册葡萄酒俱乐部时，他们的信息将被录入葡萄酒俱乐部管理应用程序中。

此外，整个系统必须在开业庆典前及时完成并发布，以便员工接受培训。

项目的预测型部分和适应型部分之间的这些依赖关系需要开发团队（包括 Scrum Master）、产品负责人和项目经理之间的持续沟通。因此，特别是在混合项目中，不断变化的范围并不意味着持续开发——仍然有必须遵守的最后期限。

总结

在本章中，我们讨论了如何从路线图开始适应型工作，然后制订发布计划，确定各种功能何时可以使用。发布由迭代或冲刺组成，迭代或冲刺工作的开发和交付的持续时间是固定的。迭代中的工作在待办事项列表中按优先级排序，并且通常在任务板上进行管理。

混合型进度计划同时使用预测型进度计划和适应型进度计划。我们描述了制订混合型进度计划并整合到主进度计划的3种方法。不过，对于混合项目，你可以裁剪进度计划方法，以满足你的需要。

关键术语

Iteration 迭代	Release Plan 发布计划
Iteration Planning 迭代规划会议	Retrospective 回顾会议
Release 发布	Task Board 任务板

第10章
估算

估算是管理项目中最具挑战性的方面之一,也是最重要的方面之一。项目经理会有很多的估算工作要进行,如对工作量、持续时间、资源、成本甚至储备进行估算。对混合项目进行估算更具挑战性。不同的开发和工作方法要使用不同的估算方法。所以,你可以使用许多不同的方法与技术来进行估算,也因此可以采用不同的方法来跟踪进度和报告项目状态。

在本章中,我们将讨论估算的范围和准确性如何在项目生命周期中演变。我们还将介绍用于估算的6种技术,以及使用每种技术的最佳时机。然后,我们将研究如何使用成本估算来制定项目预算。

估算范围

当第一次接手一个项目时,你通常对项目目标和预期结果有了一个大致的了解。在某些情况下,你有来自类似项目的数据可以帮助你估算成本和持续时间。而在其他情况下,缺少历史数据做参考将使估算结果缺乏准确性。通常来说,你对范围、可用资源、工作性质和项目运行环境了解得越多,你的估算就越准确。

点估算:代表对结果的最佳预测的单个值。

为了说明估算结果的偏差(不确定性),我们通常提供一个估算范围。在项目开始时,你可能会获得一个较大的估算范围。例如,你的预算可能是5 000 000美元,范围是±50%。对于正在开发新技术或采用未经验证的流程的项目来说尤其如此。

当你通过收集需求、开发原型和参与详细的规划来更多地了解项目预期的成果时,你可以减少项目所面临的不确定性。这将使估算范围缩小至±25%。当你有了一个清晰的载入资源的进度表、一份记录风险应对的风险登记册,并就范围和需求达成了一致时,你就可以将估算范围进一步缩小到±10%。图10-1展示了成本估算如何随着时间的推移而演变,估算范围收窄,点估算曲线向右上方倾斜。

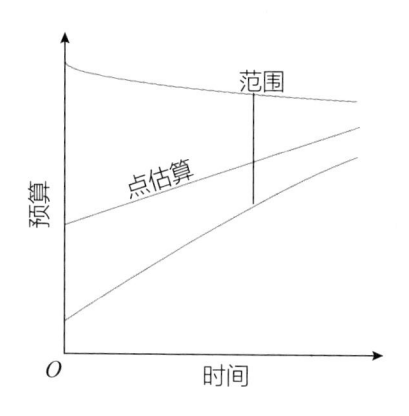

图10-1 估算范围随时间变化

对于范围不断变化的项目组成部分,发起人(或资助项目的人)可能选择保持预算不变,并努力让分配的资金发挥最大的作用,或者他们可能决定增加预算,以获得更多的特性和功能。

估算方法

有一种说法:用正确的工具做正确的事,这同样适用于估算。估算的方法有很多,所以知道何时使用何种估算方法与知道如何使用估算方法同样重要。表10-1提供了估算方法的简要说明,并说明了使用的最佳时机。

表 10-1 估算方法

估算方法	说明	使用时机
类比估算	利用之前类似项目的信息对当前项目进行估算	常见于预测型生命周期项目,可以用来估算工作量、持续时间、成本、资源和储备
参数估算	建立基于重要历史数据的数学模型	常见于预测型生命周期项目。通常用于成本估算,但也可以用于评估影响、持续时间、资源和储备
多点估算	做出乐观估算、悲观估算和最可能的估算,并计算其平均值或加权平均值	最常用于预测型生命周期项目,可以用来估算工作量、持续时间、成本、资源和储备

续表

估算方法	说明	使用时机
亲和分组	根据相似特征对元素进行分组	用于适应型生命周期项目，常用于估算工作量、持续时间或故事点
宽带德尔菲	通过一组专家合作来进行独立评估、讨论和重新评估，直到达成共识	用于适应型生命周期项目，常用于估算工作量、持续时间或故事点
自下而上估算	对单个工作包的估算结果进行汇总，以得出总体估算值	用于预测型生命周期项目，常用于估算成本并将其汇总成预算

下面提供了对每种方法的更详细的描述以及它们的应用示例。

类比估算

类比估算是最常用的估算方法。其最基本的形式是比较过去的项目与当前项目，确定相似部分和不同部分，然后根据该信息进行估算。

> **类比估算**：利用以前类似项目的信息对当前项目进行估算。

开发应用程序时通常需要确定成本或工期驱动因素，并分析过去类似项目与当前项目之间的关系，这可能包括项目的规模、复杂性、风险、资源数量、权重或任何其他影响估算的方面。

类比估算示例

在接下来的示例中，我们将采用类比估算，为Dionysus酒庄员工开发为期2天的入职培训课程材料。

负责编写这些材料的人力资源专家表示，她曾经为前一位雇主开发过类似的培训项目，但培训花费了3天的时间而不是2天。然而，这门课程有点复杂，这就意味着需要更长的时间来筹备材料。在之前的培训课程中包含4次演示，而当前课程只有3次。

人力资源专家检查了她的记录，并提供了以下信息。

之前的课程长达3天，需要200小时的开发时间；内容相对简单；课堂上有4次演示，准备这些演示活动又需要40小时。

为了便于利用这些信息来从酒庄的维度进行估算，我们需要采用变量修正来解释这些差异。表10-2展示了相关的信息。

表 10-2　类比估算（第 1 部分）

之前课程	结果（小时）	当前课程	修正
3 天	200	2 天	−33%
难易程度	已包含	难	+10%
4 次演示	40	3 次演示	−25%
总计	240		

因为上一次课程是3天，而这次是2天，所以我们将估算值调整了33%。人力资源专家表示，课程复杂性的提升将需要追加约10%的时间来创建和检查内容。上一次课程用40小时创建4次演示，本次课程我们可以假设演示的时间减少25%。将变量调节器应用于前一个课程会得到如表10-3所示的修正后的估算值。

表 10-3　类比估算（第 2 部分）

之前课程	结果（小时）	当前课程	修正	修正后的估算值
3 天	200	2 天	−33%	133
难易程度	已包含	难	+10%	13
4 次演示	40	3 次演示	−25%	30
总计	240			176

用途和优点

类比估算通常适合在项目早期进行粗略的估算，随着更多的信息被发现和细化，估算将变得越来越详细。使用类比估算的好处是，它们可以相对快速地开展，并且投入成本不高。然而，类比估算通常用于粗略估算，所以并不是最准确的方法。

若要想有效地使用这种方法，项目必须在本质上是相似的，而不仅仅是在表象上相似。例如，虽然软件升级听起来很相似，但升级Windows应用程序与升级Word应用程序则存在着本质的区别。

参数估算

参数估算使用数学模型来进行估算。并不是所有的工作都可以使用参数估算，但如果条件允许的话，使用参数估算又快又简单。你可以在下面看到如何使用参数估算来计算工作量和持续时间。

> **参数估算**：基于重要的历史数据开发数学模型，使用数学模进行估算。

- 假设酒庄的粉刷承包商正在估算粉刷26 000平方英尺的葡萄酒储存设施

需要多长时间。他知道粉刷100平方英尺平均需要1小时。他可以计算工作小时数，结果为260（2600÷40）小时。
- 如果粉刷承包商有5名工人，每人每天工作8小时，那就相当于每天工作40人时。需要天数为6.5（260÷40）天。

参数估算常用于建筑施工中，以获得粗略的单位成本估值。当在估算建造酒店的成本时，总承包商认为每平方英尺需要投入约为225美元。如果该酒店面积约3万平方英尺，则总投入的估算结果为675万美元。

多点估算

> **多点估算**：做乐观估算、悲观估算和最可能的估算，并计算平均值或加权平均值。

多点估算对于面临很多不确定性、风险或未知因素的工作包来说是一种很好的估算方法。这种方法提供了一个估算范围和一个期望值。

使用这种方法，需要根据以下场景收集3个估算值。

- **乐观估算**：乐观（最好的情况）估算意味着一切都按计划进行。对持续时间进行估算，这意味着你拥有所有需要的资源，没有出错，一切都正常运行。对成本进行估算，这意味着没有价格上涨，没有报废或返工，或者其他可能导致成本上升的事件。用O表示乐观估算。
- **最可能的估算**：最可能的估算考虑了项目日常中真实的一面，比如，有人被叫走一段时间，工作中断，材料成本增加等。用M表示最可能的估算。
- **悲观的估算**：悲观（最坏的情况）估算假设了大量的返工、工作进度上的延迟、意外的价格上涨和其他问题。用P表示悲观估算。

估算范围将处于乐观估算和悲观估算之间。在真实的项目环境中，实际的持续时间或成本投入将介于这些估算之间，而不是表现为极端结果。使用多点估算的一种方法是计算3个估算结果的平均值。另一种更好的方法是计算加权平均值，在这个平均值中，最可能的估算的权重要大于乐观估算或悲观估算的权重。

最常见的获取加权平均值的方程是β分布：$\dfrac{O+4M+P}{6}$。在这个方程中，最可能的估算的权重是乐观估算和悲观估算的权重的4倍。下面的例子展示了平均值和加权平均值之间的差异。

多点估算示例

假设水泥承包商正在为酒店、餐厅和品酒室的基础建设进行估算。他有在该地区工作的经验，熟悉土壤的成分。他表示，他能期望的乐观估算是5万美元。然而，他在另一个酒庄做了一些类似的工作，那里的土壤非常不稳定，必须进行加固，需要做更多的工作来准备场地。最终，这些工作花费了共计12万美元。根据初步的调查，他估计当前这份工作将在7万美元左右。

采用平均值计算，估算结果是：

$$\frac{50\,000+70\,000+120\,000}{3}=80\,000（美元）$$

如果采用加权平均值进行计算，估算结果是：

$$\frac{50\,000+4\times70\,000+120\,000}{6}=75\,000（美元）$$

在这个例子中，如果你只是将数字进行平均，你可以看到最可能的估算和悲观估算的差异将产生更大的影响。而当你为最可能的估算赋予更高的权重时，方差就会减小。

用途和优点

当存在很多不确定性时，多点估算是一种很好的方法。它给出了估算范围，并确定了一个点估算。虽然β分布是最常用的方程，但你可以调整权重以反映你认为的实际情况。例如，如果你认为估算出错的概率更高，那么你可以提升悲观估算的权重。使用这种方法的缺点是，仅仅从人们那里得到一个估算值就已经足够困难了，要求他们提供三个估算值可能就有点过分了。

亲和分组

这种方法被应用于适应型项目。这是一种快速的方法，可以将用户故事分组到大小近似的"桶"中。团队成员不会去弄清楚一项工作是否需要花费10小时或20小时，而是按照大致相同的工作量进行工作分组。

> **亲和分组**：根据相似的特征将元素分组。
>
> **斐波那契数列**：一组数字，其中一个数字是前面两个数字之和。

一些有趣的分组方法采用了亲和分组的原理，如咖啡杯的大小、狗的大小、T恤的尺码或斐波那契数列。

咖啡杯的大小：小杯、中杯、大杯、超大杯；

狗的大小：约克夏、西班牙猎犬、拉布拉多、獒犬；

T恤的尺码：XS、S、M、L、XL；

斐波那契数列 1, 2, 3, 5, 8, 13, 21…

亲和分组面临的一个挑战是，它是一种相对估算的形式。每个项目团队都有自己的分组标准，但并没有一个通用的标准说斐波那契点数3=15小时的工作，或者一只拉布拉多=20小时的工作。估算与特定团队正在做的工作相关。

亲和分组示例

团队制订的发布计划和迭代计划如图9-1和图9-2所示。发布计划和迭代计划可以被分解成更小的工作单元，这些工作单元可以使用亲和分组法进行估算。团队决定使用斐波那契数列来估算迭代1～3的工作量。迭代0已经启动，团队不用投入精力去估算此次迭代了。该团队与产品负责人安杰合作，以了解他的需求。一旦了解了安杰想要什么，团队就会开始估算工作（见图10-2）。

任务	故事点	优先级	
评估企业架构	3	1	发布1
评估企业架构策略	3	1	
识别接口	8	1	
绘制流程图	21	1	
识别数据集	3	2	发布2
构建数据模型	13	2	
构建原型	21	2	
导入数据	8	3	发布3
清除数据	13	3	
编写用户说明	13	3	

图10-2　发布1中的待办事项优先级排序

1. 完成发布1中每次迭代的工作所需的任务。
2. 采用斐波那契数列表示每个任务的故事点。

3. 任务的优先级。

该工作以这样一种方式规划，团队期望在每次迭代中完成大约35个故事点的工作量。然后，他们可以使用发布1中每次迭代的信息更新发布计划，如图10-3所示。

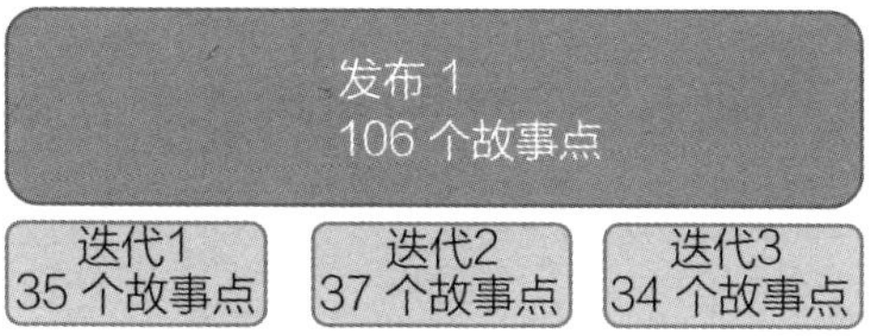

```
发布 1
106 个故事点
┌─────────┬─────────┬─────────┐
│ 迭代1   │ 迭代2   │ 迭代3   │
│35 个故事点│37 个故事点│34 个故事点│
```

图10-3　更新发布1的计划

> **提示**：如果团队正在使用用户故事记录需求，则这些估算点被称为"故事点"。故事点是用于估算完成用户故事所需工作量的单位。故事点通常与斐波那契数列一起使用。

用途和优点

这种估算方法的好处是，一个团队在一起工作一段时间后，他们可以又快又好地估算工作量。这个估算方法比其他估算方法更快，且相当准确。如果团队正在使用迭代，那么在几次迭代之后，团队就会知道在每次迭代中他们可以完成多少工作。如果一个采用斐波那契数列进行估算的团队平均在一次迭代中持续交付大约35个故事点的工作，并且一个发布版本大约有130个故事点的工作量，那么他们可以在4次迭代后进行发布。

宽带德尔菲

宽带德尔菲法类似于相对估算法，但它使用一组专家（通常是团队成员）来进行估算。在对估算达成普遍共识之前，可能会进行几轮估算。

> **宽带德尔菲**：通过一组专家合作来进行独立估算、讨论和重新估算，直到达成共识。

> **提示**：宽带德尔菲法主要采用斐波那契数列来估算持续时间。

计划扑克是宽带德尔菲法的一种常见形式。在参加计划扑克时，每个人都有一副扑克牌，每张牌上都有一个斐波那契数列中的数字：1,1,2,3,5,8,13…主持人使团队保持专注，有序推进对任务的估算。产品负责人给出待办事项的概要描述，团队有机会提出问题以澄清假设和风险。然后，主持人要求团队成员从他们手中的一副扑克牌中选择他们的估算结果。与此同时，每个人都把自己的牌翻过来。

如果对工作达成了共识，团队就会转移到下一个工作元素。如果没有，那么那些给出异常值的人（扑克牌数值明显较高或较低的人）将花时间论述他们为什么给出这样的估算结果。图10-4展示了一组带有异常值的例子。

讨论之后再进行一次估算，一直持续到扑克牌上的数字趋于相同为止，如图10-5所示。

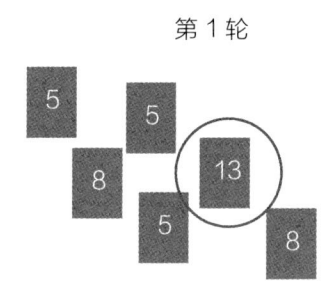

第 1 轮

图10-4　带有异常值

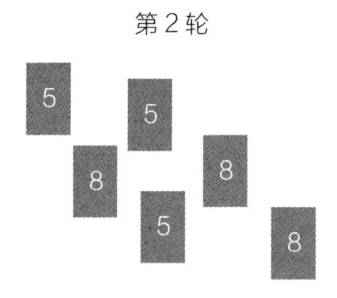

第 2 轮

图10-5　初步达成共识

如果达成大致的共识，如5票中有3票，8票中有5票，则选择较大的数字。

自下而上估算

自下而上估算：把各个工作包估算汇总，以得出总体估算。

自下而上估算通过汇总每个活动的详细估算来确定总体估算。这种估算形式在成本估算中更为常见，但只要考虑到网络图，同样的概念也可以用于估算工作量。

这种估算方法的优点是通常非常准确，当然，也非常耗时，因为你必须对工作有非常详细的了解。也正因为如此，你只有在完全分解范围并准备好范围基准之后才能够进行自下而上估算。所以，自下而上估算不用于敏捷项目，因为敏捷项目的范围是不断变化的。

估算的依据

一旦进行估算，记录你的估算依据是一个很好的实践。估算依据提供了关于估算的支持性细节。它展示了估算是如何进行的，以及能够影响估算结果的任何因素的透明度。在记录估算依据时，常见的元素包括：

- 估算是如何进行的；
- 与工作和评估相关的假设和制约条件；
- 估算范围；
- 估算的置信水平；
- 影响估算的风险。

对于规模较小的项目，这些信息可能包括在说明文档中。对于规模较大的项目，你需要更加可靠的项目文件。值得注意的是，对估算的假设或制约条件的改变通常会引发估算结果的变化。例如，如果你假设一个系统工程师承包商将提供4个月的服务，每小时的费用为150美元，然而你发现当地没有可用的系统工程师，而你所能找到的最佳选择需每小时支付180美元，那么将产生估算上的差额。因为你最初的假设是不准确的，所以你的估算值会上升。

估算预算

在之前介绍的各种估算方法中，类比估算、参数估算、多点估算和自下向上估算是用于成本估算的方法。一旦有了成本的估算结果，你就可以建立项目预算。项目预算是对成本投入的分阶段估算。你可以为工作包、控制账户、可交付物、阶段或整个项目制定预算。你将看到如何为酒庄的基础建设工作包估算成本和持续时间。基础建设工作包中包含下列任务。

> **预算**：经批准的项目工作的分阶段估算。

1.2.1.3 地基

    1.2.1.3.1 挖掘

1.2.1.3.2 坡道

1.2.1.3.3 安装桩脚

1.2.1.3.4 铺设模板

1.2.1.3.5 安装钢筋

1.2.1.3.6 浇筑混凝土

图10-6展示了以周为单位的网络图。

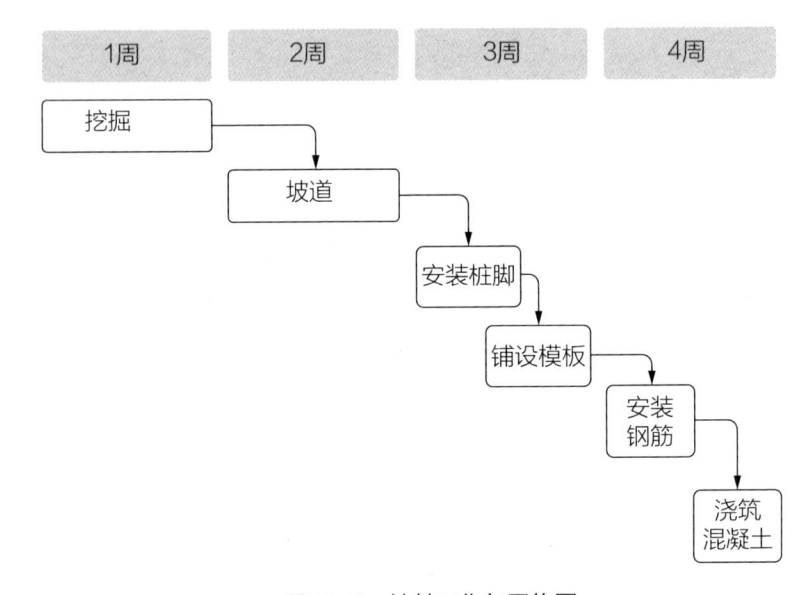

图10-6　地基工作包网络图

混凝土供应商为你提供了如表10-4所示的估算,他采用了自下而上估算。他估算了工时、每小时的工资、材料成本和使用设备的成本。

表 10-4　基础建设工作包估算

单位：美元

工作包	估算
地基	42 700
挖掘	12 000
坡道	8 200
安装桩脚	2 500
铺设模板	3 100
安装钢筋	6 700
浇筑混凝土	10 200

使用网络图和成本估算,你可以利用电子表格来展示随着项目推进投入的成本来构建工作包的预算(见表10-5)。

表 10-5 基础建设预算表

单位:美元

地基	第1周	第2周	第3周	第4周
挖掘	12 000			
坡道		8 200		
安装桩脚			2 500	
铺设模板			3 100	
安装钢筋				6 700
浇筑混凝土				10 200
每周成本	12 000	8 200	5 600	16 900
累计成本	12 000	20 200	25 800	42 700

请注意,倒数第二行展示的是每周成本。底部一行显示的是累计成本。将前一周的累计成本与当前一周的成本相加,可以得出截至本周的累计成本。

若要以图的形式显示预算,可以选择数据并插入折线图,得到如图10-7所示的基础建设预算图。

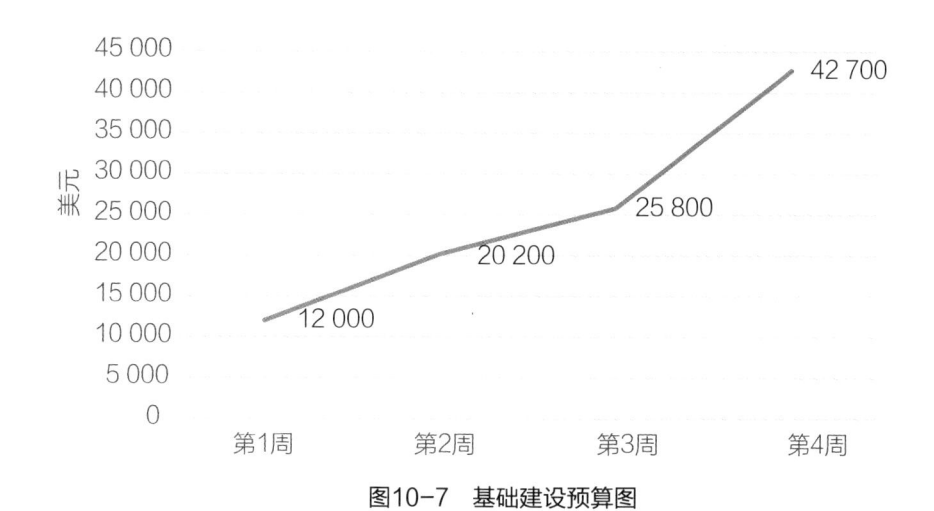

图10-7 基础建设预算图

通过这种方式制定预算,你将能够分析每个交付产品和每个时间段的成本。

总结

在本章中，我们讨论了随着对项目的了解越来越透彻，估算范围将变得越来越窄。我们描述并演示了估算工作量、持续时间、资源和成本的6种方法。类比估算、参数估算、多点估算和自下而上估算通常用于预测型工作。在适应型工作中则采用亲和分组和宽带德尔菲法。

使用成本估算，你可以制定预算，以显示阶段性的工作成本。要制定预算，你要把工作列在一栏中——这里所提到的工作可能是任务、工作包或可交付物，这取决于详细程度。然后将它们按时间顺序排列在网络图中。在相应的单元格中输入对每个工作元素的估算结果。将每个时间段的成本相加，然后在底部一栏计算累计成本。完成后，你可以将数据转换为图，以显示阶段性的预算。

关键术语

Affinity Grouping 亲和分组

Analogous Estimating 类比估算

Bottom-up Estimating 自下而上估算

Budget 预算

Fibonacci Sequence 斐波那契序列

Multipoint Estimating 多点估算

Parametric Estimating 参数估算

Point Estimate 点估算

Wideband Delphi 宽带德尔菲

第11章
干系人参与

项目管理的技术方面，如范围、进度和成本，都很重要，但成功交付混合项目的一个关键因素是干系人参与的方式。成功的干系人参与将优秀的项目领导者与卓越的项目领导者区分开来。为了在干系人参与中取得成功，你需要成为一名卓越的沟通者。这需要书面和口头的沟通能力以及会议管理技能。

在本章中，我们将识别、分析并记录有关项目干系人的信息。然后，我们将了解如何使用不同的沟通方法来规划成功的参与。干系人沟通计划将记录我们的参与和沟通活动。

识别干系人

干系人参与从项目开始时就存在了，一直持续到项目结束。一旦有了项目愿景或项目章程，你就应该开始识别那些受你的项目

> **干系人**：能够影响你的项目或受你的项目影响的个人和团体。

影响、对你的项目有期望或需求，或者可能影响你的项目的人或团体。这些人是你的项目干系人。

项目章程和商业计划是识别干系人的好地方。项目目标、项目描述和利益将帮助你识别哪些人将参与你的项目，或者对项目结果有既得利益。如果你将项目的一部分外包出去，或者购买商品或服务，你应该看看合同和采购文件。例如，如果你需要咨询帮助或临时工，顾问、临时工中介都是干系人。他们会影响项目的成功。

大多数项目的干系人列表一般包括：

- 客户；
- 最终用户；
- 发起人；

- 产品负责人；
- 项目经理；
- **Scrum Master**；
- 项目团队；
- 职能经理；
- 项目管理办公室或项目集管理办公室；
- 项目组合指导委员会。

如果你想了解得更深一点，还可以考虑下面几个干系人：

- 监管机构；
- 竞争对手；
- 内部系统（系统会限制你的选择或被你的决定所影响）。

干系人的识别和参与贯穿整个项目，所以一旦识别了最初的干系人，并不意味着就结束了。应该继续关注新的干系人。

分析干系人

一旦识别了干系人，你就可以开始分析他们将如何影响你的项目或者被你的项目影响。有几个变量可以用来评估项目的干系人，例如：

- 权力或影响，描述干系人对项目的影响程度；
- 利益，确定干系人对项目的关注或关心程度；
- 态度或支持程度，描述干系人对项目的支持程度；
- 角色，描述干系人如何参与项目；
- 意识，确定干系人对项目的意识和支持。

你可以使用2×2矩阵、方格和立方体来分析这些变量。下面是几个示例。

方格和矩阵

整合干系人信息的一个简单方法是创建一个基于多个变量映射干系人立场的方格。

2×2矩阵

2×2矩阵分析两个变量。举个例子，假设你想知道谁最有影响力，以及谁最支持你的项目。可以创建如图11-1所示的权力/利益方格。

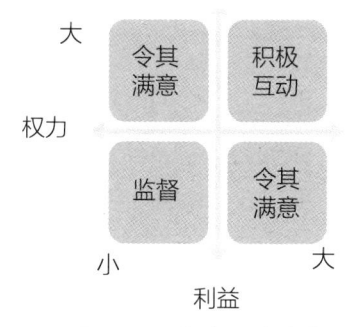

```
         大
          ┌─────┬─────┐
          │令其 │积极 │
          │满意 │互动 │
     权力 ├─────┼─────┤
          │监督 │令其 │
          │     │满意 │
          └─────┴─────┘
         小            大
               利益
```

图11-1　权力/利益方格

这个方格表明，对于那些利益大、权力大的干系人，应该与其积极互动。发起人和客户就属于这个象限。对于权力大、利益小的干系人，如不直接参与项目的高级管理人员，应该令其满意。如果他们询问信息或有疑问，尽你所能地满足他们的需求。应随时向利益大、权力小的干系人（如最终用户）通报项目进展和他们感兴趣的其他信息。那些利益小、权力小的干系人不应该占用你太多的时间。监督他们，看他们是否会转移到另一个象限。

2×3矩阵

2×3矩阵着眼于两个变量，但比2×2矩阵更加详细。像2×2矩阵一样，2×3矩阵考虑了每个干系人的权力，但将干系人权力分为大、中、小3级。2×3矩阵还评估了干系人态度，分为抵制、中立或拥护。

- 抵制的干系人主动声明不支持你的项目。他们可能会对你的项目造成影响，并需要占用你的时间去处理这些影响。你可以设法向抵制者展示WIIFM（What's in it for me，这对我有什么好处，这里指项目对抵制者有什么好处）来支持你的项目，或者减少他们对项目的影响。
- 中立的干系人不会支持或贬低你的项目。在理想情况下，你希望他们支持你的项目，但他们保持中立不会对项目造成任何实质性伤害。
- 拥护者积极地、公开地支持你的项目。设法鼓励他们表达自己的支持，并尽量扩大他们的影响力。

图11-2显示了权力/态度2×3矩阵。

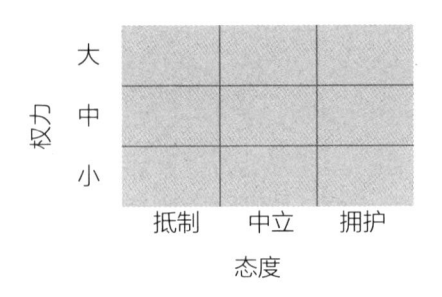

图11-2　权力/态度2×3矩阵

干系人立方体

干系人立方体根据3个变量对干系人进行分类。图11-3所示的立方体显示了权力、态度和利益。

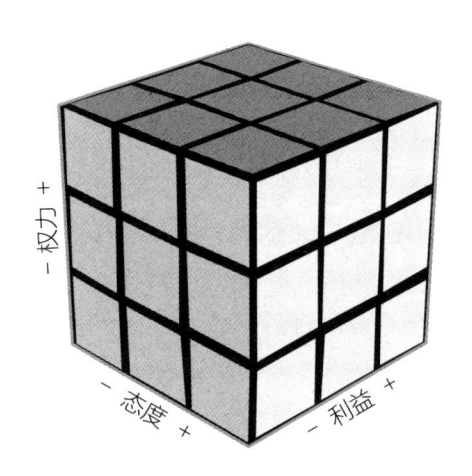

图11-3　干系人立方体

你可以创建任何类型的方格，这取决于你认为对项目来说什么是最合适的，但总体目标是使用此分析来制定干系人有效参与的策略。

按角色分析干系人

对干系人分类的另一种方式是根据他们在项目中的角色类型进行划分，如驱动者、支持者和观察者。

驱动者：驱动者是有权决定项目方向并做出影响项目决策的人。项目发起人就是一个驱动者的例子。

支持者：支持者是为项目提供帮助或资源以实现目标的人。如为项目提供团队成员的部门经理。

观察者：观察者是指不与项目交互或直接影响项目的人。最终用户或其他影响较弱的干系人属于观察者。

影响方向

干系人参与的方式通常取决于他们在组织结构图中的位置。这决定了他们影响的方向。例如：

- 向上：包括发起人、高级管理层和项目管理办公室。
- 横向：指的是同级关系。
- 向外：指外部干系人，包括监管部门、供应商和最终用户。
- 向下：指团队，向下在适应型项目和混合项目中并不像在分级组织的预测型项目中那么有效。在适应型项目和混合项目中，你可以将团队归类为横向。

认识度和支持度

可以根据干系人的级别或认识度和支持度对其进行分类。

- 不了解型：干系人不了解项目及其结果。
- 抵制型：干系人知道该项目，但不支持。
- 中立型：干系人对项目及其结果持矛盾态度。
- 支持型：干系人对项目及其结果感到满意。
- 领导型：干系人积极参与项目。

这些例子是分析干系人的许多方法中的其中几个。项目的需求将决定对干系人进行分析和分类的最佳方法。如果你还没有使用过这些方法，不妨试一下，看看哪种最适合你的项目。

干系人登记册

干系人登记册是记录干系人信息的有用工具，特别是当有许多不同干系人的时候。表11-1展示了Dionysus酒庄项目的干系人登记册。

> **干系人登记册**：记录项目干系人相关信息的文件。

表 11-1　Dionysus 酒庄项目的干系人登记册

姓名/角色	期望	权力	利益	态度
特萨，发起人	按进度计划和预算交付，变更和问题最少	大	大	拥护
托尼，项目经理	有能力的团队，管理层的支持，最小变更	中	大	拥护
苏菲，Scrum Master	有能力的团队、项目经理、产品负责人和发起人的支持	小	大	拥护
安杰，产品负责人，生产经理	对仓库翻新和酒庄管理系统各方面的投入	中	大	拥护
培育专家：葡萄藤种植专家	对葡萄园和葡萄园决策各个方面的投入	中	大	拥护
酿造专家：葡萄酒酿造专家	对葡萄酒生产各个方面的投入	中	大	拥护
葡萄酒俱乐部成员	美酒、物超所值、教育、社交机会	中	中	拥护
顾客	有趣的度假、美酒、美食、设施和娱乐	小	中	中立
当地居民	美酒、美食；关于噪声和交通的一些担忧	小	小	中立

干系人登记册的附加字段包括联系信息、需求和优先级。当然，你可以裁剪干系人登记册中的信息，以满足项目的需要。

根据项目的阶段或其他变量，可能会有干系人从项目中进进出出。因此，干系人登记册是一个动态文档，应该在整个项目过程中不断更新。定期检查是一种很好的做法，以查看干系人的权力、利益、影响或期望是否发生任何变化。

成功参与的规划

干系人参与的方式决定着项目的成功或失败。你的项目越大，你花在管理干系人及其参与程度上的时间就越多，这个过程对项目的成功越重要。想象一个有市政府、县政府、公众、交通部门、警察和各种各样的其他干系人的项目。你将花费大量的时间与所有这些非常有影响力的干系人合作并平衡他们的各种需求和利益！

正如在整个项目中识别和分析干系人一样，你也将在整个项目中与他们合作和交流。对于你识别的每个干系人或干系人群体，你都需要考虑如何最好地与他们合作。对于一个干系人很少的项目，你可能已经知道你需要做什么。你的干系人群体越大、越复杂，你就越需要规划干系人参与的策略。

你可能想制订一个干系人参与计划来组织你的策略。可以从查看每个干系人当前的意识和态度水平开始，并思考期望的水平是什么，然后决定是否要采取措施来强化干系人的意识或支持。例如，可以根据干系人分析中的2×2或2×3矩阵来制定策略。你可能会考虑如何将干系人从权力大/低支持象限转移到权力大/高支持象限。如果使用了干系人分析模型，你可以记录从中立到支持甚至领导的策略和步骤。

关于制定干系人参与策略，有4点需要记住。

- **积极主动**：提前花时间确定如何充分利用支持你的干系人，以及如何最大限度地减少来自抵制你的干系人的潜在损害。
- **理智**：你不可能改变每个人的态度或兴趣。把你的时间和精力优先放在那些能带来最大好处或最大损害的干系人身上。你的一些策略可能在政治上是敏感的，所以你应该谨慎对待你所书写的内容。
- **沟通**：你影响干系人和管理他们期望的主要工具就是沟通。规划你的沟通策略，以确保它们产生最大的影响。
- **获得支持**：想办法让干系人的期望与项目成功保持一致。向干系人展示支持项目将如何使他们受益。

你可能需要尝试多种策略来有效地与一些干系人合作。干系人参与直到项目结束才会结束，所以要保持灵活性和提高响应能力。

规划项目沟通

沟通和干系人参与共同作用。事实上，有种说法是"90%的工作都是沟通"。沟通以各种方式贯穿整个项目。很多沟通都是非正式的，包括走廊谈话、隔间谈话和网络沟通。这些都是非正式口头沟通的例子。

正式的口头沟通发生在向指导委员会、客户或发起人进行演示或情况介绍时。你的启动会议和团队状态会议是正式口头沟通的额外示例。

然而，口头沟通并不是我们沟通的唯一方式。一个项目的很多沟通都是书面的。书面沟通可以是正式的，如合同、状态报告、缺陷清单、项目计划和项目文档。书面沟通也可以是非正式的，如给团队成员的简短通知、通过电子邮件进行的询问，或者对某事即将到期的后续提醒。

书面沟通和口头沟通可分为多种类别。表11-2展示了项目经理沟通的多种方式。

表11-2　正式沟通和非正式沟通

形式	正式	非正式
书面	状态报告 项目计划 项目文件 合同 内联网 协作工具	备忘录 电子邮件 内联网 协作工具 短信 即时消息
口头	会议 头脑风暴 问题解决 口头报告 情况介绍 演示 视频会议 电话会议 网络	对话 视频会议 电话会议 网络

你选择的沟通方式取决于你是在组织中与发起人或下属进行纵向沟通，还是与同事进行横向沟通。你还应该考虑沟通是内部的还是外部的，是官方的（公司对某个问题的立场）还是非官方的（未经组织认可或批准的沟通）。所有这些变量都会影响你沟通的方式和方法。

沟通方法

根据如何访问信息，沟通分为推式沟通、拉式沟通和交互式沟通。

- 推式沟通是指向干系人发送信息，包括备忘录、电子邮件、报告、语音邮件等。
- 拉式沟通涉及某人寻求的信息。一个人主动搜索信息。这可能包括团队成员到内联网查找模板、进行互联网搜索和访问在线存储库。
- 交互式沟通是指信息的交换。交互式沟通发生在对话、电话、会议等场合。这是最有效的沟通方式。

一些通用指南如下：
- 人际沟通通常是交互式沟通。
- 小组沟通通常是交互式沟通或推式沟通。
- 公共传播和大众传播可能是推式沟通或拉式沟通。
- 无论是面对面沟通还是在线沟通，都可以是正式的或非正式的。

沟通技术

沟通的另一个因素是你现有的技术，特别是如果你有一个由内部团队成员和外部承包商组成的团队。此外，还要考虑人们是集中办公还是分散办公。以下是一些将影响你沟通的技术因素。

紧迫性：人们是立即需要信息，还是可以等待？如果你在危险环境中从事建筑项目的工作，如易受飓风或龙卷风袭击的地区，你需要能够立即与施工现场和可能受到影响的工人进行沟通。

技术可用性：你的组织是否有适当的技术和系统来支持你的沟通策略？是否需要对当前的基础架构进行重大变更或修改？如果需要部分员工远程工作数天，则项目应为员工配备笔记本电脑。如果员工通常是全职在办公室工作，则只需要台式电脑，提前考虑这个问题。

易用性：你可以建立一个非常酷的网站来与你的团队交流。它可能具有文档存储、消息传递、版本控制等功能，但如果它对受众来说不直观且不容易使用，那么就没有人会使用它。当谈到沟通时，请记住：保持简单！

预期人员配置：检查每个人是否拥有相同的平台或相同的信息访问权限。这在与承包商合作时尤其重要，因为他们可能在不同的技术平台上工作。例如，假设你将项目某一部分外包给了一家营销公司，那家公司使用苹果电脑，而你们公司使用个人电脑。让营销公司的成员参与项目会影响项目沟通。你必须确定哪些信息可与他们共享，哪些信息是专有的。

持续时间：对于三年或更长时间的项目，你可以指望通信技术至少会发生一些变化。你可能不知道它会如何变化，但明智的做法是牢记这一点。随着协作工具和云应用程序的快速发展，预测人们未来的沟通方式是一项挑战。

项目环境：环境可以简单到团队的一部分是虚拟的，也可以包括更复杂的因素，如团队成员位于不同的时区、国家，甚至极端的地理位置，如在北极圈或莫哈维沙漠。

敏感性和保密性：有些信息是商业敏感信息，不应该泄露到团队或公司之外。如果你有外部干系人，你需要确定哪些信息他们可以了解，哪些不可以。对于敏感信息，你可能需要干系人签署一份保密协议。

干系人沟通计划

当所有沟通都在进行时，制订一个沟通计划是很有用的。标准的沟通计划包含以下信息：

- 信息；
- 受众；
- 方法；
- 频率。

更详细的计划可以包括：

- 发送者；
- 定义和缩写；
- 信息流程图；
- 制约因素和假设条件；
- 模板。

因为沟通是针对干系人的，所以将干系人登记册与沟通计划结合起来是很有用的。这样做可以将所有关于干系人的信息和他们需要的信息保存在一个文档中。表11-3展示了Dionysus酒庄项目干系人沟通计划。

表11-3　Dionysus 酒庄项目干系人沟通计划

姓名/角色	期望	权力	利益	态度	信息	方法	频率
特萨，发起人	按进度计划和预算交付，变更和问题最少	大	大	拥护	状态报告 风险 问题	会议 会议	每月 按需
托尼，项目经理	有能力的团队，管理层的支持，最小变更	中	大	拥护	进度报告 团队会议	电子邮件 会议	每周 每周或按需
苏菲，Scrum Master	有能力的团队、项目经理、产品负责人和发起人的支持	小	大	拥护	进度会议 迭代规划会议 回顾会议	站会 会议 会议	每日 迭代 迭代
安杰，产品负责人，生产经理	对仓库翻新和酒庄管理系统各方面的投入	中	大	拥护	迭代规划 演示 阻碍/障碍	会议 会议 会议	迭代 迭代 按需
葡萄酒种植者：葡萄藤专家	对葡萄园和葡萄园决策各个方面的投入	中	大	拥护	进度计划 团队会议	电子邮件 会议	按需 按需
文化工作者：酿酒专家	对葡萄酒生产各个方面的投入	中	大	拥护	进度计划 团队会议	电子邮件 会议	按需 按需
葡萄酒俱乐部成员	美酒、物超所值、教育、社交机会	中	中	拥护	葡萄酒俱乐部信息	电子邮件	每周 按需
顾客	有趣的度假、美酒、美食、设施和娱乐	小	中	中立	营销信息	电子邮件和直邮	按需开展活动
当地居民	美酒、美食；关于噪声和交通的一些担忧	小	小	中立	营销信息	电子邮件和直邮	按需开展活动

总结

  在本章中，我们讨论了识别和评估项目干系人的重要性，描述了使用方格和立方体，以及通过评估角色、影响和意识来分析干系人的几种方法。这些信息可以记录在干系人登记册中。

  沟通是我们与干系人合作的主要方式。我们研究了不同的沟通方式及技术对沟通的影响。这些信息会影响我们与干系人沟通的方式。沟通计划可以记录信息，如谁需要信息、需要的信息内容、如何传递信息以及何时传递信息。干系人沟通计划将干系人登记册中的信息与沟通需求相结合。

关键术语

Stakeholder　干系人

Stakeholder Register　干系人登记册

第12章
维护干系人参与

规划沟通和干系人参与只是干系人成功参与的第一部分。在整个项目中，你将管理干系人的期望、处理关注点，并解决问题。这些活动需要有效的沟通能力。

在本章中，你将学习如何培养自己的沟通技能，以便有效地与干系人进行沟通。这包括给予和接受反馈、识别和解决沟通障碍。由于会议是项目的重要组成部分，我们将讨论适应型项目和预测型项目的一些常见的会议。

干系人参与

保持干系人满意的最佳方式是有效和高效的沟通。有效沟通是以一种适合人们的方式，及时地提供正确的信息。高效沟通是向正确的人提供必要的信息。换句话说，只向需要的人发送相关信息。用杂乱无章的独白来"回复所有人"是无效的。遵循干系人沟通计划将有助于你保持有效和高效的沟通实践。

还有一些指导方针可以帮助你与干系人保持良好的关系。首先是在规划项目时寻求干系人的意见，并将他们的反馈纳入项目计划中。当干系人在事情中有发言权时，他们更有可能支持决策和选择。

其次，与干系人保持联系。在整个项目过程中与干系人沟通，确保对项目范围、利益和时间线有共同的理解。公开的讨论将有助于你管理干系人的期望。

当出现担忧时，试着在它们成为问题之前加以解决。这可能意味着与一些干系人进行交流，解释为什么他们想要的范围不是项目的一部分，为什么他们不能在想要的时间范围内得到他们想要的，或者为什么你需要他们的员工在特定的时间段内工作。在担忧变成问题之前就加以解决，而不是让担忧恶化。

如果你尽了最大努力，干系人的担忧仍上升到了问题的层面，那就尽快解决它。你可能需要将问题上报至比你更有权威的人那里，或者要求他们提交变更请求以供审批，或者你可以自己处理该问题。无论你选择如何解决这个问题，都需要使用下面描述的沟通技能。

沟通技能

作为项目负责人，我们经常受到关注。因此，我们需要精通沟通的各个方面。沟通技能的一些基本方面包括以下内容。

- **了解你的受众**：对你的受众做一些功课，对建立你的可信度和避免尴尬大有帮助。
- **建立多种沟通渠道**：人们以不同的方式吸收信息。有些人善于倾听信息，有些人善于观察信息，还有一些人通过积极参与活动来吸收信息。同样，人们乐于以不同的方式分享信息或提供反馈。通过在会议和讨论中寻求反馈或提供你的电子邮件和电话号码，使干系人能够轻松地共享信息。
- **在适当的时候使用面对面沟通**：你不需要通过面对面沟通来传达简单的信息，如下一次状态会议的日期。当你需要讨论复杂的概念、解决问题或处理敏感信息时，面对面沟通是最好的沟通方式。面对面沟通最好，但如果你们不能面对面沟通，那么视频会议是次优选择。
- **注意非语言沟通**：当面对面沟通的时候，你可以获得很多通过电话或电子邮件无法获得的信息。注意语调、眼神交流、面部表情、不感兴趣的迹象、不适、恼怒等。通常情况下，人们说话的方式比他们使用的词语更能说明问题。
- **在适当的时候沟通**：判断现在是不是与人沟通的良好时机。有时你可以通过肢体语言和面部表情来判断——一个愁眉苦脸、非常唐突的人很可能不适合听你说什么。即使他们的肢体语言看起来没问题，你也可以问问他们："你能抽出几分钟时间跟我聊聊吗？"或者"我需要和你谈谈，你什么时间合适？"
- **言行一致**：你不能告诉你的团队"这是一个安全的空间"，然后表现得粗鲁不堪、居高临下或不耐烦。你的行动必须与你的语言一致，并应该强化或展示你想要传达的内容。
- **使用简单的语言**：确保别人理解你的最好方法是使用简单的语言。与其说"避免混淆",不如说"说清楚"!

- **重复**:如果你有非常重要的事情需要传达,那就多说几遍,用多种方式表达。使用多种沟通渠道,甚至可以考虑请人重复他们听到的内容。

当别人说话时

上面我们介绍了一些基本的沟通技能,下面让我们来关注如何成为一个有效的倾听者。虽然下面介绍的内容好像"老生常谈",但倾听是干系人参与的关键技能。毕竟,如果没有良好的倾听技能,你怎么知道别人想要什么?

- **全神贯注**:全神贯注包括停止你正在做的事情,进行眼神交流,只关注这个人和他们正在说的话。
- **反思对方所说的话**:花时间思考和反思对方所说的话——尤其是当你不同意或他们提出了与你不同的观点时。
- **思想开放**:不要在谈话中先入为主。乐于从不同的角度看问题,并具有创造力和灵活性。不要评判这个人或他们的信息。你可能不认同,但至少要虚心倾听并考虑他们的观点。
- **倾听时不考虑你将如何回应**:给予某人充分关注的一个表现是不要考虑你将如何回应。一旦他们说完,你可能需要一段时间来整理思路——没关系。他们会感激你花时间认真倾听。
- **总结你所听到的内容,并检查你是否理解正确**:积极倾听的很大一部分是要求澄清并总结你所听到的内容。问问对方你是否理解正确。这个简单的步骤可以帮助避免误解,让他们知道你在听,并关心他们说的话。

当你说话时

你会在各种不同的场合说话——有时是在一大群人面前,有时是在小型会议上,有时是一对一。掌握以下这些技能可以让你成为一个更有效的演讲者。

- **表达清楚**:首先,也是最重要的,表达清楚。不要喃喃自语,不要语速太快,也不要含糊不清。把话说清楚,花点时间让别人听到你说的话。
- **眼神交流**:面对面沟通时,眼神交流是让听众保持专注的有效方式。当你看着他们时,他们更容易集中注意力。眼神交流向听众表明你很自信,你知道自己在说什么,你想和他们沟通。
- **检查肢体语言**:如前所述,非语言比语言更能传达信息。如果你看到有人看起来很困惑，问问他们。看看你是否需要用一种不同的方式来传达你的信息。如果听众看起来很无聊，要么休息一下，要么让气氛活跃起来。

- **用多种方式解释复杂的概念**：对于难以理解或令人困惑的信息，用多种方式解释。试着用隐喻、例子或故事来表达你的观点。征求反馈意见，这样你就可以澄清人们正在努力解决的问题。
- **简明扼要；不要漫无边际**：如果你能用10个单词表达你的观点，就不要用50个！
- **检查是否澄清**：特别是当你在传达复杂的信息时，即使不是，也要问问人们听到了什么。询问人们是否有什么内容希望你再复述一遍。确保人们在要求澄清时有安全感。
- **试着理解你的受众的观点**：试着理解你的受众的观点和了解你的受众是类似的，也要有同理心，从他们的角度考虑事情。

当你写作时

毫无疑问，好的商务写作也是一项技能。这意味着你可能需要练习，但它是可以学习的。作为项目经理，你需要提交报告、演示文稿、写电子邮件和备忘录等。有些是非正式的，有些则是正式的。你应该努力让你的写作和你的演讲一样清晰、有说服力。优秀写作的7c原则将帮助你提高写作技能。

- **清晰（Clear）**：知道你想通过写作实现什么目标。从心中的目标开始，围绕这个目标组织你的信息。避免使用含糊不清或可能被误解的词语。
- **简洁（Concise）**：在商务写作中，少即多。除非对理解有必要，否则不要详述细节。如果需要包含相关的细节，你可以考虑将其作为附录，以便读者可以根据需要参考。
- **准确（Correct）**：发布不准确的信息会导致快速地降低读者对你的信任。请确保对你的数据做事实核查，并且在发送最终文件之前，对其进行审查。准确也指语法的准确。如果你对自己的语法掌握程度没有信心，可以请人校对你的作品。
- **引人注目（Compelling）**：与亲自展示信息相比，通过书面形式吸引干系人可能更具挑战性。因此，你需要确保你的写作引人注目。尽可能用第一人称，并使用行为动词。你的读者会更喜欢这样的句子"团队正面解决了问题并成功交付"，而不是被动地说"解决了问题才能实现目标"。

- **礼貌**（Courteous）：在写作中要保持礼貌，要把读者放在心里。这包括以一种组织良好的方式呈现信息，并确保信息易于理解。
- **会话式**（Conversational）：根据上下文，以会话式的语气写作更容易让人阅读，也更令人愉悦。当然，你不想用会话式的语气写合同或其他法律文件，但要努力让你的文字流畅。
- **完整**（Complete）：确保你提供的信息是完整的。如果你有参考资料，请将其作为附录，或者在发送电子文件时提供链接。不要让你的受众为了接收你的信息而付出太多的努力。

反馈

给予反馈和接受反馈都具有挑战性。在你的整个职业生涯中，你有机会做这两件事情。无论你是在给予反馈还是在接受反馈，都要公开地、非防御性地进行。这包括确保你的非语言暗示是没有威胁的并且是开放性的。

当给予反馈时，请记住以下3个技巧：

- **陈述你所指的情况**：与其说"你总是打断我"，不如试着说"在今天的会议上，当我正在陈述第四季度的业绩时，你打断了我两次"。
- **表明你希望看到的改进或改变**：如果你在寻找行为上的改变，让他们知道你希望看到什么。继续上面的例子，你可以先让对方记下他们的问题，然后等到你提出问题或邀请反馈时再发表言论。你也可以请他们先举手。
- **让对方知道你寻求结果的原因**：如果你解释了为什么要求他们做或不做某事，他们更有可能对反馈做出积极的回应。例如，你可以说当他们打断你时，你就失去了连贯性和动力。为了避免这种情况，你希望他们在演示结束前保留问题。

当收到反馈时，你要让对方感觉给予反馈很容易。善意的反馈通常是有帮助的。

- **保持开放的姿态**：注意你所表现出的非语言暗示。你双臂交叉吗？你是在皱眉还是翻白眼？努力与对方进行眼神交流。使用积极的倾听技能，如通过点头来表示你听到了他们在说什么，提出明确的问题，并总结你听到的内容。

- **不要打断或辩解**：让对方把话说完。你甚至可以礼貌地询问一下是否结束了。这时你可以问问题，发表意见，或者只是感谢他们给你提供反馈。

你不必接受或应用所有的反馈（也许来自老板的反馈除外）。用你自己的判断来处理它。即使你选择不根据反馈采取行动，这些反馈也是很好的信息。

沟通阻碍

现在我们已经讨论了沟通技能，让我们来看看什么会阻碍沟通。沟通阻碍是指人们所做的事情阻碍了有效的沟通。

使用错误的媒介：确保使用合适的媒介来传达信息。例如，不要通过电子邮件发送纠正措施通知，要面对面、一对一地进行。

对你的受众做假设：最好检查你的假设，而不是认为你了解你的受众。例如，有时我们会错误地认为人们知道我们所知道的。如果你省略了你认为是介绍性的信息，只强调更具体的问题，你的受众可能不理解你的信息。缺乏共识会导致无效的沟通。

接收者处于有背景活动的区域：背景活动会降低接收者听到你的信息的概率或他们专注于你的信息的能力，因为他们被分散了注意力。

忽视文化差异：不同的背景、不同的年代，甚至不同的组织都会产生文化差异。例如，如果你的团队中有一个承包商，这个人并不了解你的组织文化，如工作时间、工作质量、责任等。事先进行交流，解决所有文化差异。

刻板印象：刻板印象降低了我们真正倾听别人说什么的能力。例如，如果你假设所有工程师都以某种方式思考，你可能会失去利用他们专业知识的机会。

表现情绪和反射行为：作为专业人士，不要让你的情绪妨碍你的沟通。我们将在第13章更详细地介绍这一点。现在，我们只能说，与一个让情绪影响行为的人进行沟通是具有挑战性的。

选择性倾听：选择性倾听的意思是一个人只关注其想听到的信息。例如，你正在向你的发起人提交一份状态报告，并且你声明项目的大部分都是按计划进行的，但在进度方面有一些值得关注的地方。如果发起人只关注事情如何按计划进行的信息，而忽略或回避有关进度问题的信息，那么他们就是在选择性倾听。

传递混杂的信息：举一个部门经理的例子，他提倡工作与生活平衡，支持员工与家人多相处，但他也希望员工周末上班。这是一个混杂的信息。

如果你正在练习口头表达、倾听、写作和反馈技能，但与干系人沟通仍然存在挑战，请检查是否存在沟通阻碍。它们并不总是显而易见的，但它们往往是导致沟通中断和干系人问题的原因。

项目会议

会议是完成项目工作不可或缺的一部分——尽管有时它们感觉像不可避免的灾难。由于项目团队的大部分工作都是在会议中完成的，所以你应该了解召开有效会议的基础。无论是使用预测型会议、适应型会议，还是两者兼而有之，你都可以遵循以下指导原则，使会议对参与者更具吸引力。

1. 明确每次会议的目的：你可以在会议前准备并分发议程表。询问团队成员是否有什么想列入议程的事情也是一个好主意。

2. 确保适当的参与：确保需要出席会议的人都在场，并且只邀请需要出席的人。在会议期间鼓励参与讨论、决策和解决问题。

3. 共享会议管理：虽然有时可能会觉得自己像超人，但将一些与会议相关的工作委派出去也是不错的选择。

以下是一些关于授权的建议：

- 让团队成员以破冰开场白或简短有趣的活动开始会议；
- 请团队成员主持会议的一部分；
- 让团队成员做笔记。

4. 寻求反馈：你可以获得团队认为他们应该用来做决策的过程的反馈，看看他们是否想继续讨论或推迟讨论，看看人们是否需要休息，等等。

5. 做决策：在做决策时，要清楚预期结果和决策标准。听取每个人的意见。确定做决策是否遵循多数原则，是否由专业人士做决策，项目经理是否有否决权。

6. 管理冲突：不要让误解或分歧升级为冲突。你可能需要介入并暂停谈话，直到收集了更多的信息，情绪得到了控制。

7. 分发会议记录：至少要发送一份后续行动事项的清单。如果你能捕捉并发送会议的要点、关键决策和行动项目，那就更好了。确保笔记不乱写。记住书面交流的7c原则——在分发会议记录时，清晰和简洁很重要。

适应型团队和预测型团队的会议有着显著不同。在接下来的章节中，你将看到适应型团队和预测型团队使用的常见会议的描述。

适应型会议

严格使用敏捷团队的专用术语"事件"而不是"会议"。事件提供了一致的节奏和结构。每个事件都有特定的目的、时间和预期结果。因为目标是已知的和稳定的，团队知道期望什么，并且可以专注于期望的结果。发布计划活动在第9章中有介绍。在接下来的四节中，你将发现敏捷团队用于计划工作、相互检查、展示工作以及学习/改进流程的4个活动。

每日站会

> **每日站会**：由适应型团队召开的简短会议，回顾前一天的进展，描述当天的活动计划，并找出障碍。

每日站会（有时称为每日Scrum）正是你所期望的：每天在同一时间举行的会议。每日站会有助于让团队专注于迭代目标，发现问题，促进协作，并为正在进行的工作提供透明度。"站"用来强调会议应该保持简短。并不是所有的团队成员都选择站着开会——事实上，我听说过一些会议，人们在会议期间保持"平板支撑式"！

每日站会是为了让团队成员相互讨论他们的工作。虽然其他干系人，如产品负责人，可能会观察，但他们不会参与。在传统的每日站会中，每个团队成员回答以下3个问题：

1. 自从上次会议以来，你做了什么？
2. 你今天计划完成什么？
3. 是否存在任何可能阻碍进展的障碍？

虽然Scrum Master不参与每日站会（除非他们有项目工作），但他们会随时了解团队的进展，并发现他们需要解决的任何障碍。

这里有一些关于每日站会的指导原则，可以帮助团队保持高效：

- 任何有任务的人都必须参加；
- 只有那些有任务的人积极参与讨论；
- 不能闲聊；
- 在会后讨论问题并解决问题，而不是在会议期间。

使用每日站会代替每周的状态会议，后者在预测型项目中很常见。

迭代规划会议

迭代规划会议在每次迭代开始时进行。这是团队、Scrum Master和产品负责人（又名客户或业务代表）就下一次迭代中要完成的工作达成一致的机会。迭代规划会议包括

> **迭代规划会议**：识别、澄清和评估将在当前迭代中完成的工作的会议。

两部分。第一部分需要产品负责人介绍经过排序的待办事项列表。产品负责人描述待办事项列表中的工作元素，或者在某些情况下的用户故事。团队有机会提出问题，并明确工作内容。

产品负责人负责确定工作的优先级，团队负责确定他们在迭代中可以完成的工作。可能会有一些情况阻止团队处理待办事项列表中的最高优先级工作。例如，可能依赖于待办事项列表中的其他工作，或者在混合项目中，依赖于集成主进度计划中的预测型工作。因此，该事件允许团队和产品负责人选择他们可以在迭代中完成的工作。

选定工作后，团队和产品负责人就验收标准达成一致。这可能涉及构建团队将努力实现的"完成"的定义。通过定义"完成"，团队不会过度设计解决方案，并且他们有客观的标准来衡量。如果工作与编码相关，团队将编写验收测试，用于测试用户故事是否完整。

例如，如果有一个用户故事说："作为一名服务员，我想知道一款葡萄酒是否缺货，这样我就可以推荐另一款葡萄酒。"

以下是可以用来证明用户故事是否完整的测试：

- 搜索不在库存中的葡萄酒会出现"缺货"消息；
- 搜索不在库存中的葡萄酒会触发对类似葡萄酒的推荐；
- 搜索不在库存中的葡萄酒会向运营经理发送文本警报。

一旦产品负责人和团队就迭代的工作、"完成"的定义和验收测试达成一致，会议的第一部分就结束了。

会议的第二部分是团队将用户故事分解为任务，估算完成每个任务需要的时间，并将工作分配给团队成员。会议的这一部分只包括团队成员，而不包括产品负责人。一旦对任务进行了评估和分配，团队就会为冲刺设置任务板并开始工作。

迭代评审会议

在迭代评审会议中，团队展示了他们在迭代过程中所做的工作。参加评审的人员包括产品负责人、Scrum Master、团队和其他感兴趣的干系人。产品负责人要么接受工作，要么就缺少的内容提供反馈。基于展示和收到的反馈，产品负责人可以为下一次迭代调整待办事项列表的优先级。

> **迭代评审会议**：展示当前迭代中完成的工作的会议。

回顾会议

> **回顾会议**：审查工作成果和过程以找到改进成果的方法的会议。

回顾会议是团队反思他们的表现、方法和迭代结果的机会。目的是让团队找到检查、适应和改进他们工作方式的方法。回顾会议通常解决以下问题：

- 我们做了哪些行之有效的工作？
- 哪些方面需要改进？
- 在下一次迭代中，我们应该努力改进什么？

回顾会议通常使用一个框架来指导过程，如4个"L"。

4个"L"包括给每个团队成员几张便利贴，让他们贴在每个"L"区域中，然后设置活动挂图、白板或在线白板，并将其分为以下4部分：

喜欢的（Liked）：团队成员粘贴便利贴，描述他们在迭代中真正喜欢的东西。

学到的（Learned）：团队成员粘贴便利贴，提及他们在迭代过程中学到的东西。

缺乏的（Lacked）：团队成员粘贴便利贴，记录他们认为可以做得更好的事情。

渴望的（Longed for）：团队成员粘贴便利贴，描述他们希望在迭代中看到或完成的事情。

图12-1显示了一个4L回顾会议板的例子。

另一种回顾会议叫作海星回顾会议，如图12-2所示，包括"开始做""停止做""少做""多做""继续做"。

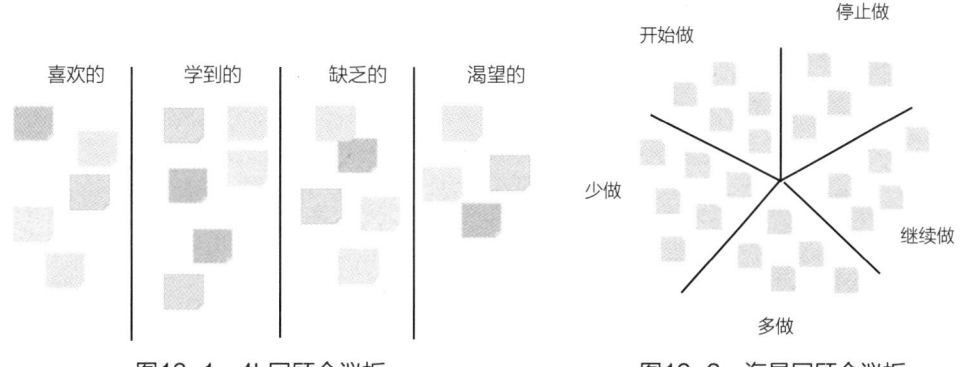

图12-1 4L回顾会议板   图12-2 海星回顾会议板

预测型会议

预测型会议可能定期召开，如每周状态会议，也可能根据需要召开。仅仅为了开会而召开每周状态会议是浪费时间。因此，你可能只希望在有重要更新要分享或有特定需求时召开会议，如解决问题、获得支持或进行头脑风暴。然而，你不希望会议间隔太长时间，因为人们会失去团队精神和与团队的联系。这是一种平衡行为，因项目而异。

适应型会议主要由团队自行组织，与适应型会议不同，预测型会议通常由项目经理管理议程、时间表和参与情况。

状态会议

状态会议的目的是了解团队成员自上次会议以来所取得的进展。状态会议也是项目经理与团队分享新闻和最新消息，以及讨论悬而未决的风险和问题的好时机。如果出现了一个看起来需要长时间讨论的话题，你可能想设立一个"停车场"，在会议结束后处理这些话题（如果有时间的话），或者以后再讨论。

> **状态会议**：讨论项目当前进展的会议。

经验教训会议

在阶段末尾、进展项目结束时，或者当发生重大变更或风险时，会召开经验教训会议。此会议的目的是确定行之有效的行动或方法，以便能够继续进行并与其他团队共

> **经验教训会议**：确定并记录项目中进展良好的方面以及可以改进的方面的会议。

享，并确定效果不佳的行动或方法，以便团队能够从中学习。

通常，吸取的经验教训会记录在登记册或存储库中，以便将来参考。经验教训会议可以按主题分类，如干系人参与和风险管理，也可按项目阶段分类，或按其他适当的类别分类。

经验教训会议与适应型回顾会议的不同之处在于，它们不是定期召开的，通常也不关注团队如何改进流程。然而，对于混合项目，你可以进行混合和匹配，并使用最适合项目的方法。一些选项包括：

- 采用回顾会议结构，如在经验教训会议上使用"4L"；
- 在每次状态会议结束时提出一个关于团队如何改进合作方式的问题。

总结

在本章中，我们讨论了沟通在干系人参与中所起的作用。我们首先确定了沟通技能的几个方面，然后扩大了对话范围，研究了当别人说话、你说话和你写作时可以使用的技能。我们还讨论了一些提供和接受反馈的技能，以及沟通障碍的一些主要来源。

由于会议是吸引干系人和管理项目的重要组成部分，我们描述了总体会议指南，然后研究了适应型项目中使用的事件和预测型项目中使用的会议。

关键术语

Daily Stand-up 每日站会　　　　　　Lessons Learned Meeting 经验教训会议

Iteration Planning 迭代规划会议　　　Retrospective 回顾会议

Iteration Review 迭代审查会议　　　　Status Meeting 状态会议

第13章
混合环境中的领导力

领导力是项目成功的关键部分。它涉及战略技能，如传达项目愿景、目标和目的，以及人际关系技能，如情商、激励和团队发展。项目领导者负责激励他们的团队达成预期的项目成果。在混合项目中，可能有一些团队需要项目领导者亲自管理，而有些团队则是自组织的。这就要求项目领导者熟练掌握情境领导力，以便在正确的时间运用正确的领导风格。

在本章中，我们将讨论情商，它是了解如何最好地领导团队所需的基本技能。情商包括激励。然而，由于这是一个非常重要的话题，因此我们将研究影响激励的因素。

在混合项目中，你可能拥有践行服务型领导和自组织的敏捷团队。我们将研究利用情境领导力来了解如何以及何时在混合项目中支持这些实践的方法。无论你的项目是预测型的、适应型的还是混合的，都有一些与创建高绩效团队有关的关键实践。我们将介绍这些实践，以便你在不考虑团队结构的情况下应用它们。

情商

丹尼尔·戈尔曼（Daniel Goleman）博士认为："一个人可以接受世界上最好的训练，有敏锐的分析能力，有无尽的奇思妙想，但他仍然不能成为一名伟大的领导者。"情商是区分基于职位的领导者和伟大的领导者的决定性因素。

> **情商**：识别个人和他人情绪的能力，尤其是在领导他人时。

情商有5个方面：

- 自我意识；
- 自我调节；

- 社交意识；
- 社交技能；
- 激励。

自我意识

自我意识是指认识和理解你的情绪与情感，以及它们如何影响你、你的工作表现和你的团队成员。自我意识的一部分是意识到你此刻的感受，而不是评判这些感受。在这种情况下，自我意识就类似于正念。自我意识的另一个方面是确定你的触发因素是什么——什么导致你心烦意乱？什么导致你沮丧？什么导致你冷漠？能够认识和理解你的感受，以及你为什么会有这样的感受，可以让你规范自己的行为。

自我调节

自我调节是在行动之前先思考的能力。它是暂停反应的行为。当你发现情绪触发因素时，你可以采取措施避免这些情况，但最终你会发现你处于一个会让自己心烦意乱的境地。因此，一旦你识别出自己的情绪触发因素，找到健康的方式来化解你的情绪是很有帮助的。例如：

- 散步；
- 洗澡；
- 深呼吸10次；
- 写下困扰你的事情；
- 休息一下；
- 小睡一会儿。

自我调节可以帮助你在深思熟虑下而不是在有情绪的基础上做出决定和采取行动。情绪爆发会降低安全感和信任感，而自我调节则会提高团队的信任感。

社交意识

社交意识是意识到他人的观点和情绪。它包括理解非语言线索和表现出同理心。例如，如果你遇到一个双臂交叉、低头看你、不和你对视的人，很明显他不想和你互动。他可能会生气、心烦或伤心，但他的肢体语言肯定是在说"别烦我"。还有一些更微妙的暗示、叹息、喃喃自语，或者说话缓慢而且没有太多语调也可以传达一个人的情绪。微笑、点头和做手势也是如此。

作为领导者，我们应该注意这些线索。我们甚至可能希望随时可与我们的团队成员沟通，询问他们是否有什么想要谈论的或需要帮助的事情。注意他们的语调、姿势、面部表情和手势。

社交技能

社交技能包括领导和管理团队，如项目团队，还包括建立社交网络和建立融洽关系。在这种情况下，建立融洽关系意味着与他人建立和谐的关系。作为项目领导者，我们依靠自己的能力与团队成员、职能经理、高级管理层和其他干系人建立融洽的关系。

激励

激励有两种类型——内在激励和外在激励。激励，当被认为是情商的一个组成部分时，指的是内在激励。内在激励源自一个人的内心，或者与任务本身有关。它基于在工作中寻找乐趣或意义，而不是奖励。

内在激励因素包括成就、接受挑战或自我指导。其他的例子包括相信你所做的工作或知道你的工作是有意义的。大多数项目都需要创造性思维、解决问题、发明新技术和创新。这些类型的工作更受内在因素的激励，从事这些类型工作的人通常喜欢他们所做的工作。

外在激励是基于外部奖励来做一些事情，如职位、奖金和现金奖励。获胜、避免失败或尴尬也是外在激励因素。当有一套简单的规则时，外在激励才能很好地发挥作用——例如，执行不需要太多思考或创造力的重复性工作。在大多数情况下，外在激励远不如内在激励有效。

> **提示**：网上有很多关于情商的自我评估。其中许多是免费的，你唯一的投入就是时间。

激励因素

激励远不只涉及情商方面。激励模型有很多，其中大多数都有重叠或描述了相似的概念。大多数内在激励因素都属于以下4类之一。

自主：自主是指导我们自己生活的能力。这包括选择我们工作的内容和如何支配时间。自主让我们能够做对我们来说重要的事情，并与我们的价值观保持一致。

能力：能力与能够成功并在我们所做的事情上表现出色有关。它包括精通，即在我们所做的事情上做得更好，特别是当我们所做的事情对我们很重要的时候。

关联：关联就是与他人建立联系。与他人联系能增加我们的幸福感。联系包括建立网络、在工作中结交朋友、教练和指导他人，以及其他形式的社会互动。

目标：目标是为比我们自身更伟大的事物服务的机会。它包括一种感觉，即我们所做的事情产生了积极的影响以及我们正在做出贡献。

激励你的团队

因为每个人都受到不同事物的激励，为了有效地激励你的团队，你需要花时间单独了解每个人，了解什么对他们来说是重要的。你可以通过与你的团队成员进行坦诚的对话来做到这一点。这样，你就可以将他们的工作和激励与对他们重要的事情联系起来。例如，你可能有一个团队成员，他的自主激励表现为想要一个更灵活的时间表，或者一个允许他们全职或兼职在家工作的时间表。另一个团队成员则可能认为自主激励是能够按照他想要的方式安排自己的工作。

你可以根据团队成员的主要激励因素来调整激励技巧。我们每个人都或多或少地受到上述4个激励因素的激励，然而，每个激励因素的相对重要性因人而异。

表13-1展示了一些如何根据团队成员的主要激励因素来调整激励技巧的示例。

表13-1 激励技巧示例

激励因素	激励技巧
自主	为团队成员提供自由和灵活的工作环境
能力	为团队成员设定要实现的目标，为职业发展提供机会
关联	给人们成为团队一员的机会，并创造社交的机会
目标	强调一个人在工作中做出的贡献——让它显而易见

职场激励示例

谷歌一直鼓励员工将20%的时间投入到他们感兴趣的业余项目中。这既代表自主，也代表目标。如果人们和他们的同事一起工作，这也包含了关联。当人们在这样的环境中工作时，他们自然会提高，这包括能力。

谷歌许多最成功的产品都来自这20%的时间。这也是谷歌仍然是世界上最具创新力的公司之一的原因之一。

敏捷领导力实践

敏捷项目团队有两种特定的领导力实践：服务型领导力和自我管理团队。当项目环境支持敏捷实践时，这些实践会很好地发挥作用。当在预测型或自上而下的管理环境中工作时，这两种领导力实践需要进行调整以适应环境。

服务型领导力

服务型领导者关注的是确保团队拥有完成工作所需的一切，而不是提供方向。预期的结果是团队成员会感到满足、被欣赏和被支持。对于使用Scrum实践的团队来说，Scrum Master是服务型领导者。

> *服务型领导力：一种关注团队需求的领导风格。*

服务型领导者支持团队的方式包括：

- 确保团队拥有完成工作所需的一切。这包括场地、设备、资源，甚至决策。
- 保护团队不受干扰。完成工作的挑战之一是不断地受到管理人员询问问题的干扰，干系人想知道工作进展，客户想知道他们是否能得到另一个功能，等等。服务型领导者是团队的唯一联络点。他们保护团队不受干扰，并管理与外部干系人的所有交互。
- 消除障碍。障碍是指阻碍完成工作的任何东西。障碍也被称为阻碍或屏障。在每日站会中经常会暴露障碍。服务型领导者追踪障碍并努力清除它。
- 传达项目愿景。服务型领导者提醒团队和其他干系人注意项目愿景。这让人们专注于手头的工作。它可以防止团队过度设计产品，并且可以将非增值工作（例如，文档过多）排除在工作队列之外。
- 支持团队成员。服务型领导者通过提供培训、鼓励、激励和庆祝来支持团队成员。

服务型领导力会带来更高效、更有生产力的工作环境和更高质量的工作产品。

自我管理团队

自我管理团队与服务型领导力非常相配。当服务型领导者支持团队时，团队负责交付工作。服务型领导者可能是团队的推动者或教练，但最终是由团队来决定他们将如何完成工作的，而不是项目经理。

> **自我管理团队**：共同承担价值交付责任的团队。

当项目开始时，团队将评估他们在空间、设备、通信等方面的需求。他们还将决定如何合作，例如：

- 沟通指南；
- 决策流程；
- 冲突解决流程；
- 技术问题解决流程；
- 达成共识流程；
- 改进流程。

> **团队章程**：由团队制定的文件，用于明确规定团队协议和工作方式。

可以将这些协议张贴在工作环境中，也可以将其记录在团队章程中，由团队的每个成员签名。图13-1显示了团队章程的示例。

在项目期间，团队有权组织和评估他们的工作。这发生在迭代规划会议期间。在迭代过程中，团队可以自主完成工作，解决技术挑战，并使用他们在团队章程中记录的协议。

对团队成员构建自己的工作方式给予充分信任可以增加承诺和动力。当人们作为专家受到尊重和信任时，他们会更努力地工作，并为自己的工作感到自豪。

建设自我管理团队并不总是在一开始就能一帆风顺。这可能是一个需要时间才能实现的目标。服务型领导者可能需要在开始时提供辅导，并在整个过程中提供指导。然而，随着团队成员对需要做什么以及如何做有所了解后，领导者就可以后退一步了。

团队章程

项目名称：_____ 编制日期：_____

团队价值观及原则：
1.
2.
3.
4.
5.

会议指南：
1.
2.
3.
4.
5.

沟通指南：
1.
2.
3.
4.
5.

决策流程：

第 1/2 页

图13-1　团队章程

团队章程

冲突解决流程：

其他协议：

签名：　　　　　　　　　　　　　　　　　　　**日期：**

第 2/2 页

图13-1　团队章程（续）

为混合环境量身定制

当选择混合项目的领导风格时，需要考虑组织文化。如果组织采用自上而下的管理风格，应该遵循这种自上而下的管理方法。你可以接受建议，分享权力，支持团队，但最终的决策权在你手中。

相反，在一个非常扁平的组织或一个非常协作的组织中，可以采用服务型领导风格。没有一个公式可以告诉你如何根据环境调整你的风格。你需要评估环境、情况和组织文化。话虽如此，下面是一些平衡预测型领导风格和敏捷型领导风格的指导方针。

1. 在可能的情况下，让团队成员想清楚如何做自己的工作。
2. 保持透明。当你做决策时，公开你的理由和推理过程。
3. 倾向于合作，远离专制。
4. 尽可能分享领导权。
5. 利用你的领导地位为你的团队服务。

培养高绩效团队

你可能有机会在一个一切都很融洽的团队中工作，即使在混乱中，团队也能很好地合作，并展现出一种协同效应。你可能也参与过一些团队工作，但很难取得成果——利己主义的人参与其中，人们没有承诺，完成任何事情都是一件苦差事。在第一个例子中，你所在的团队很可能是一个高绩效的团队。正如你将在下面看到的，高绩效团队有几个共同的特征。

高绩效团队的特征

高绩效团队拥有的第一个特征就是共同的目标感。团队中的每个人都知道预期的结果是什么，每个人都致力于实现这些结果。除了共同的目标感，团队成员还相互负责、相互信任。相互负责意味着团队中的每个人都对项目的成功负责。不会出现"我做了我的工作，你为什么不做你的"的疑问。团队一起工作，并在需要时互相帮助。

相互负责会产生信任感。团队成员之间相互信任，不仅可以完成工作，还可以考虑团队的更大利益，信守承诺，并在需要时互相帮助。在高绩效团队中，团队成员相互协作。他们不会在孤岛上工作。他们一起解决问题，一起做决策，通过进行公开和相互尊重的沟通来做到这一点。这些特征很好地结合在一起。相互负责、相互信任导致相互尊重和共同协作，反之亦然。

高绩效团队的成员相互认可并彼此赋能。他们分享成功，并承认彼此对成功的贡献。

你可能在项目中遇到过完全意想不到的事情，并对项目产生了负面影响。也许它导致了返工，也许出现了风险，也许出现了重大的进度延误。这些影响很难消除，但高绩效团队能表现出应对这些影响的韧性，以及适应新的工作方式以克服负面影响的适应性。

最后，这些团队有很高的能量和取得成就的态度。团队成员是积极乐观的——他们知道即使遇到挑战，团队也可以一起应对挑战并完成项目。

建立关系

如果你想建立一个高绩效团队，首先要投入时间建立良好的关系。以下是与团队建立良好关系的5个关键因素。

建立融洽的关系：融洽的关系是一种与人和谐相处的关系。它不会在瞬间发生，但你可以采取措施来培养它。例如，找到与团队成员的共同点，如共同喜欢的运动、食物或宠物。另一种建立融洽关系的方法是匹配团队成员的语速和用词。例如，如果你和一个说话缓慢且小心翼翼的人一起工作，配合他们的语速，不要说得太快。在潜意识层面，人们和与自己相似的人在一起会感觉更舒服。

共同的经历：当完成项目时，会形成共同的经历，这增加了融洽的关系。同时也要对团队成员的经历感同身受，特别是在工作上的，但也包括个人的，视情况而定。

重视团队和每个团队成员：当你让团队成员知道你重视他们和他们的贡献时，你就能建立良好的关系。团队成员可能会从不同的角度看问题，如业务分析师和营销专家。虽然他们从不同的角度看问题，但所有角度都有价值。通过观察团队成员在工作中提供的一系列观点，我们通常可以使出现的问题产生更好的结果。

公开透明：公开地表达你的想法和做决定的方式有助于建立信任。作为项目经理，有时做出艰难的决定是你工作的一部分。人们可能并不总是喜欢你的决定，但如果你能明确说明你为什么做出某个决定，这有助于人们的理解。如果你对自己的推理和动机开诚布公，他们更有可能信任你。

欣赏：最后，让你的团队知道你欣赏他们是很重要的。这可以是简单地说"谢谢"，或者写一张便条让他们知道你感谢他们所做的事情。这还包括给老板写一份备忘录，描述团队成员的贡献。

在这些因素上多投入会让你和你团队的工作更愉快。这也为他们发展成为一支运作良好的高绩效团队奠定了基础。

总结

在本章中，我们回顾了在混合项目中一些人际关系方面的工作。我们首先研究了情商的5个方面：自我意识、自我调节、社交意识、社交技能和激励。然后我们探讨了4种内在激励因素：自主、能力、关联和目标。

敏捷项目有两种特定的领导力实践：服务型领导力和自我管理团队。我们讨论了如何为混合项目环境裁剪这些实践。在本章末尾，我们描述了高绩效团队的特征，以及与团队建立关系的重要性，为建立一支高绩效的团队奠定了基础。

关键术语

Emotional Intelligence 情商
Self-Managing Teams 自我管理团队
Servant Leadership 服务型领导力
Team Charter 团队章程

第14章
规划风险

项目风险是一个具有挑战性的主题，因为你正在处理未来的未知事件。由于项目具有独特性和临时性的特点，它们在通常情况下比持续的运营具有更多的风险。风险本身并不是坏事——它只是不确定性。然而，未能对不确定性进行规划，以及未能采取措施减少威胁，是项目失败的重要原因。

在本章中，我们将介绍风险管理中的关键概念。我们将讨论基于事件的风险，如威胁、机会和障碍。然后我们将了解风险承受力和风险阈值。

对于大型项目，你需要花费一些时间考虑如何识别、分析和应对风险。这些信息记录在风险管理计划中。本章将描述风险管理计划中的要素，并展示来自Dionysus酒庄项目的风险管理计划。

风险管理概述

风险管理不是一次性的，从项目启动时就开始，一直到项目完成。对于没有太多不确定性和风险的项目，你不需要在风险管理上投入大量的时间和精力。然而，对于与以往项目有着显著区别的新项目，并且当面临高风险时，你应该在风险管理活动中增加投入。

> **风险**：可能对项目产生影响的不确定事件或条件。
>
> **威胁**：对项目产生负面影响的风险。
>
> **机会**：对项目产生正面影响的风险。

当谈论风险时，我们指的是不确定的事件。风险通常被认为等同于威胁，然而，我们对风险的定义包括了消极的结果和积极的结果。有积极结果的风险被称为机会。

对Dionysus酒庄项目构成威胁的一个风险案例是，供应链的中断可能会推迟用于葡萄酒生产的粉碎机的交付。为Dionysus酒庄项目带来机会的一个风险案例是从一家即将倒闭的酒厂收购二手酒桶。

有时人们把风险等同于问题。它们确实很相似，但略有不同。风险可能发生，也可能不发生，而问题是当前的状况。如果识别的风险确实发生了，它将影响项目。问题可能会影响项目，也可能不会，这取决于问题本身以及解决问题的速度。例如，酒庄翻新所用的屋顶瓦片停产了，这是目前的状况。如果承包商能以相同的价格找到类似的屋顶瓦片，则不会影响工程；如果不能，那么将影响成本、进度，或者两者都可能被影响。

> **问题**：可能对项目产生影响的当前状况。

风险的另一个方面是你能否合理地预测事件或情况。由于粉碎机是在意大利制造的，因此可以预见到粉碎机延期到货的风险，而且该项目正处于全球供应链危机期间。这就是所谓的已知风险。一个无法合理预测未知风险的案例是，邻近酒庄的葡萄树患上了皮尔斯病（一种由昆虫传播细菌导致葡萄树死亡的疾病）。这种疾病已经蔓延到了你的葡萄园。

> **已知风险**：可以预见和规划的风险。
>
> **未知风险**：无法预见或规划的风险。

使用敏捷方法的团队每天与团队成员召开一次站会，检查是否存在阻碍他们完成工作的障碍。在敏捷环境中，障碍可以是威胁或问题。障碍可以是已知的情况，也可以是未知的情况。

> **障碍**：妨碍团队达成其目标的干扰因素。

风险承受力和风险阈值

不同的人和不同的组织在接受风险带来的不确定性方面有不同程度的适应能力，这被称为风险承受力或风险偏好。例如，你可能有一个团队成员，他相信团队最终能够克服任何障碍。这个人就具有很高的风险承受力。另一个团队成员可能就非常厌恶风险，更喜欢把所有事情都事先规划好，并有备份计划，以防原始计划的失败。

虽然不同的观点可能导致压力和分歧，但观点没有好坏之分。解决分歧的一种方

> **风险承受力**：一个实体愿意接受的不确定性的程度。
>
> **风险阈值**：在积极应对风险之前，一个实体愿意接受的风险敞口。

法是在项目开始时识别成本、进度和绩效偏差的风险阈值。风险阈值代表着团队将要采取行动的点。例如，当可交付物出现5%的预算偏差时，可能需要识别导致偏差的原因，并密切关注在可交付物上的支出。而当出现10%或者更大的偏差时，可能表明需要采取行动，使成本与预算保持一致。

风险阈值很好地表明了组织对不确定性的容忍程度——风险阈值越低，组织越厌恶风险。如果组织还没有建立风险阈值，那么团队在项目开始时建立风险阈值将是一个好主意。这减少了团队在是制定积极的风险应对策略还是接受风险上的分歧。

风险管理计划

风险管理计划是项目总体管理计划的子计划。它描述了如何执行风险识别、风险分析和风险应对计划。风险管理计划中的信息因项目的规模、复杂性和重要性而有所不同。风险管理过程的稳健性和频率应该反映项目的复杂性和关键性。

> **风险管理计划**：项目管理计划的子计划，描述如何识别、分析和处理风险。

风险管理计划中的要素

就像项目管理中的所有事项一样，风险管理计划的内容可以根据项目的需要来裁剪。以下要素是风险管理计划的起点。如有需要，你可以更加详细地说明计划中的内容。

角色和职责：描述不同的干系人在风险管理中扮演的角色。这可能包括大型项目的风险经理，或者每个团队成员对于小型和中型项目的风险管理的责任。

资金：估算识别风险、分析风险和应对风险所需的资金。定义分配、使用和记录应急储备的方法。

时间安排：确定需要添加到项目进度中的风险管理活动，并确定它们发生的频率。定义为项目进度分配、使用和记录应急储备的方法。

风险类别：确定项目风险的主要类别，并将它们分解成子类别。你可以使用某种框架或类别清单对风险进行分类，例如：

- PESTLE [政治（Political）、经济（Economic）、社会（Social）、技术（Technological）、法律（Legal）、环境（Environmental）]；

- TECOP[技术（Technological）、经济（Economic）、商业（Commercial）、运营（Operational）、政治（Political）]；
- VUCA [易变性（Volatility）、不确定性（Uncertainty）、复杂性（Complexity）、模糊性（Ambiguity）]。

风险概率定义：为了有效地分析风险，常用的方法是对风险发生的概率进行评级。这减少了关于风险阈值和如何分析风险的误解或分歧。你可以使用基数（数字）刻度或序数（描述性）量表。一个基数刻度可以将概率排列为：

- 1%～20%；
- 21%～40%；
- 41%～60%；
- 61%～80%；
- 81%～99%；

一个序数量表可以将概率排序为：

- 非常低；
- 低；
- 中等；
- 高；
- 非常高。

风险影响定义：与建立一个用于分析概率的量表类似，你还可以创建一个对事件发生的影响进行评级的通用方法。你可以使用相同的方法对影响进行评级，如非常高、高、中等，或者你可以使用从1到5的基数。对于大型项目，对不同项目目标（如进度、成本和绩效）的影响进行单独定义是非常有帮助的。下面是成本影响的一个例子。

- 非常低：成本偏差小于2%；
- 低：成本偏差2%～5%；
- 中等：成本偏差5%～10%；
- 高：成本偏差10%～20%；
- 非常高：成本偏差大于20%。

你可以为进度和绩效进行类似的影响定义。

概率和影响矩阵：概率和影响矩阵是一个网格，用于绘制风险发生的概率和对项目的影响。它将风险等级划分为高、中、低3个级别。概率和影响矩阵通常采用红色（高）、黄色（中）和绿色（低）来标识级别。图14-1显示了采用不同灰度进行展示的概率和影响矩阵，其中深灰色为高级别，中灰色为中级别，浅灰色为低级别。

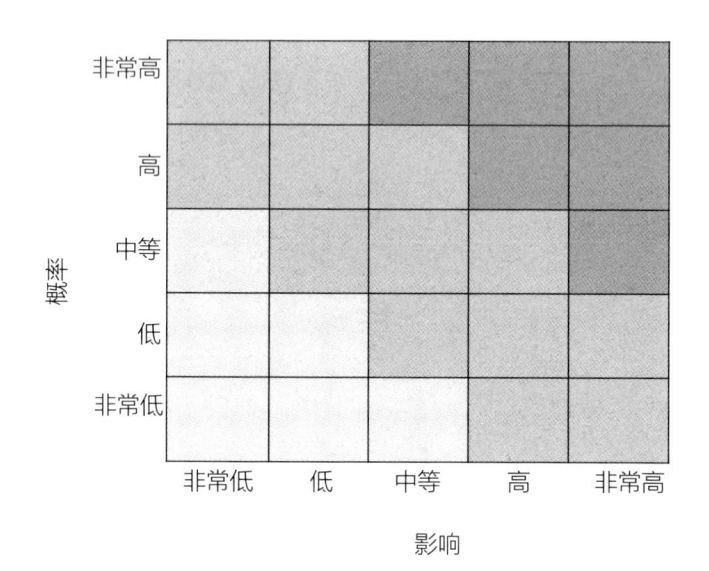

图14-1 概率和影响矩阵

这个矩阵的低、中、高级别的占比是相对均衡的，而图14-2中所展示的矩阵则有较多的方格表示为高风险。

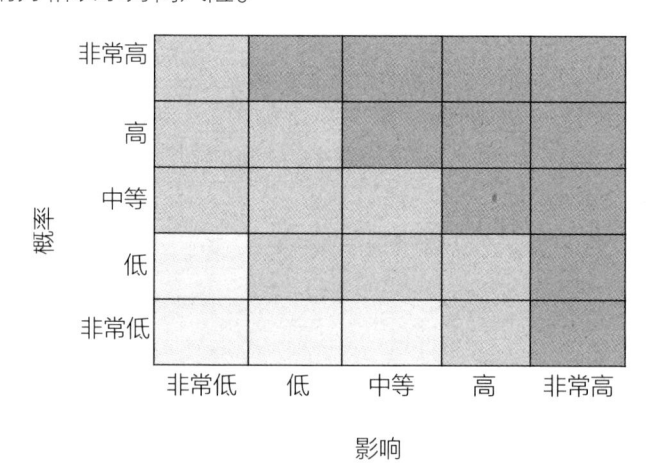

图14-2 风险厌恶在概率和影响矩阵中的体现

图14-2中的概率和影响矩阵展示了一个比较厌恶风险的组织。如果概率和

影响矩阵中的浅色部分较多，深色部分较少，则表明该组织对于风险的承受能力较强。

图14-1和图14-2所展示的两个概率和影响矩阵是5×5矩阵，因为它们以5个概率等级和5个影响等级对风险进行评级。

你也可以使用3×3、10×10或其他矩阵。如果你需要区分每个目标所受到的影响，则需要为每个目标建立单独的概率和影响矩阵，因为干系人可能对某些目标的变化尤为敏感。例如，如果进度是一个项目最重要的方面，那么进度偏差的概率和影响矩阵将比成本的概率和影响矩阵表现得更加厌恶风险。

风险管理计划模板

我们已经描述了风险管理计划中的需求，接下来我们看看Dionysus酒庄项目的风险管理计划是什么样子的。下面是Dionysus酒庄项目的风险管理计划。

风险管理计划

角色与职责

特萨	负责确保有足够的资源以有效地管理风险。特萨是托尼权限之外的风险上报人
托尼	负责建立风险管理流程，并确保流程有效并被持续地使用
安杰	负责识别和分析与葡萄酒生产和储存设施相关的所有风险，并与团队一起应对
栽培专家	负责识别和分析与葡萄园和葡萄相关的所有风险
酿造专家	负责提供葡萄酒生产过程中与葡萄酒生产和储存设施相关的风险
总承包商	负责识别和分析与所有设施的建设和翻新相关的所有风险。总承包商将与在设施上工作的所有技工合作并成为其代言人。总承包商还负责识别和分析与建筑许可相关的风险
苏菲	负责在每日站会中识别酒庄管理系统的障碍并与安杰沟通。苏菲将成为团队的代言人
人力资源	负责识别和分析与人员配备、培训和葡萄酒俱乐部相关的所有风险，并与团队一起应对
活动策划	负责识别和分析与正式开业相关的所有风险，并与团队一起应对

| 团队成员 | 负责识别其所在领域的风险，并根据要求做出应对 |

资金

特萨从预算中分配了 10% 作为应急储备。托尼有权根据需要分配应急储备。如果需要，她可酌情动用管理储备。

时间安排

风险评估会议将每两周举行一次。如有需要，风险评估会将在主要交付物或重要事件之前每周举行一次。

风险类别

以下风险类别将被用作识别风险的提示。

- 建造；
- 监管；
- 供应链；
- 人员配置。

概率的定义

- 0 ~ 10% = 非常低；
- 11% ~ 25% = 低；
- 26% ~ 50% = 中等；
- 51% ~ 70% = 高；
- 71% ~ 99% = 非常高。

影响的定义

影响	成本	进度	绩效
非常低	成本偏差小于 2%	在非关键路径上使用不多于 50% 的浮动时间	几乎检测不到支持特性的性能下降
低	5% 的成本偏差	在非关键路径上使用 50% 或更多的浮动时间	支持特性出现适度的性能下降
中等	5%~10% 的成本偏差	使用所有的浮动时间；对关键路径无影响	支持特性不可用
高	10%~20% 的成本偏差	关键路径延长不超过 2 周	一个关键可交付物或特性无效
非常高	成本偏差大于 20%	关键路径延长超过 2 周	不止一个可交付物或特性无效

概率和影响矩阵

一个均衡的 5 × 5 矩阵，将用于每个项目目标（成本、进度和绩效）。该风险管理计划将指导和支持团队在整个项目中有效地规划和管理风险。

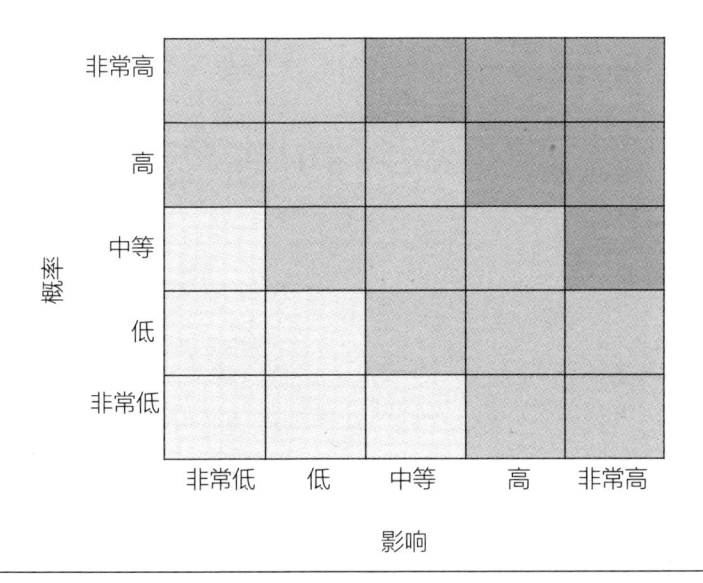

总结

在本章中，我们定义了与项目风险管理相关的关键术语和概念。我们区分了风险、问题和障碍，并描述了已知风险和未知风险。我们研究了风险承受力在明确风险阈值及在创建概率和影响矩阵中的作用。我们描述了风险管理计划中的要素，并展示了Dionysus酒庄项目的风险管理计划。

关键术语

Impediment 障碍	Risk Management Plan 风险管理计划
Issue 问题	Risk Threshold 风险阈值
Known Risk 已知风险	Risk Tolerance 风险承受力
Opportunity 机会	Threat 威胁
Risk 风险	Unknown Risk 未知风险

第 15 章
识别风险并为风险排序

识别风险是每个人的工作。尽管风险管理计划定义了风险管理的角色与职责，但每个人都应该注意可能对项目产生负面影响的事件，以及提高项目绩效的机会。一旦识别出风险，就需要对其进行分析并确定优先级。

在本章中，你将学习识别风险的几种方法。除了通过评估概率和影响来分析风险的标准实践，我们还将研究一些可用于分析风险的附加变量。你可以使用这些变量来计算风险评分。然后，你将能够根据风险评分对风险进行优先级排序。

有些风险可能需要进行额外的分析，所以我们会讨论两种量化风险的方法。

识别风险

风险识别以及随后的分析和应对贯穿整个项目。在项目章程中，通常会识别高层级的风险。这些只是宽泛的话题，不是具体的风险事件。例如，Dionysus酒庄项目确定了以下4个有很多不确定性的领域：

- 具备所需技能的员工的可用性；
- 许可及证书的时效性；
- 材料的可用性；
- 材料成本。

正如你看到的，这些话题太宽泛了，以至于无法做出回应。但是，它们确实提供了一些你在开始识别风险事件时可以关注的初始领域。

识别方法

拿一张白纸坐下来开始识别风险是很有挑战性的。为了方便起见，你可以使用几种方法来编列一个可靠的风险列表。开始识别风险的最简单方法之一是与你的团队和其他干系人交谈。你可以与你的团队进行头脑风暴，采访主题专家，或者与在类似项目中工作过的人交谈。

头脑风暴：当你通过头脑风暴来识别风险时，为团队提供一些提示或风险类别是很有帮助的。例如，Dionysus酒庄项目使用以下4个类别作为提示。

- 建造；
- 监管；
- 供应链；
- 人员配置。

头脑风暴的方法有很多。对识别风险有效的方法应遵循以下步骤：

1. 在会议室里，用一面墙来展示每个提示。
2. 给每个团队成员一套便利贴。
3. 将团队成员分成4组，每组分配一个提示。
4. 给团队成员5分钟时间，让他们在便利贴上写下与提示相关的风险，并将其张贴在墙上。
5. 在5分钟后，换下一组，循环往复，直至每个团队成员都考虑了每个提示。
6. 查看每个提示下的所有便利贴，并将它们整理到子类别中（如亲和图）。
7. 删除重复项。
8. 给团队成员时间来审查所有的工作，并询问他们是否想在子类别下添加任何额外的风险。

当团队成员认为他们已经识别了所有的风险时，收集便利贴并使用它们来填写风险登记册。

访谈：访谈可以是一对一的，也可以以小组的形式进行。访谈很适合问一些开放式的问题，比如：

如果由你来领导这个项目，你最关心的是什么？

你认为与人员配置相关的风险是什么？

文件分析：文件分析包括对项目管理计划和项目文件的所有方面进行审查，以分析、比较文件。如果你看到任何不一致的地方，将其记录为风险。例如，如果你的进度计划中显示有一个独立的供应商执行产品测试，但你的预算中并没有考虑到相关的成本，那么就存在不一致的地方。这将导致预算超支，或者缺少第三方的质量评审，你需要确保对产品进行公正的评估。如果你审查的计划和文件是不完整的或质量较差的，这也是一种风险。

类似风险识别：类似风险识别需要将当前项目与之前的类似项目进行比较。你至少应该回顾风险登记册、进度、预算和以前项目的经验教训文档。这些文档可以帮助你避免重复犯错。

假设条件和制约因素：应审查假设日志，以确定如果假设不成立会发生什么。例如，假设有足够的当地劳动力来填补所有的职位，但如果当前的劳动力市场很紧张，你可能会认为这是一个风险。过于激进的制约条件也可能是一种风险，如几乎没有浮动时间的进度计划或几乎不包含应急储备的预算。

核对单：要谨慎使用核对单。如果你使用它们，要确保它们是内容广泛的清单，而不只是简单地勾选"是"或"否"的清单。例如，一份内容广泛的清单可以这样写，"审查所有的可行性需求"或"评估以前类似项目的风险登记册"。这样的写法要远远好于"发起人是否同意预算"或"你确定关键路径了吗"。

风险分解结构（RBS）：风险分解结构是一个很好的工具，可帮助你厘清识别风险的思维过程。你可以使用项目章程中识别的类别作为最高层级，然后将它们分解成更低的层级。对于Dionysus酒庄项目来说，项目章程中识别出的最高层级为：建筑、监管、供应链和人员配置。对于供应链这个类别，你可以像这样进行进一步的分解：

> **风险分解结构**：潜在风险来源的层次结构。

供应链：
    1.设备
        1.1 成本
        1.2 进度
        1.3 可用性
    2.建筑材料
        1.4 成本
        1.5 进度
        1.6 可用性
    3.物资供应
        1.7 成本
        1.8 进度
        1.9 可用性

记住，这些都是潜在的风险来源，它们不是风险。

你还可以根据目标对风险进行分类，如绩效风险、进度风险、成本风险或干系人满意度风险，这些风险将被进一步分解。如前所述，在通过头脑风暴识别风险时，你可以先使用风险分解结构。

记录风险

将风险记录在风险登记册或风险日志中。当在风险登记册中记录风险时，重要的是要写一份完整的风险说明，而不是含糊的

> **风险登记册**：记录威胁和机会的日志。

短语。例如，"预算有风险"并不能提供准确或者有意义的信息。在这样一份说明中，可以用来制定有效的风险应对措施的信息很少。相比之下，这样的风险说明更好：

"由于户外监控摄像头的成本高于预期，有可能超出该工作包的预算。"

一份精心编写的风险说明从原因或事件开始，然后定义影响。在上面的风险说明中，原因是户外监控摄像头的成本高于预期，影响是超出工作包预算。

下面的风险说明标识了一个事件，而不是风险的原因：

"市政府可能不会批准开设餐厅的计划，"

影响是：

"造成进度延误。"

在注释部分添加一些关于风险的背景信息是很有用的。表15-1显示了Dionysus酒庄项目的风险编码、风险说明和背景信息。

> **提示**：风险登记册和风险管理计划涵盖了风险的不同方面。风险管理计划描述了如何在项目中构建和执行风险管理。这是一份管理文件。风险登记册跟踪了已识别的风险、风险的等级、风险应对，以及有关个别风险的所有其他信息。这是一份跟踪文件。

表 15-1　Dionysus 酒庄项目风险说明和背景信息

编码	风险说明	背景信息
1_T	由于户外监控摄像头的成本高于预期,有可能超出该工作包的预算	监控摄像头涨价了,而且我们找不到价格更低的替代品。总的成本影响是 1000 美元。这对整体预算的影响很小,可以由应急储备提供资金
2_T	市政府可能不会批准开设餐厅的计划,造成进度延误	如果市政府不批准提交的计划,我们将不得不修改计划。为了保持进度,我们需要加快一些活动的进度,可能会干扰其他活动。因此,进度和预算都会受到影响
3_T	由于客房部人手短缺,我们可能无法为所有的岗位配备人员,从而导致酒店业绩下降	服务人员数量有限且竞争激烈,而潜在的后备人员在服务能力上又有所欠缺。所带来的潜在影响包括客户服务质量差、客房服务受限,以及运营能力下降
4_T	由于全球供应链问题,粉碎机的到货时间可能会延迟,拖延葡萄酒生产设施的启动时间	粉碎机是在意大利制造的。目前,从欧洲运来的设备大约需要等待 4 个月
5_O	因为附近的一家酒庄即将关门,所以有机会以折扣价收购该酒庄的一些酒桶	新酒桶使葡萄酒的单宁提高了,因此口感更为浓郁,而旧酒桶要比新酒桶便宜 50%

注:T= 威胁,O= 机会。

风险分析和优先级排序

分析风险最常见的方法之一是确定每个风险事件的概率和影响。你将使用风险管理计划中记录的概率和影响的定义。

填写风险概率和影响矩阵

一旦确定了概率和影响,就可以将结果映射到概率和影响矩阵上。这提供了对每个事件发生的概率以及事件发生后的影响的可视化表示。当你将概率乘以影响时,可得到一个风险评分。风险评分是用来对风险进行优先级排序的。表 15-2 显示了已添加概率和影响信息后 Dionysus 酒庄项目的风险登记册。在概率和影响矩阵中,较小的数字代表着较低的概率或影响,较大的数字则代表较高的概率或影响。

由于我们正在评估多个影响,因此风险评分是每个事件的概率乘以影响的总和。例如，对于风险2，其概率为2，对时间的影响为4，对成本的影响为3。你可以这样计算风险评分：（2×4）+（2×3）= 14。

表 15-2 Dionysus 酒庄项目的概率和影响分析

编码	风险说明	概率	影响 时间	影响 成本	影响 绩效	评分
1_T	由于户外监控摄像头的成本高于预期，有可能超出该工作包的预算	5	0	2	0	10
2_T	市政府可能不会批准开设餐厅的计划，造成进度延误	2	4	3	0	14
3_T	由于客房部人手短缺，我们可能无法为所有的岗位配备人员，从而导致酒店业绩下降	3	0	0	4	12
4_T	由于全球供应链问题，粉碎机的到货时间可能会延迟，拖延葡萄酒生产设施的启动时间	5	5	0	4	45
5_O	因为附近的一家酒庄即将关门，所以有机会以折扣价收购该酒庄的一些酒桶	3	0	4	3	21

绩效风险的概率和影响矩阵如图15-1所示。如果你单独评估每个目标所受到的影响，你将获得成本风险的概率和影响矩阵以及进度风险的概率和影响矩阵。

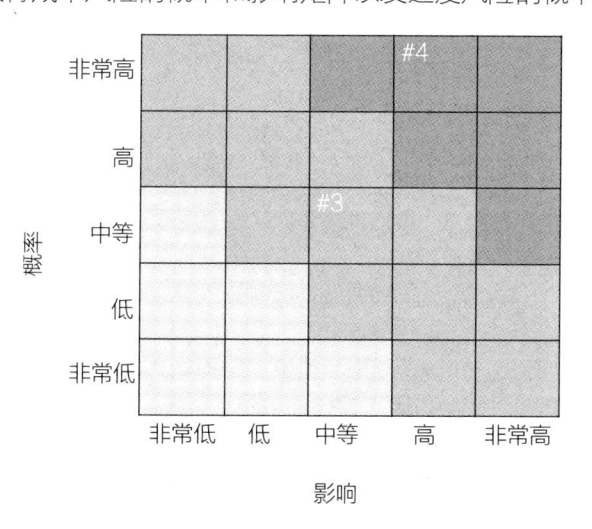

图15-1 绩效风险的概率和影响矩阵

可将机会映射在一个相似但独立的矩阵上。区别在于，机会的影响分数高是有利的，而威胁的影响分数高则是不利的。

评估其他风险参数

虽然概率和影响是评估风险最常见的方法，但它们并不是唯一的方法。例如，你可能想要评估风险的紧迫性。换句话说，要确定需要多快实施应对措施才能有效。在评估风险时，可以考虑以下参数：

紧迫性：为使应对措施有效，必须立即实施。

临近性：风险可能多快发生。

可管理性：管理风险事件的难易程度。

可控性：控制风险事件结果的难易程度。

可检测性：确定风险事件是否已发生的难易程度。

相关性：风险事件与其他风险事件的关联程度。

对组织战略的影响：风险事件对组织战略的影响程度。

概率和影响矩阵只显示两个参数。你可以添加第三个参数，如表15-3中所示的紧迫性。

表15-3 包含概率、影响和紧迫性的表

编码	风险说明	概率	影响	紧迫性
1_T	由于户外监控摄像头的成本高于预期，有可能超出该工作包的预算	5	2	1
2_T	市政府可能不会批准开设餐厅的计划，造成进度延误	2	7	3
3_T	由于客房部人手短缺，我们可能无法为所有的岗位配备人员，从而导致酒店业绩下降	3	4	3
4_T	由于全球供应链问题，粉碎机的到货时间可能会延迟，拖延葡萄酒生产设施的启动时间	5	9	5

* 在这个表中，各目标受到的影响已经被汇总以得到一个概述。

然后，你可以创建一个气泡图，如图15-2所示，以显示风险的概率、影响和紧迫性。气泡的大小反映了紧迫性的程度。

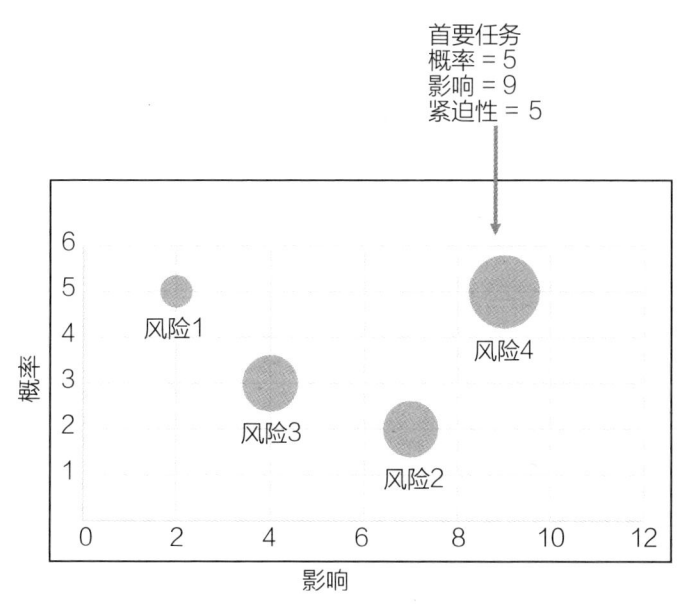

第15章 识别风险并为风险排序 | 169

首要任务
概率 = 5
影响 = 9
紧迫性 = 5

图15-2　带有概率、影响和紧迫性的气泡图

风险4的优先级最高，因为它的概率为5，影响为9，紧迫性为5。

简单的风险定量分析方法

为了了解风险事件的潜在影响，你需要更深入地研究一些风险。对于这些风险，你可以采用一些定量分析技术。定量分析技术中的两个较为简单的选项是进行预期货币价值分析和决策树分析。

预期货币价值分析

当风险的影响没有被很好地定义时，采用预期货币价值（Expected Monetary Value，EMV）分析能够取得不错的效果。它是一种将量化与多个潜在结果进行关联以分析不确定性的方法。

> **预期货币价值：** 一种统计技术，当未来包含多个潜在结果时，计算平均结果。

举个例子，我们来看看Dionysus酒庄项目的风险2：市政府可能不会批准开设餐厅的计划，造成进度延误。

托尼正在为餐厅事宜与建筑师交流。其中一位建筑师贝利为开设餐厅的计划给出了不错的报价，3万美元。根据他的经验，有40%的概率该市市政府会批准计划。有60%的概率该市市政府会将方案退回来要求修改和重新提交。如果计划被退回，该过程将增加30天，价格将增加1万美元。

另一位建筑师艾弗里的报价为3.3万美元。然而，根据他的经验，有70%的概率该市市政府会批准计划，有30%的概率计划会被退回，整个过程会增加30天，但只需要额外支付5 000美元。

要进行预期货币价值分析，需要首先将这些信息放入表15-4中。

表15-4 预期货币价值的设置　　　　　　　　　　单位：美元

	成本	概率
贝利		
批准	30 000	40%
退回	40 000	60%
艾弗里		
批准	33 000	70%
退回	38 000	30%

接下来，用成本乘以每个潜在结果的概率，如表15-5所示。

表15-5 预期货币价值的计算　　　　　　　　　　单元：美元

	成本	概率	预期货币价值
贝利			
批准	30 000	40%	12 000
退回	40 000	60%	24 000
艾弗里			
批准	33 000	70%	23 100
退回	38 000	30%	11 400

为了确定每一位建筑师的预期货币价值，将批准的和退回的预期货币价值相加。因此，选择贝利的预期货币价值为36 000（12 000+24 000）美元。选择艾弗里的预期货币价值是34 500（23 100+11 400）美元。由此可以看出，艾弗里是更好的选择，因为预期成本更低。

考虑到你不知道市政府是否会批准计划，你可以使用这种方法在不确定的情况下得到一个平均结果。以下是对预期货币价值分析技术的总结。

1. 确定可能发生的结果。

2. 确定每个结果的概率。确保所有选项的概率之和为100%。

3. 确定与每个结果相关的成本。

4. 将概率乘以每个结果的成本。

5. 对每个选项的成本求和,得到预期货币价值。

预期货币价值也可以用于其他情况,而不仅仅是风险。你可以使用这种方法进行决策,查看投资选项,或者应用于包含多个选项和不确定性结果的情况。

决策树分析

决策树分析使用来自预期货币价值计算所获得的信息,并将其转换为图形。图15-3显示了与预期货币价值计算相同的信息,但是,它是以图形的方式来展示的。决策树分析是一种对项目风险的不确定性和各种决策选项可视化展示的简单方法。

> **决策树分析:** 在存在不确定性时评估多个选项的图解技术。

```
                    ┌─→ 批准  30 000美元 40%  ●
         ┌─→ 贝利 ──┤
         │          └─→ 退回  40 000美元 60%  ●
选择建筑师┤                                    36 000美元
         │          ┌─→ 批准  33 000美元 70%  ●
         └─→ 艾弗里─┤
                    └─→ 退回  38 000美元 30%  ●
                                              34 500美元
```

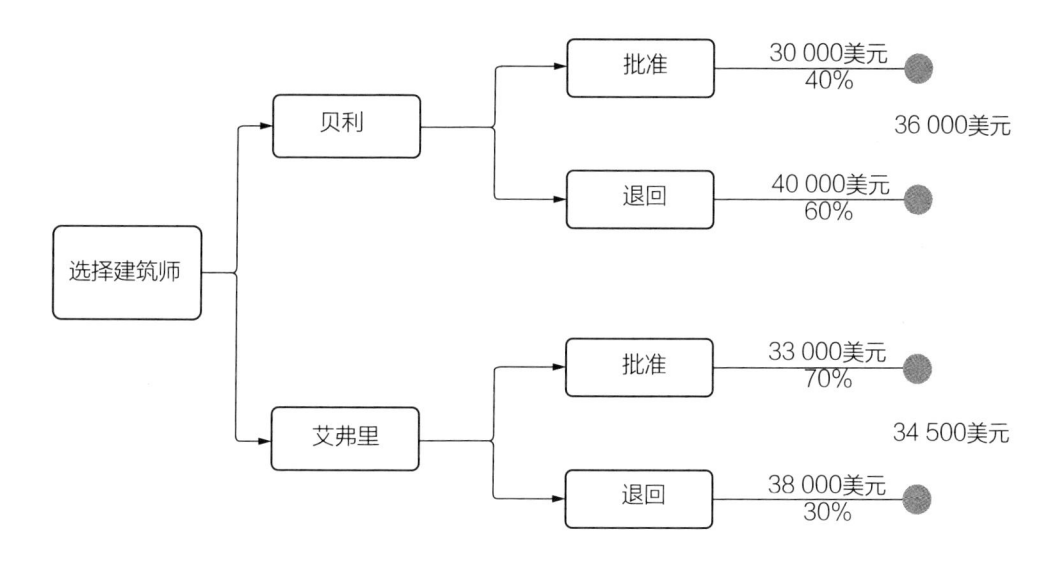

图15-3 决策树分析

你可以在决策树上显示任意多的分支。然而,在分支多于3个之后,它可能会变得有些复杂。

总结

在本章，我们介绍了识别风险的7种方法。我们讨论了在风险登记册中编写完整的风险说明的必要性。一旦识别出风险，就可以对其进行分析。我们研究了如何使用风险管理计划中记录的概率和影响定义，然后将它们绘制在概率和影响矩阵上。本章描述了可以用来分析风险的另外7个参数，我们还给出了一个气泡图，它展示了概率、影响和紧迫性。最后，我们通过描述如何使用预期货币价值和决策树对不确定性进行量化来结束本章。

关键术语

Decision Tree Analysis 决策树分析

Expected Monetary Value 预期货币价值

Risk Breakdown Structure 风险分解结构

Risk Register 风险登记册

第16章
降低风险

风险识别和分析是必要的,但如果不实施风险应对措施,这些工作毫无意义。有几种方法可以应对风险,从完全规避风险到接受风险。对于已接受的风险,你可以选择制订弹回计划或使用应急储备。

在本章中,你将了解可用于预测型和适应型项目的5种风险应对措施。你将看到如何调整产品待办事项列表以适应风险应对。我们还将演示不同的技术,以估算进行风险管理活动所需的应急储备,并为你决定接受的风险提供资金。

风险应对

面对一些风险,你马上就知道应该如何应对。面对另一些风险,则需要更多的思考来确定最佳对策。在本章中,我们将探讨5种风险应对措施:

- 规避;
- 减轻;
- 转移;
- 上报;
- 接受。

如果你觉得有必要,可以对一个风险事件采取多种应对措施。威胁和机会有着类似的应对措施;但是,我们将着重讨论对威胁的应对,对机会的应对则做相对粗略的介绍。

规避

在规避风险时,你是在采取行动以消除威胁。这里有一些消除威胁的选项。

风险规避:采取行动消除威胁。

- **消除不确定性**:如果存在与可交付物相关的不确定性,你可以做更多的研究来消除它。
- **放松或消除约束**：如果进度计划中存在多重风险，你可以延长进度计划以避免由于交付日期受到进度制约所带来的风险。
- **更改可交付物**：对于与技术相关的风险，你也许能够找到一种已验证的或风险较低的技术。

> **次生风险**：由于实施风险应对措施而产生的风险。

对于所有的风险应对措施，特别是在规避风险时，我们有时会由于应对而引入新的风险。这就是所谓的次生风险。次生风险必须被录入风险登记册，像其他风险一样被分析和处理。与规避威胁相对应的是利用机会。利用意味着采取行动确保你抓住机会。

减轻

> **风险减轻**：降低威胁发生的概率和/或影响。

减轻风险意味着找到方法来降低事件发生的概率和/或事件发生后的影响。减轻威胁的方法包括：

- 开发产品原型或模型；
- 进行额外的测试；
- 备有冗余系统。

与减轻威胁相对应的是提高机会。提高需要采取措施增加机会的规模或获得机会的可能性。

转移

> **风险转移**：将威胁的管理和应对转移给第三方。

转移风险通常等同于花钱将风险管理转移给另一方。两种最常见的转移方式是保险和合同。

- **保险**：你支付费用给保险公司，保险公司承担不确定事件的财务风险。然而，需要注意的是，如果事故发生，这仍然是你的问题，保险公司只支付账单。
- **合同**：你可以将工作和风险管理转移给可能更有资格管理风险的供应商。然而，你仍然要对结果负责，所以如果供应商不给力，你可能最终不得不处理负面影响的后果。

风险转移是另一个可能发生与供应商相关的次生风险的例子。

与转移威胁相对应的是分享机会。有时，通过与另一方合作，你可以增加抓住机会的可能性。

上报

当风险事件超出项目范围，或者当你没有权限进行风险应对时，可使用上报。采用上报作为应对措施的示例包括：

> **风险上报**：将风险交给更有权力的人来处理。

- 当项目是项目集的一部分，威胁可能影响项目集中的几个项目时；
- 当应对措施可能影响与项目无关的部门时；
- 当针对威胁进行应对的成本超出了项目经理的预算权限时。

通常会将威胁上报给发起人、项目管理办公室、项目集经理或产品负责人。无论你是在应对威胁还是机会，风险上报都是一样的。

接受

风险接受既可以是被动的，也可以是主动的。如果采用了被动接受策略则不会主动采取行动，而是等到事情发生了才会处理它。一种常见的接受策略是在进度计划中预留时间或在预算中预留资金，以缓冲由于未知事件导致的超支或超时。

> **风险接受**：承认风险的存在，但除非风险发生，否则不采取行动。
>
> **弹回计划**：当其他应对措施失败时使用的一种风险应对措施。
>
> **风险触发条件**：预示风险已经发生或即将发生的事件或状况。

你还可以采取更为积极的接受策略，如制订弹回计划，以便在风险出现时实施。当你拥有弹回计划时，识别风险触发条件是有益的，它可以让你知道风险迫在眉睫。

在某些情况下，你可能需要制订一个弹回计划，以防其他风险应对措施无效。例如，如果你正在升级一个系统，而它正在引起许多问题，那么你可以使用旧系统。

被动接受和主动接受对威胁和机会的作用是一样的。

实施风险应对

一旦确定了风险应对措施，你应该重新分析你的风险。根据你的应对，你期望看到风险评分下降。表16-1显示了确定风险应对措施后，Dionysus酒庄项目更新风险登记册的示例。你可以看到在影响和评分列新插入了一行。新插入的行用灰色表示，显示了应对措施所引发的评分变化。

表 16-1　Dionysus 酒庄项目的风险登记册及应对

编码	风险说明	影响				评分	应对
		概率	时间	成本	绩效		
1_T	由于户外监控摄像头的成本高于预期，有可能超出该工作包的预算	5	0	2	0	10	接受：使用应急储备
		5	0	2	0	10	
2_T	市政府可能不会批准开设餐厅的计划，造成进度延误	2	4	3	0	14	减轻：与有着更高获批记录的供应商合作，为此需要支付更多的费用
		1	4	3	0	7	
3_T	由于客房部人手短缺，我们可能无法为所有的岗位配备人员，从而导致酒店业绩下降	3	0	0	4	12	转移：与人力资源代理机构合作 减轻：提供500美元的签约奖金
		1	0	0	2	4	
4_T	由于全球供应链问题，粉碎机的到货时间可能会延迟，拖延葡萄酒生产设施的启动时间	5	5	0	4	45	规避：项目开始时就订购设备。这为可能出现 4 个月延期交付的设备提供了 11 个月的交付时间
		0	0	0	0	0	
5_O	因为附近的一家酒庄即将关门，所以有机会以折扣价收购该酒庄的一些酒桶	3	0	4	3	21	开拓：购买旧酒桶
		5	0	4	3	35	

注意，风险2、3和4的评分下降了。风险1的分数保持不变，因为团队接受了风险。由于风险5是一个机会，所以评分因应对措施而上升。

当对风险应对达成一致时，你可能需要更新各种计划和项目文档。例如，对于Dionysus酒庄项目中的已识别风险，你可采取以下步骤。

风险1：除了购买摄像头，不需要采取任何行动。

风险2：假设风险分析是在基准之前完成的，预算将反映业主需要承担更多的成本支出。

风险3：与采购部门合作，引入人力资源代理机构。这可能导致成本增加的次生风险，包括人员代理费用和签约奖金。你可能将此问题上报至项目发起人，以确认对于此风险，绩效的优先级高于预算。

风险4：更新进度计划，尽快订购粉碎机。如果你在生产设施翻新之前没有足够的空间储存设备，你可能还需要支付仓储费用。

风险5：与附近酒庄的相关人员合作，购买旧酒桶。

风险调整后的待办事项列表

使用敏捷方法的项目可以保留风险登记册或障碍日志。与敏捷相关的原则之一是尽早和持续交付。因此，任何妨碍交付的事项都是风险或障碍。将项目工作保存在一个待办事项列表中，在每次迭代开始时重新确定

> **风险调整后的待办事项列表：** 包含减少项目障碍或威胁的行动的待办事项列表。

待办事项的优先级。因此，产品负责人可以选择将降低风险的工作项合并到待办事项列表中，并将它们与开发工作一起进行优先级排序。这就生成了风险调整后的待办事项列表。

下面是Dionysus酒庄管理系统的3个风险示例。

1. Geek God酒厂正在更新企业架构。目前有两种选择：其中一个不需要改变与我们的接口映射，而另一个需要。

2. 在我们创建用户说明的同时，Geek God酒厂正在安装一套新的知识管理系统。在安装和测试新的知识管理系统之前，系统不允许更新内容。这将导致推迟编写用户说明。

3. 运营商正在升级系统。系统升级上线后，我们将不得不测试我们的数据和功能，以确保其能够在新环境中正确工作。

需要解决这些风险，并将应对措施纳入经过排序的待办事项列表中。

在图16-1中，假设第一次迭代已经完成。在迭代规划会议上，产品负责人重新确定了待办事项的优先级。做出了下列调整。

1. 添加了一个新任务来开发一个接口映射，以满足其他潜在企业架构的需求。该团队估计，这将比原始的接口映射投入较少的精力，因为有些工作结果可

以重复使用。

2. 编写用户说明的优先级被提升，以适应新的知识管理系统上线。通过提前完成工作，当切换至新的知识管理系统时，编写完成的用户说明将被包含在内。

3.添加了一个新任务来测试升级后的云环境。它被安排在下一次迭代中进行。

新的或重新排序后的任务用粗边框显示。

对于混合项目，你将跟踪风险登记册上的所有风险和应对措施，以确保你对项目的风险有一个总体的看法。正如你所看到的，这些风险应对措施为进度计划添加了另一个新的迭代。项目经理和产品负责人需要协商，以确定是否可以引入更多的团队成员来清除数据，从而缩短开发周期，或者是否可以将额外的几天时间纳入总体计划。

任务	故事点	迭代
评估企业架构	3	1
评估企业架构策略	3	1
识别接口	8	1
绘制流程图	21	1
开发备份接口映射	5	2
识别数据集	3	2
构建数据模型	13	2
编写用户说明	13	2
测试升级后的云环境	5	3
构建原型	21	3
导入数据	8	3
清除数据	13	4

图16-1　风险调整后的待办事项列表

储备

储备是一个概括性的术语，指的是项目团队用来处理风险的额外资金或时间。储备有两种类型：应急储备和管理储备。

> **储备**：为兼顾成本或进度风险而向基准添加的额外资金或时间。

应急储备

应急储备通常由项目经理控制。它用于应对在偏差阈值内的可接受风险和偏差。由于应急储备被认为是成本和进度基准的一部分，因此它会被使用。这让项目经理可以自由地做出有利于项目的决策，如多花几天时间来确保需求是完整的，或者支付一些费用让主题专家针对原型提供反馈。这些决策最终可以降低项目的风险，并带来更好的结果。

> **应急储备**：纳入基准的资金或时间，以适应已知风险和风险应对措施。

确定适当储备金额的最简单方法之一是根据计划工期或预算的百分比进行计算。对于低风险项目，10%是标准。对于高风险项目，则50%更为现实。但这些都是非常宽泛的参数。为了得到更准确的数字，你可以进行风险调整后的估算。

风险调整后的估算

风险调整后的估算通过使用第10章中描述的多点估算技术来考虑与工作包相关的结果范围。这通常需要采访将要做这项工作的人，并询问他们对这项工作的乐观估算、悲观估算和最可能的估算。当这样做时，它有助于理解每项估算的基本原理。换句话说，乐观估算会发生什么，悲观估算会出现什么问题，以及最可能的估算会有什么假设。

表16-2显示了5个工作包，而且对每个工作包都进行了乐观估算、最可能的估算和悲观估算。

风险调整后的估算，使用β分布方程来确定期望值。β分布方程是$\frac{O+4M+P}{6}$。在这个方程中，最可能的估算的权重大于乐观估算和悲观估算的权重。期望值是一个平均结果。换句话说，在50%的情况下，结果会小于期望值，在50%的情况下，结果会大于期望值。

当你采用加权平均方程并将总数相加时，你可以得到表16-3中的结果。

表 16-2　计算风险调整后的估算值——步骤 1

单位：美元

工作包	乐观估算	最可能的估算	悲观估算
A	2 000	3 050	5 000
B	1 500	1 600	1 850
C	3 000	5 100	6 000
D	4 500	5 200	6 200
E	2 500	3 000	4 100
总计	13 500	17 950	23 150

表 16-3　计算风险调整后的估算值——步骤 2

单位：美元

工作包	乐观估算	最可能的估算	悲观估算	期望值
A	2 000	3 050	5 000	3 200
B	1 500	1 600	1 850	1 625
C	3 000	5 100	6 000	4 900
D	4 500	5 200	6 200	5 250
E	2 500	3 000	4 100	3 100
总计	13 500	17 950	23 150	18 075

如果你的期望值总和大于最可能的估算值的总和，那么你实现成本或进度目标的可能性小于50%。这意味着实现最可能的估算值总和是不太可能的！

一旦发现最可能的估算是不充分的，你会怎么做？有两种方法可以处理这个问题：1）使用电子表格来提供快速但不精确的估算；2）需要借助建模软件，它为估算和预测提供良好的参考信息。购买和使用建模软件通常被用于超过2000万美元的项目，所以我们将专注于更简单的电子表格方案。

计算应急储备

当你应用β分布方程时，你会得到一个结果分布，其中期望值为50%。图16-2显示了最可能的估算值总和与期望值之和的结果分布。

要得到一个粗略的估算，你的置信区间在84%的范围内，请从悲观估算中减去乐观估算，并对每个工作包除以6。这为你提供了每个工作包的标准差。

最可能的估算值总和
17 950美元

18 075美元
期望值之和

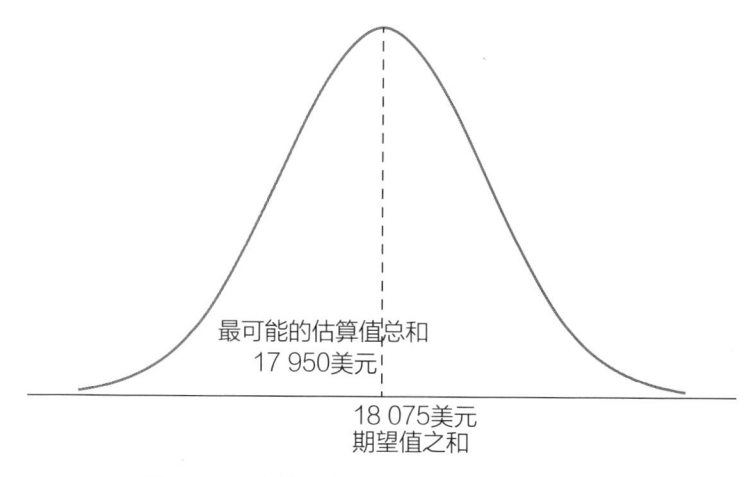

图16-2　计算风险调整后的估算值——步骤3

接下来，根据每个工作包的标准差求方差。表16-4展示了计算出的标准差和方差。

表 16-4　计算风险调整后的估算值——步骤 4　　　　　　　　　单位：美元

工作包	乐观估算	最可能估算	悲观估算	期望值	标准差	方差
A	2 000	3 050	5 000	3 200	500	250 000
B	1 500	1 600	1 850	1 625	58	3 403
C	3 000	5 100	6 000	4 900	500	250 000
D	4 500	5 200	6 200	5 250	283	80 278
E	2 500	3 000	4 100	3 100	267	71 111
总计	13 500	17 950	23 150	18 075		654 792

对所有方差求和，得到项目的总方差。在我们的例子中，总方差是654 792美元。一旦你有了项目方差，取这个数字的平方根。这是项目的标准差。在我们的例子中，项目的标准差是809美元。如果你将项目的标准差与期望值之和相加，你将得到一个在84%的情况下都能满足或超过的数字。在我们的例子中，期望值加上标准差等于18 884美元。

提示：最好的做法是管理期望值的总和，并将标准差金额作为应急储备。

> **注意**：你可能想知道这些方程是从哪里来的，为什么要除以6。这些方程是以概率论和统计学为基础的。它们表示正态分布（钟形曲线）的结果。对于正态分布，下列结果适用：
> 1. 50%的结果大于均值（平均值），50%的结果小于平均值。
> 2. 均值、中位数（中点）和众数（最频繁值）是同一个值。
> 3. 标准差是针对每个工作包度量的，因此不能将它们相加。
> 4. 68%的结果落在均值（±）一个标准差内。
> 5. 84%的结果小于均值+标准差。

管理储备

> **管理储备**：在绩效测量基准之外，留作管理控制之用的一部分项目预算或项目时间。专为项目范围内不可预见的工作而预留。

管理储备不同于应急储备。管理储备涵盖未知风险或未列入计划的范围内的工作。

当项目是更大的项目中的一部分时，我们通常无法使用管理储备。管理储备经常在项目管理办公室、项目集或项目组合层级上配置。大多数小型项目都没有管理储备。

使用管理储备的例子包括：

- 如果你遗漏了一个需求，管理储备将被用于支付未列入计划的范围内的工作；
- 如果一个组件失败了，你需要返工并进行额外的测试，管理储备将支付返工和测试的费用；
- 如果发生不可预见的风险事件，管理储备用于应对风险或风险的影响。

> **提示**：风险管理贯穿整个项目。最佳实践是在创建基准之前进行彻底的识别和分析。这允许你从一开始就在项目中规划风险应对措施。然而，风险可能在任何时候出现，即使你已经建立了基准。因此，确保你对新的和不断发展的风险保持警惕。

总结

在本章中，我们学习了如何应对风险。我们讨论了5种风险应对措施：规避、减轻、转移、上报和接受。一些风险应对措施会导致次生风险，需要对次生风险进行分析和识别。对于可接受的风险，识别风险触发条件和制订弹回计划是一个好主意。敏捷项目可以将降低风险的工作集成到它们的待办事项列表中，以创建风险调整后的待办事项列表。

应急储备保护你的成本和进度基准，并允许你做出正确的决策以降低风险。我们展示了如何通过比较最可能的估算值和期望值来估算应急储备，然后计算所需的应急储备。

关键术语

Contingency Reserve 应急储备

Fallback Plan 弹回计划

Management Reserve 管理储备

Reserve 储备

Risk Acceptance 风险接受

Risk Avoidance 风险规避

Risk Escalation 风险上报

Risk Mitigation 风险减轻

Risk Transference 风险转移

Risk Trigger 风险触发条件

Risk-Adjusted Backlog 风险调整后的待办事项列表

Secondary Risk 次生风险

第 17 章 领导团队

在整个项目中,我们的主要职责之一是支持团队完成工作。这意味着要确保团队有健康的工作环境及健康的心态来完成工作。同时我们也要通过提供有效的、公平的、公正的决策体系来支持团队。

在本章中,我们将讨论如何建立和维护一个心理上安全的环境,在这里,人们可以舒适地表达自己。我们将讨论如何培养团队成员的适应性和韧性。成为一名领导者需要公平和公正的思维,因此我们将围绕批判性思维和3种主要的偏见进行论述。

我们的很多日常工作都涉及解决问题和做出决策两个方面,有时候也需要解决冲突。我们将针对这几个方面提供一些方法供你选用。并且,随着向远程工作的转变,你可能会有一个或多个远程团队成员。因此,我们将讨论如何与不同地点的团队成员有效合作。

营造健康的环境

在整个项目中,你需要关注工作环境,不仅仅是物理环境,还要关注团队成员的幸福指数。这包括有心理上安全的环境、适应性的文化,以及能表现出韧性的团队。

心理安全

一个心理安全的环境让人们能够自如地表达自己而不必担心报复或尴尬。在这里,人们可以自由地做真实的自己。心理安全的环境是一种包容的环境,无论宗教、种族或性取向如何,团队成员都受到重视。为了整体的利益,多样性受到重视和利用。

心理安全环境的好处

显而易见,有一个让我们感到安全的环境是有益的,我们的团队成员也是如此。以下是心理安全环境的诸多好处。

- **增强信任感**：当不害怕或焦虑时，就会有更多的信任。
- **更高的士气**：人们对上班的感觉越好，那么对自己所做工作的感觉也会很好。
- **增加创新**：当人们不害怕失败时，他们会发明和创新。这也可以带来新的、更有效的工作方式。
- **加强合作与协作**：当人们感到安全时，他们更有可能相互合作，并以协作的方式分享想法和知识。
- **缓解压力**：生活中已经有足够多的压力，所以工作中不应该再增加压力。心理安全的环境可以缓解压力和焦虑。
- **从错误中学习**：当错误被视为改进的机会时，人们会从中学习。相反，当错误被看作糟糕的事情时，人们倾向于隐藏错误，而且往往会再次犯错。
- **减少冲突**：随着多种多样的想法得到理解，冲突会随之减少。
- **提高生产力**：所有上述好处都会提高生产力和效率。

营造安全的环境

作为项目负责人，你可以采取几个步骤来营造一个安全的环境。首先，和你的团队谈谈。找出在营造一个安全的工作环境中什么对他们来说是重要的。重要的是，团队要形成自己的价值观，这样他们才有主人翁意识。团队可以选择将价值观记录在团队章程中，或者张贴在公共工作区的墙上。你可以根据需要支持他们按照自己的价值观持续运作。

鼓励团队成员之间进行公开对话。你的团队成员会观察你是否真诚，你的言行是否一致。对反馈保持开放态度，鼓励人们进行诚实和相互尊重的沟通。除了对反馈持开放态度，还要建立一种机制，让人们表达对彼此的感激之情。当人们表达并感受到赞赏和认可时，会增加整个团队的正能量。

当事情没有按计划进行时，把它当作一次学习的机会。将某件事视为失败会降低心理安全感，并使人们停止创新。寻找解决问题、成长和恢复能力的机会。

让提供意见、建议和反馈变得容易。例如，你可以在每次会议中留出时间征求建议和反馈，或者你可以设置一个实体或数字的建议箱。

维护安全的工作环境

维护安全的工作环境最重要的方法之一是对欺凌或有害行为零容忍。任何容忍都可能抹杀你为营造一个健康的环境所付出的全部努力。

另一个关键在于你如何回应反馈。在营造安全的环境时，你试图让人们更容易提供反馈；然而，如果你忽视或评判这些反馈，人们很快就会停止提供任何反馈。对于一些反馈，你会采取行动，而另一些则不会。无论如何，确保你以尊重和感激的方式做出回应。以积极的方式接受反馈的一些技巧包括以下几种。

主动询问：主动询问意味着采取一种好奇的态度。询问关于反馈、流程、团队环境等方面的问题。

提供额外信息：有时你拥有团队成员不知道的信息。有时你可能会因为他们不知道的情况而无法实施建议。在适当的情况下，分享这些信息，这样他们就能更好地了解情况，并且明白他们的建议没有被忽视。

情境谦逊：我们都知道，管理者和领导者不是无所不知的。领导者是团队中的一个角色，他们不可能知道所有的事情，也不总是正确的。确保人们知道，让事情顺利进行需要每个人的声音。

培养适应性

项目充满变化。项目正在引入一些新的东西，改进流程或发生任何其他方式的变化。除了项目创建的变更，还有对项目、优先级、需求、干系人等的变更。这意味着你和你的团队需要培养适应性。

适应性不仅仅意味着能够适应新的或不断变化的条件、环境、趋势和其他情况，它还关乎能够快速、冷静和有效地进行调整。变化通常伴随着压力、不确定性、焦虑、自我怀疑和其他限制性的情绪。为了克服这些消极情绪，培养适应性，你可以采取措施为不断变化的环境做准备。在这种情况下，我们谈论的不是变化，而是更新你对变化的看法。

下面有3种方法可以帮助你和你的团队在快速变化的环境中有效运作。

1. **善于观察**：与其等待项目、竞争、市场等的下一个转变，不如花时间观察正在发生的事情。寻找可能发生的趋势和指标。这种行为可以使你走在变化的前面，而不是等到变化发生时才感到惊讶。走在变化的前面可以让你的团队保持冷静，并为即将到来的事情做好准备。

2. **培养成长型思维模式**：与其将变化视为糟糕、可怕或令人恼火的事情，不如帮助你的团队专注于你们都能学到的东西。你能发展什么新技能？新形势会有什么帮助？想办法让变化对你有利。这种心态会帮助每个人保持积极的态度，让你的思维从受害者转变为胜利者。

3. 学会接受变化：无论我们是否希望，无论我们是否准备好了，事情都会发生变化。因此，你的团队越快接受变化，为它做计划，甚至利用它并从中成长，每个人就会越开心。

伴随着变化和转型，准备工作只是"游戏"的一半，另一半是你的反应。面对混乱，有几种方法可以培养你的适应性。首先，保持好奇心和开放的心态。以开放的心态提出问题和倾听。试着了解是什么导致了当前的情况，这对你的团队和项目意味着什么，以及如何支持这种变化。

接下来，从多个角度思考当前的情况。与你的团队成员和同事交谈。了解他们对这种情况的看法。运用上面提到的好奇心。当你能从多个角度看待当前情况时，你就能更有效地应对它可能带来的挑战。

将情况视为解决问题的机会。有很多解决问题的框架可以用来为流程提供一些结构。它们中的大多数都具有以下共同元素：

定义问题→确定解决方案标准→生成选项→使用标准评估选项→选择最佳解决方案→评估结果。

为了强化适应性思维，在生成选项时，寻找创新的解决方案，培养创造性思维，并发挥想象力。不要满足于最简单甚至最安全的应对措施。要目标远大，别出心裁。你最终可能会得到最简单或最安全的应对措施，但不要失去创新的机会。

培养韧性

对于项目，我们不能奢望进行渐进式改变。我们必须快速适应，迅速恢复。这就是韧性发挥作用的地方。你为团队服务的最好方式之一就是培养韧性。

> **韧性**：从逆境、危机、挫折、变化和其他重要压力源中随时调整或恢复的能力。

下面有4种方法可以帮助你和你的团队培养韧性。

1. 客观看待事物：虽然中断或变化可能看起来是一个主要问题，但如果你能退后一步，从更广阔的视角来看待它，你会发现它并不像你最初想象的那样可怕。客观看待事物包括问你自己和你的团队：从整体来看，这是一件大事吗？还是只是现在看起来是一件大事?

2. **保持积极的态度**:总思考所有可能出错的事情,或者情况有多糟糕,只会适得其反。无论在什么情况下,努力找到保持和树立积极态度的方法。从逆境中恢复的能力直接受到一个人的态度的影响。注意内部对话和外部对话。我们告诉自己的事情和我们大声说出来的事情一样重要。两种对话都是积极的。

3. **接受变化**:接受变化是培养韧性和适应性的一部分。如果我们仍然执着于过去或希望事情有所不同,我们就无法恢复并继续前进。有韧性的人承认现状并不断前行。

4. **学习**:最有韧性的人总是在学习。我们可以从积极和消极的结果中学习。我们可以向同龄人、导师和朋友学习。花时间反思,看看你可以采取哪些行动,以及未来应该调整哪些行动。

思维方式

我们的思维方式是项目成功的重要因素。当你领导一个项目时,容不得有任何草率的想法。我们不能让感觉和直觉主导一切——我们需要批判性思维,需要警惕偏见。我们应该注意的另一个方面是,需要在战略思维、系统思维和战术思维之间进行转换。接下来我们将探讨批判性思维、偏见和系统思维。

批判性思维

批判性思维是用逻辑和推理来考虑问题和状况。虽然这听起来很容易,但我们受到个人经历以及基于自身利益的思维过程的阻碍。下面我们将学习批判性思维的几个方面。

图17-1展示了一幅图像,帮助你想象如何具有批判性思维。首先要记住的是,每个人都有自己的参照系。我们的参照系是由我们的经历组成的,这些经历使我们解释周围事件的方式产生了

参照系

我们每个人都有自己独特的

信念
假设
经历
偏见
扭曲

利己主义
自我为中心
社会为中心

人性引导我们这样思考

我们如何思考

图17-1 像往常一样思考

信念、假设、偏见，甚至扭曲。因为我们是个体，这些事件对我们每个人来说都是独一无二的。鉴于我们没有相同的参照系，当我们倾听他人的假设或信念时，它们可能会显得不合逻辑或不合理。

基于几千年来的进化方式，我们是以自我为中心的，换句话说，我们首先想到的是自己。我们心中有自己的利益，在考虑他人之前，我们会先考虑自己的社交圈或文化。这可能只需要不到一秒的时间，但它已经根深蒂固地存在于我们的思维方式中。

要具有批判性思维，我们需要有意识地改变思维方式。与其考虑我们自己的最大利益，不如努力做到思想开放、公平公正，并考虑替代方案。我们应该问自己，我们的思维过程是否是合理和理性的，如图17-2所示。

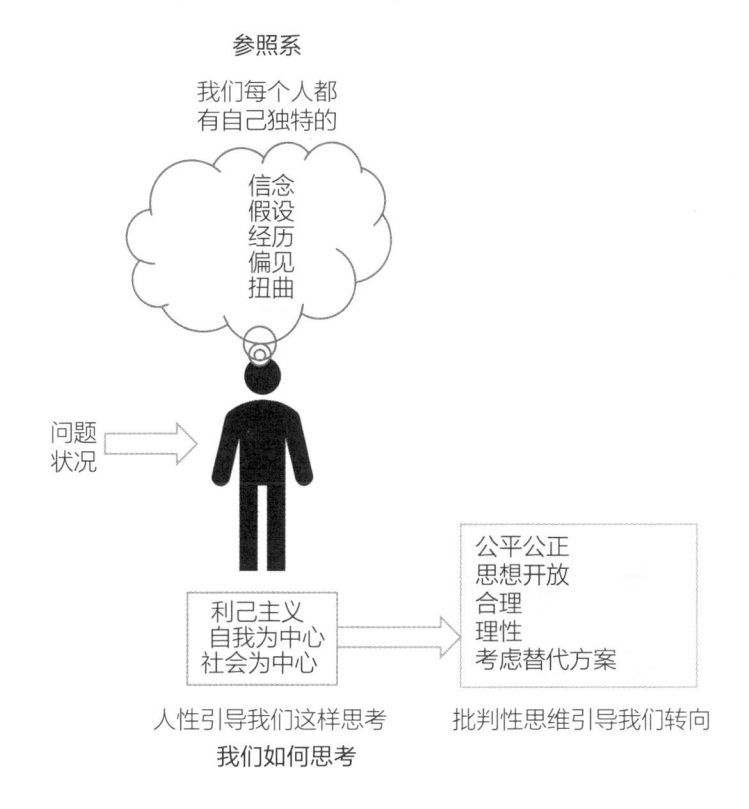

图17-2 成为一名批判性思考者

这里有4个步骤可以让你更具批判性思维。

1. 收集信息：收集相关信息可能包括进行访谈和研究、在互联网上搜索、召集焦点小组讨论等。

2. 分析数据：分析数据首先要检查研究中发现的证据，并评估支持和反对各种选项的论点。你还可以查找变量之间的逻辑关系。这包括评估变量之间是否存在相关性、因果关系或没有关系。

3. 得出结论：在彻底分析之后，你会得出结论。

4. 根据标准或准则检验结论：在你最终确定立场之前，用公正的标准或准则来评估。这可能包括专业标准，如项目管理协会的项目管理标准，或者事实上的标准，如最佳实践。

带着偏见工作

如上所述，我们每个人都有自己的偏见。偏见的棘手之处在于，对于持有偏见的人来说，它们很少是透明的。遗憾的是，偏见往往会导致不公平的待遇。例如，有一种偏见，认为拥有大学学位的人比没有大学学位的人更有资格胜任一份工作，这可能导致你忽略那些有丰富经验但没有学位的合格候选人。有3种类型的偏见会抑制我们进行批判性思维的能力：锚定偏见、相关性暗示因果关系和确认偏见。

锚定偏见：你一定听说过第一印象有多重要。锚定偏见过度依赖我们的第一印象或我们看到的第一条信息。这可能影响我们如何评估后来的信息。在获得浇筑地基的投标报价时，第一个投标报价往往是人们评估其他投标报价的依据。如果有3个投标人报价，第一个投标人是8 000美元，第二个投标人是10 000美元，第三个投标人是9 500美元，有人可能会说第二个和第三个投标人而报价太高了。第一个投标报价甚至可能妨碍人们进行清晰的观察，如尽管有证据表明，后续报价包括保修、评级或清理工作，而第一个报价没有。

相关性暗示因果关系：相关性意味着变量之间存在某种关系或模式。因果关系是指一个变量引发另一个变量。例如，数据显示，7月和8月，冰激凌销量上升。数据还显示，在7月和8月，更多的人被晒伤。这两个变量之间存在相关性。但两者之间并没有因果关系。事实上，两者的原因都是温度的升高。

确认偏见：确认偏见是指以某种方式解释信息，以确认你的信念。它包括忽略与你的信念不一致的信息。想象一下在20世纪80年代走进一间办公室，有一男一女在谈话。大多数人会认为那位女士是秘书，男士是老板。即使男人说："我给你倒杯咖啡，你要不要？"确认偏见会导致这个人认为秘书没有做好她的工作。事实上，这位女士可能是老板，而男士可能是秘书，但要消除这种确认偏见真的很难。

系统思维

如果你仔细想想，你可以把一个项目看作一个系统。项目是一组相互作用、相互关联和相互依赖的可交付物。把可交付物组合在一起形成一个整体。一个组织也是一个系统。因此，你可以认为项目是系统中的系统。按照这种思路，理解系统思维可以帮助你从整体的角度来处理项目。

> **系统**：由一组相互作用、相互关联或相互依赖的元素构成一个整体。

使系统变得完整的一个方面是将干系人加入其中。干系人有不同的需求、意见和偏见。他们影响运营、新产品开发、营销等。

让我们看一个例子，说明如何使用系统思维来看待Dionysus酒庄项目的风险。在第16章中，我们发现了以下风险：由于客房服务人员的劳动力短缺，我们可能无法为所有职位配备人员，从而导致酒店业绩下降。如果从系统的角度来看待这个风险，我们可以更多地了解风险的背景以及拟议应对措施的影响。

客房服务是酒店维护的一部分。人员配备齐全的客房服务可以保证满员入住、更好的顾客体验和更优质的社交媒体评论。较高的入住率是增加餐厅收入、酒庄旅游和葡萄酒俱乐部会员人数的因素之一。因此，我们可以看到客房服务与酒店其他功能和底线盈利能力的相互关联和相互依赖。

风险应对措施是将工作移交给人员派遣机构，并提供500美元的签约奖金。从系统的角度来看，为客房服务员工提供签约奖金，但不为地面维护员工、服务员和前台员工提供签约奖金，可能会产生意想不到的后果，因为这些员工发现了奖金，也想要签约奖金。如果得不到，他们可能会另寻他处，导致一系列不同的人员配备问题。从系统的角度来看项目，有助于识别项目不同部分之间的关系和决策的潜在后果。这有助于我们为整体项目成果做出更好的决策。

支持团队

造成项目延迟的原因之一是出现了问题，特别是当分析和生成潜在的解决方案需要开会时，这会占用人们的工作时间。对于需要做出的决策的情况也是如此。很多时候，没有人愿意为自己做的决策负责，尤其是在有潜在负面影响的情况下。冲突也会占用生产性工作的时间。

作为项目经理，我们可以指导人们通过解决问题和做出决策过程来支持团队进步。我们还可以采用各种解决冲突的方法，让团队专注于结果和项目的进展。

解决问题

当面对一个问题，尤其是大问题时，很难知道从哪里开始解决。图17-3所示的六步流程提供了一个框架，可以让你专注于问题本身，而不是思考解决问题的过程。

定义问题 → 确定解决方案标准 → 生成选项 → 评估选项 → 选择解决方案 → 评估结果

图17-3　解决问题的过程

定义问题：很多时候，解决问题很困难，是因为我们不清楚我们试图解决的问题是什么。第一步是确保所有相关人员都与问题定义保持一致。你应该能用几个简单的句子清楚地表达出这个问题。

确定解决方案标准：确定做出决策的重要因素。时间是驱动力吗？技术性能是最重要的因素吗？你可能想要建立一个类似于第6章中描述的决策矩阵的加权评分机制。

生成选项：确保考虑各种选项以及与每个选项相关的影响和风险。

评估选项：定义每个选项的优缺点，并将加权标准（如果使用的话）应用于每个选项。

选择解决方案：一旦评估了选项，请考虑潜在解决方案是否存在任何重大风险。考虑到风险，你可以选择最佳的解决方案。

评估结果：你可以评估解决问题过程的有效性，以及解决方案是否有效。为了评估结果，等待几周可能是有用的。

做出决策

你可以采用与解决问题相同的过程来做出决策，但你不是在定义问题，而是在定义需要做出的决策。你可以使用不同的决策方式。你使用的方式取决于很多因素。4种决策方式如下所示。

- **命令**：这种方式用于时间紧迫的情况。当风险很高时，也可以使用它。

要知道，如果维持良好的关系很重要，这不是一种好的方式。
- **协商**：当需要投入资源和信息来帮助你做出明智的决策时，可以使用协商。一个人在做决策时，会在做决策前征求意见。
- **共识**：当你需要相关人员的支持时，共识是最好的方式。在某些情况下，参与决策的人会以多人投票赞成或多人投票阻止来达成一项决策。
- **随机**：就像抛硬币，在任何解决方案都可行的情况下使用。

你使用的决策方式将取决于所涉及的因素。

时间限制：如果时间很重要，你可能需要使用命令或随机方式。协商和共识需要更多的时间。

信任：如果你信任参与决策的人，或者如果你需要建立信任，你应该使用协商或共识方式。

质量：共识的决策往往会带来更好的决策。随机决策是最不可能产生好的决策的。

认可：如果你需要被认可，你最好使用共识方式。也许使用协商方式，你仍然可以获得认可。

解决冲突

有时，冲突可以使用与决策相同的框架来解决。如果冲突是由于需要做出决策而引起的，这可能是合适的。然而，在项目中存在许多发生冲突的可能性，例如：
- 进度计划；
- 目标之间的优先级；
- 资源稀缺；
- 技术方法；
- 成本。

偶尔你可能会看到一些关于管理问题或个性上的冲突，但这些不太常见。根据冲突的性质和保持良好工作关系的重要性，你可以选择以下6种解决冲突的方法：
- 面对/解决；
- 合作；
- 妥协；
- 磨合/适应；

- 强迫/竞争；
- 撤退/回避。

面对/解决

面对并不意味着对抗——它意味着把冲突当作一个需要解决的问题。当关系很重要，并且你对对方和你一起解决问题的能力有信心时，这种方法最有用。目标是实现双赢。

合作

合作包括召开会议解决引起冲突的问题。当你信任对方（或多方）并且有时间深入研究问题时，这是最有用的。这种方法涉及整合多种观点，并了解对每一方来说什么是重要的。这可能需要一些时间，但关系得以维持，合作通常会产生最好的结果。

妥协

当你在为双方寻求某种程度的满足时，可以使用妥协。双方都需要愿意做出让步。这种方法通常用于双方存在平等关系，以及双方都需要取胜的情况下。这种方法也能防止冲突升级。

磨合/适应

磨合，也被称为适应，包括强调双方意见一致的领域和淡化冲突领域。如果维持和谐的关系与解决冲突同等重要或者更重要，那么使用这种方法。当你在冲突中处于劣势时，这也是一个很好的方法，因为它有助于与对方保持良好的关系。

强迫/竞争

强迫或竞争是一个输赢命题。你是在强加决议。这并不是一种非常有效的方法，但当风险很高且时间有限时，它可能是合适的。只有当你确定自己是对的时候，你才能使用这种方法。要知道，如果你想维持一段富有成效的关系，这种方法不是好方法。

撤退/回避

这种方法需要从局势中撤退。你可能会退缩，因为问题会自行消失，或者你知道自己赢不了。如果情绪失控，它也可以用来作为冷静期使用。

表17-1总结了冲突解决方法以及何时使用它们。

表 17-1 冲突解决方法

面对/解决	合作	妥协	磨合/适应	强迫/竞争	撤退/回避
当你对对方解决问题的能力有信心时	当有时间并信任对方时	当你愿意让步时	为了保持和谐	当你是对的时候	当你赢不了时
当一段关系很重要时	当你想结合多种观点时	当双方都想要胜利时	无论如何你都会输时	当风险很高时	当你需要冷静一段时间时
当你需要一个双赢的解决方案时	当有时间达成共识时	当一个平等关系存在时	创造商誉	如果关系不重要	如果问题会自行消失
		为了避免打架		当时间紧迫时	

虚拟团队的注意事项

无论你有一个还是几个虚拟团队成员，或者你领导的团队每个人都在不同的地方工作，虚拟团队的动态都不同于共处一地的团队。要想成为最有效率的领导者，你需要采取一些额外的措施让人们参与进来。比起每天一起工作的团队，你可以设置更多的结构。有虚拟团队成员参加的会议也会有所不同，所以你需要把虚拟会议和面对面会议区别开来。

参与

虚拟团队存在一些挑战，这些挑战在面对面的团队中并不常见。你可能发现，与团队成员建立融洽的关系，建立一个有凝聚力的团队，进行有效的沟通，保持承诺和避免倦怠等都变得更加困难。我们将研究应对这些挑战的一些技巧。

建立融洽的关系：与你没有面对面接触过的人建立融洽的关系是很有挑战性的。你需要花一些额外的时间去了解每个人。找出他们的动机。他们在业余时间喜欢做什么？你们有什么共同点？让团队成员也了解你。例如，分享一些你个人和职业上的好恶。这种努力在你和你的团队成员之间建立了一种联系感。

你也可以每周进行一次"虚拟视频咖啡休息时间"。花半小时，人们可以喝杯咖啡、分享、闲逛。你可以引入一些主题，如"疯狂T恤日"或"谁有最有趣的咖啡杯"。

建立一个有凝聚力的团队：你可以通过更频繁地开会来建立团队意识，如每天开一个15分钟的站会来检查进展，看看是否有任何潜在的问题。你还可以创建一个虚拟的协作团队空间。除了项目工件，让人们在那里发图片、聊天，甚至发漫画或笑话。即使是虚拟的，也要努力让空间成为一个吸引人的环境。

进行有效的沟通：在虚拟团队中，沟通可能更具挑战性。当人们不能面对面沟通时，很容易误解他人或错过重要信息。你需要花更多的时间来确保你的表达清晰无误。建议包括：在开会前创建一个要点列表，列出你想在会上沟通的内容，这样你就可以确保涵盖所有内容。在书面交流时，把初稿发给同事，看看你写得是否清晰完整。

缺乏沟通也是一个挑战。如果一个团队成员始终保持沉默，就要付出额外的努力去联系他。在虚拟环境中，你无法知道他保持沉默是因为他的孩子生病了，还是因为他无可救药地落后了而又不想承认这一点。

保持承诺：通常很难让人们参与到虚拟环境中。有些问题属于"眼不见，心不烦"。当你让员工在家工作时，你不仅仅是在与其他工作事务争夺他们的注意力，你也在与家务、家庭成员和许多其他日常杂事进行竞争。你可以通过保持项目目标和愿景的可见性来提供帮助；在你的协作空间发布愿景声明。这提醒人们他们的工作将为世界带来改变。

避免倦怠：当人们在家工作时，他们无法逃离工作——他们觉得自己被电脑束缚住了。人们倾向于工作更长时间。虽然这可能有利于提高工作效率，但也可能会导致倦怠，你无法控制团队成员时间上的其他需求，但你可以确保不在正常工作时间之外发送电子邮件或召开会议。不过检查一下也无妨，看看人们是否感到不知所措。

结构

为了适应虚拟环境，你需要积极主动、深思熟虑地提供一个支持团队发展成为高绩效团队的结构。实现这一点的一种方法是使用多种通信渠道。例如，如果团队有一个大的可交付物，要比平时更早地检查进度。你可以在协作网站上留下聊天信息，提醒人们截止日期，或者在团队电话中发送一封简短的电邮，作为提及即将到来的截止日期的后续行动。你需要评估额外的沟通（以及你正在困扰人们的感觉），以保持将项目工作放在首位和中心。

你也可以帮助团队建立关于工作时间的团队规范。这并不是说每个人都必须在相同的时间工作，但如果团队每周可以一起在线工作几小时，那就太好了。这可以是一个开放的工作会议，用来解决问题或交换意见。

你也可以设置"办公时间"，拨入虚拟会议室，任何人都可以进来交谈。这并不能代替团队会议或一对一的会议，但让团队知道你有特定的时间来提问、提出想法或只是聊天是件好事。

当你的团队刚开始组建时，进行一次团队回顾会议，看看哪些是有效的，哪些是无效的，以及团队可以尝试改进的地方。在开始的时候，你可能想召开视频回顾会议。随着你的团队习惯于一起工作，你可以每两周开一次会，或者甚至转向虚拟空间，在那里团队可以在协作空间里留下笔记，了解哪些工作有效，以及他们希望尝试哪些不同方法。

虚拟会议

让人们参与面对面的会议是很有挑战性的，但虚拟会议更具挑战性。虚拟会议要求你更多地参与会议规划，更有创造性地主持会议。这里有一些技巧可以让你的虚拟会议更具吸引力。

- 召开视频会议，让每个人都能看到彼此。这样更容易建立联系。
- 花几分钟时间聊聊工作以外的事情。这增强了亲切感和融洽感。
- 提前10分钟参加会议，并邀请其他人提前到场。
- 在会议开始时，要求每个人用3个词来描述他们的表现。理想情况下，这可以放在聊天框中，或者你可以让人们说出他们的3个词。这样的会议开始时就很有人情味，而且不会花太多时间。
- 等待回应的时间更长。人们需要时间来处理，而且由于你使用的通信技术可能会有延迟。
- 管理参与，不要让人们过度分享或偏离主题。
- 序列交互。如果你向大家征求意见，并且有几个人想要发言，说明谁先发言，谁第二发言，谁第三发言，等等。这就避免了相互交谈。
- 在向下一个人提问之前，先询问对方是否已经说完。因为你没有视觉线索，你不知道对方是否说完了，你可能需要和他们核实一下。
- 确保人们尽量减少分心，如关上门、把手机调成静音、在通话过程中不查看电子邮件，并提醒人们在不说话的时候尽量不出声。

总结

在本章中，我们讨论了如何支持团队完成工作。描述了如何建立以及维持一个心理安全的环境。我们还讨论了如何通过培养适应性和韧性来支持团队。

当我们表现出严谨、公平和公正的思维，即批判性思维时，团队就会信任他们的领导者。我们描述了不同类型的偏见，以及如何防范这些偏见。系统思维关注形成整体的相互作用、相互关联和/或相互依赖的元素。在解决问题和做出决策时，既要运用批判性思维，也要运用系统思维。除了这些主题，我们还讨论了几种解决冲突的方法。

我们通过讨论虚拟团队面临的挑战和潜在的解决方案来结束本章。我们专注于团队参与，加入一些轻量结构，并召开有效的虚拟会议。

无论你的项目计划得多好，或者你在处理新需求时有多敏捷，都会发生阻碍

关键术语

Bias 偏见	System 系统
Resilience 韧性	

第18章

保持动力

你进展的事件和情况。做好应对变化的准备将有助于你和你的团队保持动力。

在本章中，我们将研究变更管理流程。你将看到变更如何影响预测型工作和适应型工作。我们还将讨论在预测型和适应型工作中增加范围的含义。为了帮助你保持项目的有序进行，我们将介绍一些你可以使用的日志和图表。

应对变化

就像在生活中一样，项目中唯一确定的就是变化。因为变化肯定会发生，所以最好做好准备。仔细考虑你希望人们如何提交变更请求，你将如何评估它们，谁可以批准它们，你将如何跟踪变更，等等。你可以在变更管理计划中记录这些信息。

> **变更管理**：识别、跟踪、评估和实现对可交付物、计划或项目文档的修改的过程。

变更管理计划

变更管理计划包括4个主要部分：

- 变更管理方法；
- 变更的定义；
- 变更控制委员会；
- 变更管理流程。

变更管理方法

变更管理方法描述了变更控制的程度，以及如何将其与项目的其他方面相结合。在混合项目中，最好指明哪些可交付物需要进行变更控制，哪些不需要。例如，在Dionysus酒庄项目中，酒庄管理系统不会受

> **配置管理**：用于识别和跟踪产品或发布中的单个项目的系统。

到与项目建设方面相同程度的变更控制。

本节还讨论变更管理和配置管理将如何协同工作。有些项目不需要配置管理，有些则需要。拥有成千上万个部件的项目（例如，建造一架飞机），可能将变更管理作为配置管理的附属。否则，配置管理通常附属于变更管理。在项目的需求中应该说明两者之间的关系。

变更的定义

假设你正在为Dionysus酒庄订购酒架。当你收集需求时，生产经理说他想要10个酒架，每个酒架可以装200瓶酒。在你下订单的前一周，他说应该把其中两个酒架更换为可固定的酒架。

这是一种变更吗？酒架的数量没有改变。瓶子的数量没有改变。如果这属于变更，应该记录为范围的变更还是需求的变更，抑或成本的变更？虽然没有绝对正确的答案，但仔细思考什么是变更，什么不是变更，是个好主意。

变更通常需要提出变更请求、评估对基准的影响、由变更控制委员会进行评估，可能还需要更新基准或其他项目文件。

变更控制委员会

> **变更控制委员会**：评审、分析、批准或拒绝对产品或项目的变更的团体。

变更控制委员会（Change Control Board，CCB）接收变更请求，对其进行评估，并决定是否接受、拒绝或推迟变更，直到获得更多信息。在变更管理计划中记录信息时，你需要考虑项目经理有权批准哪些变更，哪些变更需要提交至变更控制委员会由其斟酌，以及哪些变更需要客户或发起人批准。

变更管理流程

变更控制计划通常至少确定变更控制流程的以下4个步骤：

1. **变更请求提交**：此部分确定了需要填写的表格以及提交给谁。
2. **变更请求审查**：描述变更控制委员会将如何评估请求，包括对范围、进度、成本、客户满意度、风险等方面的影响的分析。
3. **变更跟踪**：变更跟踪描述了如何跟踪变更请求从提交到实施或拒绝。
4. **变更结果**：描述如何处理被批准和被拒绝的变更请求，包括如何更新基准、更新基准的频率，以及如何沟通对基准的变更。

表18-1总结了变更控制计划中的内容。

表 18-1　变更管理计划中的内容

文档要素	描 述
变更管理方法	描述变更控制的程度以及变更控制将如何与项目管理的其他方面相结合
变更的定义	
进度变更	定义进度变更与进度修订；指明何时需要通过变更控制流程对进度偏差进行重新基准化
成本变更	定义成本变更与成本更新。指明成本偏差何时需要通过变更控制流程来重新基准化
范围变更	定义范围变更与渐进明细；指明范围变更何时需要通过变更控制流程来重新基准化
项目变更	定义项目的变更、项目管理计划的更新或项目文件的更新何时需要经过变更控制流程
变更控制委员会	确定变更控制委员会的成员、他们的权限范围以及他们会面的频率
变更管理流程	
变更请求提交	描述提交变更请求的流程以及需要使用的任何模板、策略或程序
变更请求审查	描述用于审查变更请求的流程，包括对项目目标影响的分析
变更跟踪	描述从提交到最终处理的变更请求跟踪过程
变更结果	描述可能的结果，如接受、延期或拒绝

变更请求

对于项目的预测方面，任何人都可以在计划被基准化后的任何时候提出变更请求。通常情况下，人们会填写一份表格来请求变更，因为口头请求变更容易被误解。变更请求通常包含以下信息：

变更请求者：请求变更的人员的姓名。

提议变更的描述：对变更的详细描述。需要有足够的细节，以便变更控制委员会能够充分确定对项目各个方面的影响。

提议变更的理由：实施变更的好处或不实施变更的影响。

影响：变更的影响通常按范围、质量、进度、成本和干系人满意度来划分，还可以包括其他影响，如风险的增加或减少。

注释：任何可以提供关于变更请求的清晰度或信息的注释。

变更日志

变更日志跟踪从提交到实施或拒绝的变更状态。变更日志如表18-2所示。

表 18-2　变更日志

编码	提交日期	描述	请求者	状态	处理

需求跟踪矩阵

> **需求跟踪矩阵**：将需求与可交付物和其他项目元素联系起来的网格。

当提交变更请求时，变更控制委员会需要分析潜在变更的影响。对于有数百个需求的大型项目，变更控制委员会很可能会忽略所请求的变更对需求的影响。可以帮助你理解潜在变更对需求的影响的工具之一是需求跟踪矩阵。你可以创建一个包含你认为与跟踪最相关的任何信息的列表。表18-3展示了一个跟踪需求到业务目标和可交付物的示例。

表 18-3　需求跟踪矩阵

编码	来源	需求	优先级	业务目标	可交付物

在混合环境中管理变更

变更管理计划、变更请求和变更日志主要用于预测型可交付物。它们可以通过确定适应型变更何时应该有变更请求并提交给变更控制委员，以适应混合环境。变更管理流程的官僚主义需要与变更管理流程在控制不必要的变更、保护基准和跨可交付物集成变更方面提供的价值相平衡。

预测型可交付物的变更

在变更分析过程中，变更控制委员会将评估对范围、进度、成本和其他变量的影响。有时会有微小的变更，有时变更需要一个新的范围、进度或成本基准。这些类型的变更通常需要项目发起人的批准。

> **范围蔓延**：在没有必要增加成本或延长进度的情况下扩大产品或项目的范围。

导致项目出现问题的行为之一是没有经过变更控制流程的变更请求。在这种情况下，对做出变更的决策没有责任，这可能导致成本和进度超支。这种情况被称为范围蔓延。更换两个酒架以使其固定是一个潜在的范围蔓延的例子。如果成本差异只有100美元左右，并且没有进度影响，那么这可能不是什么大问题。如果成本翻倍，并且进度延迟，那么这就是一个问题。

适应型可交付物的变更

在一个纯粹的敏捷环境中，只要有人愿意继续这个项目，你就可以进行变更和添加特性。这样做的潜在缺点是，如果产品有一组初始需求和功能集，并在此基础上设定了预期的发布或发布时间，然后你继续添加特性——那么你的发布或发布日期将会被推迟。从理论上讲，这种情况会持续下去，直到你真正从事的是产品管理而不是项目管理。这并没有什么错，但这应该是一个深思熟虑的选择，而不是在不承认延迟完成日期的情况下继续添加特性。

在混合项目中，你不能只是不断添加特性、时间和成本，因为在混合项目中，可能还有其他可交付物在等待适应型工作。如果适应型可交付物持续变化，这可能会对项目的其余部分产生影响。

实用工具

在混合项目中，跟踪所有需要管理的事情的最佳方法是组织起来。日志和登记册是一个很好的方法，可以帮助你跟踪所有需要掌握的信息。在本书中，我们描述了各种日志和登记册，例如：

- 假设日志（第4章）；
- 待办事项列表（第6章）；
- 干系人登记册（第11章）；

- 风险登记册（第14章）；
- 变更日志（本章）。

还有3种日志可以帮助你管理项目：决策日志、问题日志和障碍日志。

决策日志

如果你曾经遇到过这样的情况：你和你的团队花时间研究备选方案，讨论风险和收益，最终做出决策，然后3个月后，没有人记得你的决策，你可以在决策日志中看到价值。当你与发起人或产品负责人会面时，决策日志也是很有价值的。你要让他们知道团队做出的决策，以确保没有任何你不知道的相关信息。表18-4显示了一个决策日志示例。

表 18-4　决策日志

编码	决策	责任方	日期	备注

问题日志

问题是可能对项目产生影响的当前状况。这些通常是根据问题可能发生的时间、你需要解决的时间，或者你需要采取行动的时间来排序的。你可以在表18-5中看到一个用于跟踪问题的问题日志示例。

你还可以添加责任方和任何其他适当的字段。

表 18-5　问题日志

编码	问题	优先级	影响	预期	状态	决议	备注

障碍日志

障碍日志用于敏捷交付。它类似于问题日志。事实上，如果你愿意，可以使用问题日志来记录障碍。如果你想单独记录障碍，表18-6给出了一个示例。

表 18-6　障碍日志

编码	日期	障碍	优先级	状态	备注

总结

在本章中，我们讨论了如何管理混合项目的变更。我们描述了变更管理计划、变更请求和变更日志的内容，描述了需求跟踪矩阵如何帮助你理解变更请求对需求和可交付物的影响。

我们描述了在管理预测型可交付物和适应型可交付物的变更方面的差异，以及平衡大型项目与适应型可交付物的管理需求的必要性。我们通过查看决策日志、问题日志和障碍日志来完成本章，这些日志可以帮助你在项目期间保持条理有序。

关键术语

Change Control Board 变更控制委员会

Change Management 变更管理

Configuration Management 配置管理

Requirements Traceability Matrix 需求跟踪矩阵

Scope Creep 范围蔓延

第19章 测量预测型可交付物

随着项目的推进，你会检查进度。对于可预测的交付成果，你将关注成本和进度测量，并为未来的工作提供预测。衡量进度的方法有很多。本章介绍了从关键路径观察偏差，以及资源偏差如何影响成本偏差。挣值管理包括4个关键指标和若干计算，可为进度和成本状况提供绩效信息。你还可以使用这些指标来预测成本信息。

在本章中，你将学习预测型可交付物的常用绩效指标，你将学习如何计算偏差和绩效指数，你还将学习根据项目的当前状态预测未来绩效的方法。

预测型措施

大多数预测型项目根据基准来衡量进度，例如，将计划进度与实际进度进行比较，或者将预算与实际成本进行比较。

> **阈值**：需要执行风险应对的限值。

人们预料到项目会有一些成本和进度上的偏差，但是，多大的偏差才算大？组织通常设置成本和进度绩效阈值，但如果组织没有这些阈值，那么团队将希望设置阈值，以便确定项目的运行情况。常见的阈值有：

- **可接受**。绩效偏差在±5%以内表明项目正在按计划进行。小于5%的偏差不需要担心。这在"红绿灯"图上通常以绿色表示。
- **存在风险**。偏差为5%~10%表示绩效可能正在恶化。项目团队应该调查导致偏差的原因，以及可以采取什么行动来减少偏差。这在"红绿灯"图上通常以黄色或琥珀色表示。
- **有问题**。偏差大于10%表明项目没有按计划执行。项目团队应该采取纠正措施来解决偏差。此时，绩效被认为是有问题的。这在"红绿灯"图上通常以红色表示。

如果一个目标比其他目标更重要，这个目标可能有更小的偏差阈值。例如，如果满足计划工期是至关重要的，那么"风险"阈值可能是3%～5%，任何超过5%的偏差都被认为是有问题的。

我们将从审查进度绩效开始，然后转向成本绩效。在审查一些进度和成本测量措施之后，我们将查看一组你可以将进度和成本绩效结合起来使用的指标。这个指标系统被称为挣值管理。我们不会介绍技术或性能指标，因为它们完全取决于你正在进行的项目类型。

进度措施

审查任务，看看它们是否按时开始和按时完成是评估计划执行情况的一种方法。你还可以查看持续时间，看看它们比计划花费的时间更长还是更短。这将为你提供关于项目状态的一些信息。为了使这些信息更加相关，请查看关键路径的状态。如果任务开始（或结束）较晚但有很多浮动时间，通常不会影响交付日期。但是，如果处于关键路径上的任务延迟了（即便只有几天），也会对你的进度产生负面影响。

你可以通过比较表格中的开始日期和结束日期（见表19-1）或甘特图（见图19-1）来评估进度计划。

根据图19-1，你可以比较计划的开始日期和实际的开始日期，以及计划的结束日期和实际的结束日期。该图记录的状态日期为2023年7月31日。你可以看到，有以下3个方面（如阴影所示）是值得关注的。

- 酒店框架比计划晚了一周完成。这导致技术工作、收尾工作，以及家具和固定装置的启动时间推迟，因为它们依赖于这项任务。
- 生产（设备本应于本周完成，但至今仍未完成）。
- 储存设施技术工作应在本周完成，但只完成了50%。这将对储存设施的收尾工作和设备产生影响。

表 19-1 进度状态表

任务	持续时间	完成(%)	计划开始日期	计划结束日期	实际开始日期	实际结束日期
酒店	130 天	42%	2023-4-17	2023-11-10	2023-4-17	无
结构	80 天	85%	2023-4-17	2023-7-28	2023-4-17	无
框架	9 周	100%	2023-4-17	2023-6-16	2023-4-17	2023-6-23

续表

任务	持续时间	完成（%）	计划开始日期	计划结束日期	实际开始日期	实际结束日期
屋顶	2 周	100%	2023-6-19	2023-6-30	2023-6-26	2023-7-7
外立面	4 周	40%	2023-7-3	2023-7-28	2023-7-10	无
技术工作	6 周	0%	2023-7-31	2023-9-8	无	无
收尾工作	6 周	0%	2023-9-11	2023-10-20	无	无
家具和固定装置	3 周	0%	2023-10-23	2023-11-10	无	无
餐厅	85 天	0%	2023-6-19	2023-10-27	无	无
框架	3 周	100%	2023-6-19	2023-7-7	无	无
技术工作	2 周	0%	2023-9-18	2023-9-29	无	无
收尾工作	2 周	0%	2023-10-30	2023-11-10	无	无
家具和固定装置	2 周	0%	2023-11-13	2023-11-24	无	无
品酒室	75 天	0%	2023-7-17	2023-12-1	无	无
框架	2 周	25%	2023-7-17	2323-7-28	无	无
技术工作	1 周	0%	2023-10-2	2023-10-6	无	无
收尾工作	1 周	0%	2023-11-13	2023-11-17	无	无
家具和固定装置	1 周	0%	2023-11-27	2023-12-1	无	无
改造	90 天	38%	2023-4-10	2023-8-11	2023-4-10	无
蓝图	30 天	100%	2023-4-10	2023-5-19	2023-4-10	2023-5-19
施工审查	0 天	100%	2023-5-19	2023-5-19	2023-5-19	2023-5-19
生产设备	50 天	80%	2023-5-22	2023-7-28	2023-5-22	无
结构	1 个月	100%	2023-5-22	2023-6-16	2023-5-22	2023-6-16
技术工作	3 周	100%	2023-6-19	2023-7-7	2023-6-19	2023-7-7
收尾工作	1 周	100%	2023-7-10	2023-7-14	2023-7-10	2023-7-14
设备	2 周	0%	2023-7-17	2023-7-28	无	无
储存设施	40 天	63%	2023-6-19	2023-8-11	2023-6-19	无
结构	1 个月	100%	2023-6-19	2023-7-14	2023-6-19	2023-7-14
技术工作	2 周	50%	2023-7-17	2023-7-28	2023-7-17	无
收尾工作	1 周	0%	2023-7-31	2023-8-4	无	无
设备	1 周	0%	2023-8-7	2023-8-11	无	无
完成施工	0 天	0%	2023-12-1	2023-12-1	无	无

图19-1中的甘特图是工作状态的可视化表示。

图19-1使我们更容易看到任务清单。该图来自微软的Project软件。在图中，任务底部的深色线条显示了每个任务的持续时间基准。基准上方较浅的线条显示

了预计的工作时间。顶部的线条根据完成百分比填充。还有一条黑色竖线表示数据日期。数据日期是数据显示的日期，在本例中为2023年7月31日。通过该图，你可以看到以下几点：

- 对于酒店外立面，顶部线条应该是完整的，但是进度标识显示只完成了40%。
- 生产设备显示没有进展。
- 储存设施技术工作应该在7月中旬完成，但顶部线条表明它还没有完成。

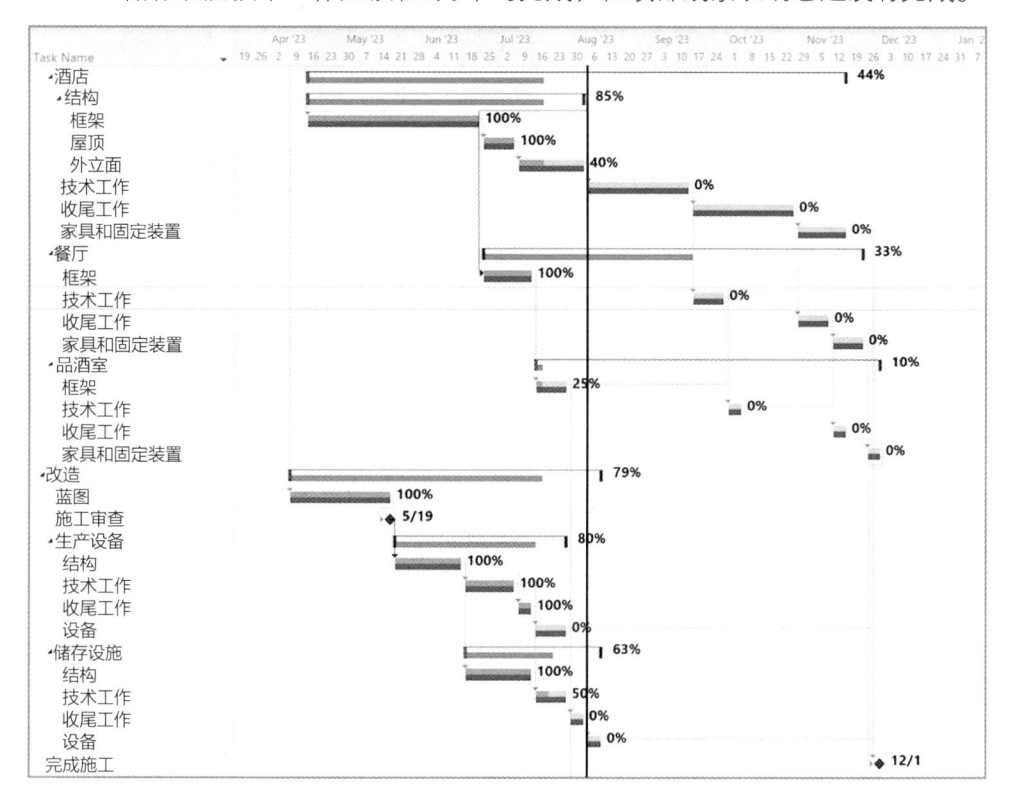

图19-1 进度状态甘特图

成本措施

在你的项目中，最重要和最严格的测量之一是成本。人们想知道你已经花了多少钱，你还要花多少钱，以及整个项目的成本是多少。

成本测量实质上是将计划支出与实际支出进行比较的函数。不过，它可以用来确定成本偏差的类别，如材料偏差和劳动力偏差。你可以进行一些简单的计算，以确定材料偏差中有多少是基于数量的，有多少是由于价格所导致的。你可以使用类似的计算来确定有多少人工成本偏差是基于费率的,有多少是基于使用的。

材料偏差

材料有两种偏差来源。第一种是使用不同数量的材料,第二种是材料价格的不同。

以Dionysus酒庄的品酒室为例,承包商估计他们需要1 500片瓷砖,每片瓷砖的价格预计为2.05美元。因此,估算费用为3 075美元。然而,发票显示成本为3 597美元,偏差为-522美元。

当被问及偏差时,承包商解释,与计划相比产生了更多的报废和返工。承包商表示,它们用了1 650片瓷砖。在查看发票时,你注意到每片瓷砖的成本是2.18美元,而不是2.05美元。

为了确定有多少偏差是由数量引起的,有多少偏差是由价格引起的,你可以绘制一个表格,如表19-2所示。输入你的估算使用量和实际使用量,以及估算价格和实际价格。

表 19-2 材料偏差

估算使用量(片)	实际使用量(片)	估算价格(美元/片)	实际价格(美元/片)
1 500	1 650	2.05	2.18

要计算有多少偏差是由数量引起的,可从实际使用量中减去估算使用量(1 650-1 500),然后乘以估算价格2.05美元,得到307.50美元。因此,在522美元的偏差中,307.50美元是由于使用了更多的材料。

为了确定价格所引发的影响,用实际价格减去估算价格,然后乘以实际使用量。这表明214.50[(2.18-2.08)×1 650]美元是由于价格造成的。

你可以通过对偏差求和来验证数字,以确保它们加起来等于总偏差。在本例中,307.50+214.50=522(美元)。

劳动力偏差

如果成本偏差是由于劳动力而不是材料造成的,你可以使用相同的计算方法,用小时数代替使用量,用费率代替价格。例如,支付给酒店中心的室内设计师的估算费用是7 500美元,按100小时计算,每小时75美元。但是,她开具了8 580美元的账单,她解释,由于增加了一个新的需求,她需要多投入10小时来更新设计图纸。此外,她的费率比7个月前的报价有所上升。基于这些信息,你可以绘制一个如表19-3所示的表格来比较工时和费率。

表 19-3 劳动力偏差

估算工时（小时）	实际工时（小时）	估算费率(美元/小时)	实际费率(美元/小时)
100	110	75	78

先用实际工时减去估算工时，然后乘以估算费率，即750[（110-100）×75]美元的偏差是由于投入了更多的时间。然后，用实际费率减去估算费率，再乘以实际工时，即330[（78-75）×110]美元是由于费率造成的。劳动力偏差=750+330=1 080（美元）。

挣值管理

前两节分别讨论了进度状态和成本状态。你可以讲一个更好的故事，将范围、进度和成本方面的信息结合起来，而不是孤立地看待它们。挣值管理（Earned Value Management，EVM）是一种规划和跟踪技术，允许你将范围、进度和成本信息结合到一组指标中，以便你可以获得项目的综合视图。它通常用于范围明确的大型项目，如建筑项目或航空航天项目，但由于其背后的原则是基于完善的项目管理原则，因此它可以用于任何可预测的可交付物，甚至是小型项目。

> **挣值管理（EVM）**：用于计划和跟踪项目绩效的方法。

我们将介绍3种类型的指标：偏差、指数和预测。我们将通过Dionysus酒庄项目的建设工作来讨论这些概念。

挣值规划

挣值管理从使用WBS分解和规划范围开始。Dionysus酒庄项目的WBS在第6章中进行了描述，如图19-2所示。

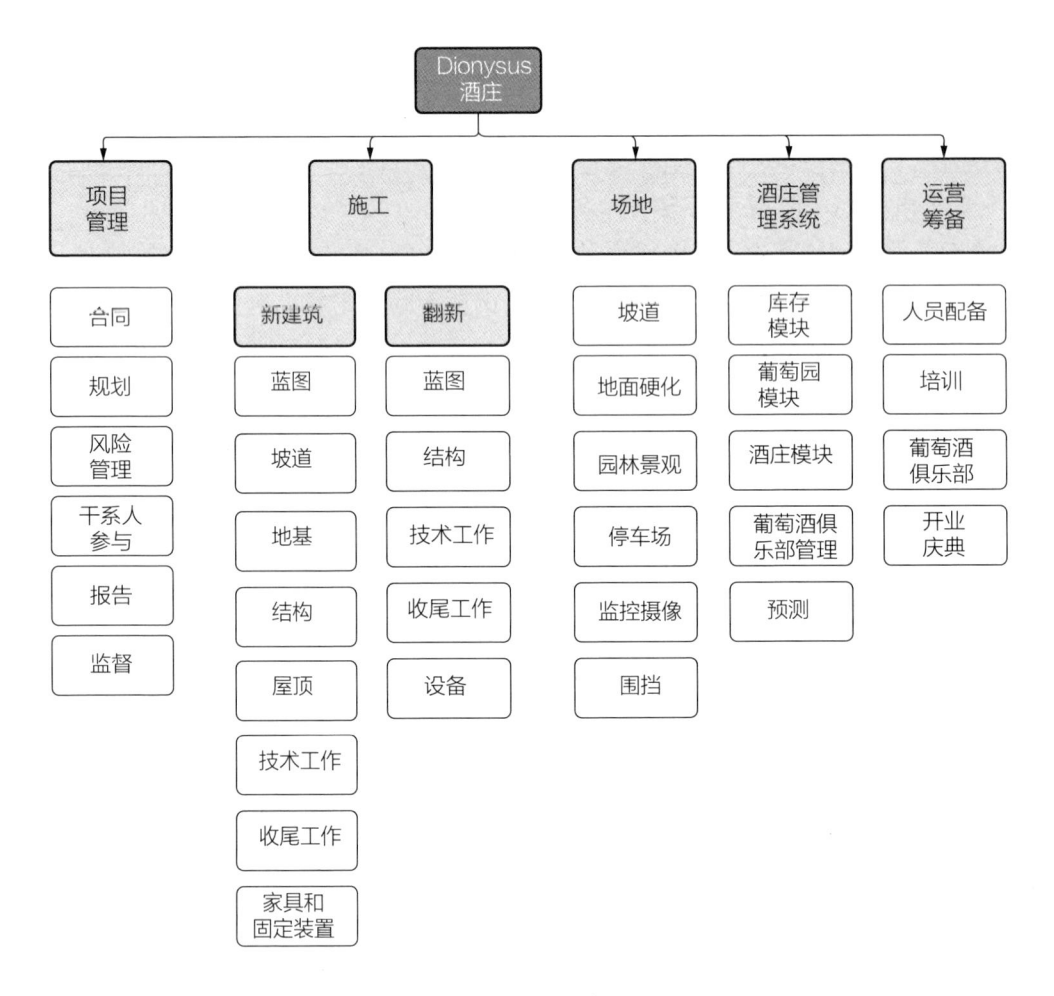

图19-2　Dionysus酒庄项目WBS

接下来你要为工作制订进度计划。进度计划如表19-1和图19-1所示。下一步是进行成本估算。表19-4显示了Dionysus酒庄项目的成本估算。

表 19-4　Dionysus 酒庄项目的成本估算

单位：美元

任务	完工预算
酒店	5 200 000
框架	800 000
屋顶	250 000
外立面	1 200 000
技术工作	900 000

续表

任务	完工预算
收尾工作	850 000
家具和固定装置	1 200 000
餐厅	750 000
框架	175 000
技术工作	165 000
收尾工作	110 000
家具和固定装置	300 000
品酒室	200 000
框架	45 000
技术工作	40 000
收尾工作	40 000
家具和固定装置	75 000
改造	962 000
蓝图	23 000
施工审查	2 000
生产设备	495 000
结构	150 000
技术工作	75 000
收尾工作	50 000
设备	220 000
储存设施	440 000
结构	140 000
技术工作	50 000
收尾工作	30 000
设备	220 000
总计	7 110 000

所有工作的累计成本是7 110 000美元。在挣值管理中，这被称为完工预算（Budget At Completion，BAC）。到目前为止，这些都是你在规划任何预测性工作时需要采取

完工预算（BAC）：将要完成的工作的总成本。

的步骤。挣值管理从范围、进度和成本估算中提取信息，并将其组合成一个综合基准，称为绩效测量基准（Performance Measurement Baseline，PMB）。

> **绩效测量基准（PMB）**：通过整合范围、进度和成本信息制定的基准。

要创建绩效测量基准，你需使用电子表格，如Excel，请遵循以下步骤：

1. 在最左侧的一栏中输入工作包。
2. 创建一个表示时间的行，在本例中是4~11月。
3. 在对应的月份为每个工作包输入工作的计划价值。例如，酒店的外立面工程安排在7月10日—8月4日进行，为期4周。大约75%的工作将在7月完成，25%将在8月完成。工作的价值是120万美元。因此，我们将在7月输入90万美元（120万美元的75%），在8月输入30万美元。
4. 在所有工作包下面创建一行，并标记为"每月成本"。把每个月所有工作的计划价值累加起来。
5. 在"每月成本"下创建一行，并标记为"累计成本"。将上月的工作和本月的工作相加，得到每月到目前为止的累计成本。

表19-5显示了完成后的图表应该是什么样子的。

表 19-5　绩效测量基准表　　　　　　　　　　单位：美元

任务	4月	5月	6月	7月	8月	9月	10月	11月
酒店								
框架	200 000	300 000	300 000					
屋顶				125 000	125 000			
外立面				900 000	300 000			
技术工作					450 000	450 000		
收尾工作						350 000	500 000	
家具和固定装置								1 200 000
餐厅								
框架			100 000	75 000				
技术工作						165 000		
收尾工作								110 000

续表

任务	4月	5月	6月	7月	8月	9月	10月	11月
家具和固定装置								300 000
品酒室								
框架					45 000			
技术工作							40 000	
收尾工作								40 000
家具和固定装置								75 000
改造								
规划	10 000	13 000						
施工审查		2 000						
生产设备								
结构		75 000	75 000					
技术工作			50 000	25 000				
收尾工作				50 000				
设备				220 000				
储存设施								
结构			70 000	70 000				
技术工作				50 000				
收尾工作					30 000			
设备					220 000			
完成施工								
每月成本	210 000	390 000	720 000	1 515 000	1 045 000	965 000	540 000	1 725 000
累计成本	210 000	600 000	1 320 000	2 835 000	3 880 000	4 845 000	5 385 000	7 110 000

要将表19-5转换成图19-3，请执行以下步骤。

```
（美元）
8 000 000
7 000 000                                               7 110 000
6 000 000
                                            5 385 000
5 000 000                            4 845 000
4 000 000                    3 880 000
3 000 000            2 835 000
2 000 000
1 000 000    1 320 000
     600 000
210 000
      4月  5月  6月  7月  8月  9月  10月  11月
```

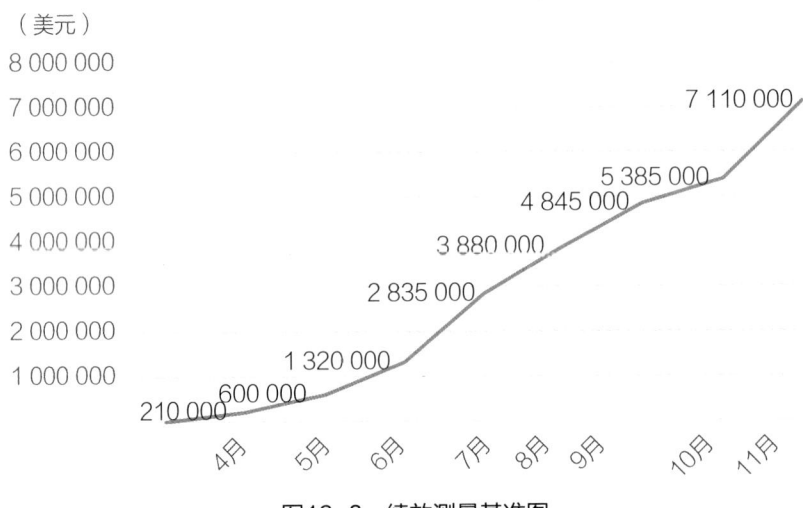

图19-3 绩效测量基准图

1. 复制包含月份的行和包含每月累计成本的行。
2. 把这两行粘贴在上面，上面是月份，下面是每月的累计成本。
3. 插入折线图。
4. 你可以添加数据标签，使其更便于阅读。

> **计划价值（PV）**：为计划工作分配的经批准的预算。

这是一个绩效测量基准，你可以使用它来跟踪你的项目绩效。你可以在任何给定的时间点看到项目的计划价值（Planned Value，PV）。计划价值是指计划工作的预算。例如，7月底酒店屋顶的计划价值是2 835 000美元，8月底累计计划值为3 880 000美元。

创建绩效测量基准的步骤概要如下：

1. 用WBS组织你的工作。
2. 安排工作。
3. 估算计划工作的成本。
4. 按时间段计算累计成本。
5. 创建图表以显示绩效测量基准。

确定挣值和实际成本

一旦有了绩效测量基准，你就可以在任

> **挣值（EV）**：已完成的工作的价值。
>
> **实际成本（AC）**：用于完成工作的资金。

何时间点看到每个交付物的计划价值，你就可以开始将计划价值与已完成工作的价值进行比较。这被称为挣值（Earned Value，EV）。

注：挣值管理是一种规划和跟踪管理技术。挣值是对所完成工作的衡量。挣值管理有时也被称为挣值分析或挣值测量。有些人习惯将挣值管理简称为"挣值"。这样的称谓可能会让人很困惑，所以要结合上下文来理解挣值到底是指挣值管理系统还是已完成工作的价值。

确定可交付物的挣值的一个简单方法是将完成的可交付物的价值乘以完成的百分比。例如，如果屋顶的价值为25万美元，并且全部完成，那么挣值为25万美元。如果外立面的价值为120万美元，并且完成了50%，那么它的挣值为60万美元。

实际成本（Actual Cost，AC）是由与这项工作有关的所有成本累加起来所决定的，包括劳动力、材料、许可证、差旅和任何其他与交付成果相关的费用。你可以通过查看发票来确定实际成本。

计算进度偏差和成本偏差

有了这三个数字，计划价值（PV）、挣值（EV）和实际成本（AC），你可以计算进度偏差（Schedule Variance，SV）和成本偏差（Cost Variance，CV）。当计算偏差时，总是从挣值开始，然后减去计划价值或实际成本。当计算进度偏差时，用挣值减去计划价值。计算公式为：SV=EV-PV。表19-6是Dionysus酒庄项目8月底的一些数据。

> **进度偏差（SV）**：计划价值与挣值之间的差距。在挣值管理中，进度偏差等于挣值与计划价值之差（EV-PV）。
>
> **成本偏差（CV）**：实际成本与基准成本之间的差额。在挣值管理中，指挣值与实际成本之差（EV-AC）。

表 19-6　Dionysus 酒庄项目 8 月底的一些数据　　单位：美元

项目	PV	EV	AC
框架	800 000	800 000	840 000
屋顶	250 000	250 000	260 000
外立面	1 200 000	900 000	985 000
技术工作	450 000	0	0

使用进度偏差（SV）公式，你可以看到外立面任务的进度偏差为-30万美

元，由于技术工作尚未开始，因此技术工作的进度偏差为-45万美元。如果说你在外立面进度上落后了30万美元，这听起来可能有点奇怪，因为在那个时间点上，比计划少获得了30万美元的价值。

当计算成本偏差时，你可以使用类似的公式，但你要用挣值减去实际成本：CV=EV-AC。在上面的例子中，有以下成本偏差：

框架：40 000美元

屋顶：-10 000美元

外立面：-85 000美元

对于成本偏差，请注意，你正在比较的是已完成的工作（EV）与实际成本（AC），而不是在比较实际成本（AC）和计划价值（PV）。

负的偏差表示较差的绩效，而正的偏差表示你要么提前完成了任务，要么低于预算。

计算进度绩效指数和成本绩效指数

还有另一种方法来考虑成本绩效和进度绩效。你可以使用比率或指数。偏差给你一个美元数字来表示绩效，而指数则告诉你效率有多高。因此，进度绩效指数（Schedule Performance Index，SPI）表明你在满足进度方面的效率，而成本绩效指数（Cost Performance Index，CPI）则告诉你在满足预算方面的效率。

> **进度绩效指数（SPI）**：用于衡量进度效率的指标，计算方法是挣值除以计划价值（EV/PV）。
>
> **成本绩效指数（CPI）**：用于衡量成本效率的指标，计算方法是挣值除以实际成本（EV/AC）。

你使用与计算偏差相同的数字，但不是减法，而是除法。因此，进度绩效指数的计算公式为SPI=EV/PV，成本绩效指数的计算公式为CPI=EV/AC。所以，外立面任务的SPI为900 000÷1 200 000 = 0.75。你可以说你的外立面任务的进度效率是75%。

酒庄项目各项任务的CPI计算如下：

框架：800 000/840 000 = 0.95

屋顶：250 000/260 000= 0.96

外立面：900 000 /985 000 = 0.91

对于框架，你每投入1美元就能得到95美分的价值。对于屋顶，你每投入1

美元就能得到96美分的价值，对于外立面，你每投入1美元就能得到91美分的价值。绩效指数小于1表示绩效不佳，而绩效指数大于1则表示你的工作进度提前或低于预算。

> **注意**：通常的做法是将指数计算结果保留到小数点后两位。

图19-4是一种常见的挣值数据展示方式。你可以看到挣值线低于计划价值线和实际成本线。只要挣值低于某个值，就表示绩效不佳。

如前所述，大多数组织认为0～5%的偏差是可以接受的，5%～10%的偏差是有风险的，大于10%的偏差是有问题的。酒店的累计进度绩效指数为1 950 000/2 700 000 = 0.72。因此，这是一个在进度方面陷入困境的项目。酒店的累计成本绩效指数为1 950 000/2 085 000 = 0.94。因此，这个项目的成本绩效是有风险的。

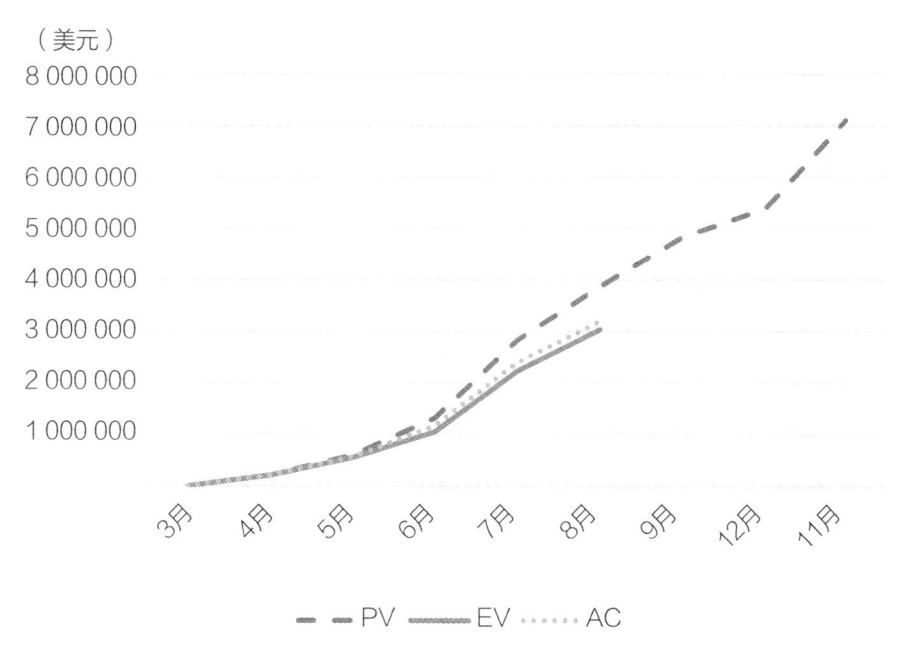

图19-4　截至8月31日的挣值测量数据

在分析绩效指标时，有几个要点需要记住：

- CPI是评估项目健康状况最可靠的指标之一。通常在项目进行到20%时，CPI会稳定下来。事实上，如果CPI发生变化，情况通常会变得更糟，因为如果你不能准确地估算临近工作的成本，那么对那些较晚才开展的工

- SPI表明工作是否按计划进行。但是，它没有考虑关键路径。你可以让一个可交付物的SPI小于1，但如果该可交付物有浮动时间，那么你并没有真正落后于计划。因此，你应该始终检查进度偏差是否位于关键路径或具有浮动时间的路径上。
- 在项目结束时，你的SPI将为1，因为所有计划的工作都已完成；然而，这并不意味着你的项目按时完成了。请记住，在项目结束时，SPI将趋于1。将SPI与关键路径分析结合起来，才能够获得进度状态的真实情况。

预测

你最常听到的两个问题是"你预计还会多花多少钱"及"最终成本是多少"。你可以通过挣值管理获得的信息进行预测来回答这些问题。在进行预测计算时，我们将使用以下截至8月31日的累计信息：

- 完工预算= 7 110 000美元；
- 挣值= 2 967 500美元；
- 实际成本= 3 128 000美元；
- 成本绩效指数= 0.95。

完工尚需估算

计算完工尚需估算（Estimate To Complete，ETC）回答了"你预计还会多花多少钱"这个问题，有3种方法可以得到相应的答案。

> 完工尚需估算（ETC）：完成剩余工作的预期成本

第一种方法是基于你从项目绩效中了解的信息，完成对项目所需资金的评估。对于大型项目来说，这可能非常耗时，而且可能有点主观。

第二种方法是在从完工预算中减去挣值，这将为你提供对剩余工作的估算。对于酒庄的建设，你从7 110 000美元中减去2 967 500美元，从而得到4 142 500美元的完工尚需估算（ETC）。这基于你假设目前所经历的任何偏差都不会延续下去。换句话说，它假设对未来工作的估算是准确的。但通常情况并非如此，所以这可能并不太乐观。

> **注意**：计算剩余工作量（Working Remaining，WR）的公式为：WR=BAC-EV。它常被用于预测。

第三种方法是将剩余的工作量除以当前的成本绩效指数，这种方法假设未来的工作将与过去的工作具有相同的成本绩效水平。要用这种方法计算ETC，就拿余下的工作量来说，在酒庄项目的例子中是4 142 500美元，然后除以的CPI（0.95）。因此，完工尚需估算为4 360 526美元。公式为：ETC=（BAC-EV）/CPI。这种计算方式通常更为准确。

完工估算

有很多方法可以回答"最终成本是多少"这个问题，计算的结果被称为完工估算（Estimate At Completion，EAC）。我们将看到3种计算完工估算的方法。

> **完工估算（EAC）**：项目的预期总成本。

第一种方法假设你最初的估算是正确的，任何偏差都是偶然事件。你把剩下的4 142 500美元的工作量加上3 128 000美元的实际成本。这样你的EAC为7 270 500美元。公式为：EAC=BAC-EV＋AC，这通常不太现实。

更为现实的方法是用完工预算（BAC）除以成本绩效指数（CPI）。这假设未来的绩效将与当前的绩效保持相同的效率。对于我们的项目，EAC将是7 110 000÷0.95＝7 494 551（美元）。

如果你处在一个成本和进度都存在偏差的情况下，最终的成本通常反映了进度偏差。因为如果出现了进度上的延迟，你要么在更长的一段时间内持续投入成本，要么投入成本进行赶工。很多人认为这是计算EAC最为现实的方法。用剩余工作量除以（CPI×SPI），然后加上实际成本。公式为：

$$EAC = \frac{BAC-EV}{CPI \times SPI} + AC$$

对于Dionysus酒庄项目来说，计算是这样的：

$$\frac{4\ 142\ 500}{(0.95 \times 0.75)} + 3\ 128\ 000 = 8\ 942\ 035（美元）$$

对于Dionysus酒庄项目，可以采用不同的计算方法，EAC的结果范围从7 270 500美元至8 942 035美元不等。最好的做法将这一系列的EAC都展示出来，然后找出你认为最准确的那个结果，以及你的推理过程。

> **注意**：如果使用电子表格进行计算，你可能会得到略微不同的数字。电子表格会将计算结果保留到小数点后两位。不必担心计算结果是否精确，其目的是展示一系列可能的结果，这些结果反映了项目的当前状态。

挣值管理是规划和跟踪项目的强大技术。也就是说，它只能告诉你项目的状态，它并没有告诉你是什么导致了这些偏差。你必须调查清楚是什么导致了当前的绩效，以及你能做些什么。

总结

在本章中，我们讨论了进度偏差和成本偏差的测量。我们描述了采取行动的常见阈值措施，并查看了进度表，该进度表显示了与基准相比的进展。

我们引入了挣值管理，以及绩效测量基准和4个关键指标：完工预算（BAC）、计划价值（PV）、挣值（EV）和实际成本（AC）。然后我们描述了如何使用这些指标来评估成本偏差和进度偏差，以及成本绩效和进度绩效。你可以使用相同的方法来预测完成项目还需要投入多少成本（ETC），并估算项目完

关键术语

Actual Cost（AC）实际成本	工估算
Budget At Completion（BAC）完工预算	Estimate To Complete（ETC）完工尚需估算
Cost Performance Index（CPI）成本绩效指数	Performance Measurement Baseline（PMB）绩效测量基准
Cost Variance（CV）成本偏差	Planned Value（PV）计划价值
Earned Value（EV）挣值	Schedule Performance Index（SPI）进度绩效指数
Earned Value Management（EVM）挣值管理	Schedule Variance（SV）进度偏差
Estimate At Completion（EAC）完	Threshold 阈值

第20章
测量适应型可交付物

成后的总成本（EAC）。

产出适应型可交付物的团队专注于效率。他们使用指标来跟踪开发速度、开发新功能所需的时间，以及对未来工作的速度进行估算。

在本章中，我们将看到如何使用燃烧图来估算一个团队在一次迭代中能完成的工作量，以及如何估算一个团队的工作速率（速度）。然后，我们将展示如何通过累积流图识别流程中的瓶颈，团队在新功能上花了多长时间，以及客户的需求需要等待多长时间才能得到满足。

敏捷项目经常采用测量措施来评估干系人满意度。我们将讨论如何在任何项目中应用这些措施，以及为什么它们对混合项目非常奏效。

适应型措施

敏捷团队专注于提高效率、吞吐量和速度。由于注意到缺陷和返工需要投入时间来修复，所以他们也关注如何通过改进工作流程来减少缺陷。我们将介绍4种常用于敏捷交付规划和跟踪进度的图，分别是燃尽图、燃起图、速度图和累积流图。

燃尽图

燃尽图显示了工作和预计的完成率。团队根据目标完成的情况来跟踪实际完成的工作。图20-1的燃尽图展示了以故事点为单位估算工作量的团队的信息。他们的迭代（冲刺）持续一周。他们共计需要完成125个故事点的工作量。他们估计每个迭代可以完成9个故事点。

> **燃尽图**：将实际完成的工作量映射到计划完成的目标工作量的图。

图20-1 燃尽图

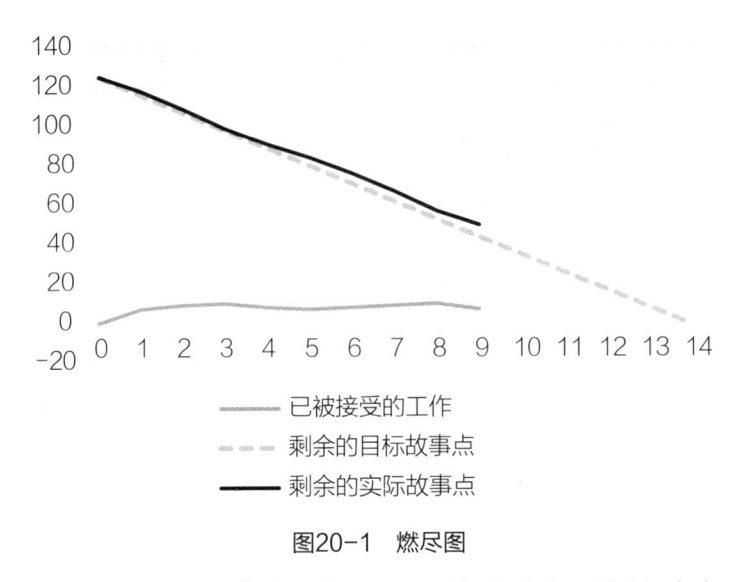

虚线表示剩余的目标故事点。你可以看到每次迭代下降了9个点。这是团队努力的目标。底部的曲线表示每次迭代被产品负责人接受的工作量。黑实线表示剩余的故事点。两条曲线之间的距离表示125个故事点的工作量和目前已经被接受的工作量之间的差距。当实线位于虚线之上时，代表团队的进度落后了。

这种类型的图可以在活动挂图上创建，在每次迭代结束时绘制进度。这被称为一种低技术/高触觉的工具。换句话说，它只是采用简单的纸和记号笔（低技术含量），通过手动来更新最新的信息（高触觉）。

你可以在电子表格（如Excel）中创建这种类型的工具，并在团队远程工作时将其保存在团队协作的站点上。在电子表格中创建这种类型的工具，需要创建以下列。

1. 迭代：如果不使用迭代，你可以使用时间单位，如天、周或月，如图20-1底部所示。

2. 目标：这是你期望在每个时间段内完成的工作量，也称目标速度。这在图20-1中没有显示出来，隐藏它是为了简化图表。

3. 已接受的工作：这是已经被产品负责人接受的完成了的工作的故事点数。如图20-1底部的曲线所示。

4. 剩余的目标故事点：为了得到这个数字，从第一行的故事点总数开始，在本例中是125（第一行是迭代0）。然后减去第一次迭代的目标工作，以得到第一次迭代结束时剩余的估算故事点。这就是图20-1中的虚线。

5. 剩余的实际故事点：这是故事点的总数（在迭代0中输入）减去已被接受的工作。这是图20-1中的递减实线。

表20-1展示了绘制燃尽图的数据。

表 20-1　绘制燃尽图的数据

迭代	目标	已被接受的工作	剩余的目标故事点	剩余的实际故事点
0	0	0	125	125
1	9	7	116	118
2	9	9	107	109
3	9	10	98	99
4	9	8	89	91
5	9	7	80	84
6	9	8	71	76
7	9	9	62	67
8	9	10	53	57
9	9	7	44	50
10	9		35	
11	9		26	
12	9		17	
13	9		8	
14	9		-1	

燃尽图的一个问题是，如果有人添加了一个新功能，它看起来就像团队的速度变慢了，因为对新加入功能的估算会让剩余故事点变多。为了适应这种情况，最好使用燃起图。

燃起图

如表20-2所示，燃起图基本上使用了与燃尽图相同的数据，但它跟踪的是完成的工作量，而不是剩余的工作量。注意，表20-2中总故事点数列的数据保持不变，但是你可

燃起图：在顶部显示总工作量，并有一条线显示已完成工作量的图。

以看到在迭代6中添加了10个故事点的工作量，而在迭代8中又添加了5个故事点的工作量。

表 20-2　绘制燃起图的数据

迭代	总故事点	目标工作	累计目标工作	已被接受的工作	累计被接受的工作
0	125	0	0	0	0
1	125	9	9	7	7
2	125	9	18	9	16
3	125	9	27	10	26
4	125	9	36	8	34
5	125	9	45	7	41
6	135	9	54	8	49
7	135	9	63	9	58
8	140	9	72	10	68
9	140	9	81		
10	140	9	90		
11	140	9	99		
12	140	9	108		
13	140	9	117		
14	140	9	126		
15	140	9	135		
16	140	9	144		

　　图20-2展示了燃起图的样子。你可以看到，图20-2中最上面那条表示总故事点的线与总故事点列相对应。燃起图通过将当前的工作速度与目标速度进行比较，并根据团队的速度和剩余工作量预测完成日期，能够对"何时完成"的问题进行快速回复。

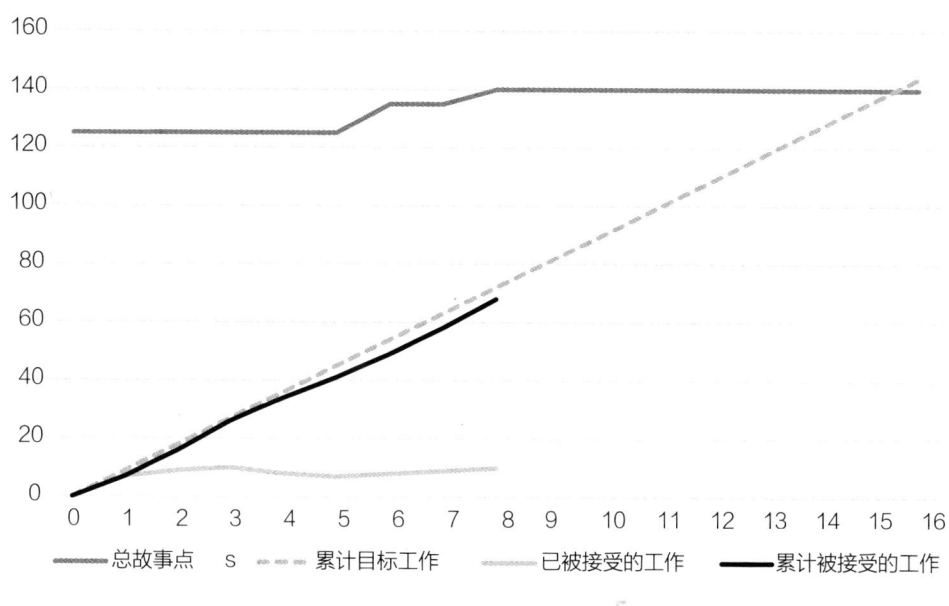

图20-2　变更范围后的燃起图

速度图

速度是团队在固定时间内的工作速率，如一个迭代。正如你在燃尽图和燃起图中看到的那样，它被用于规划和估算。在团队熟

> **速度**：团队在单位时间内所能完成的工作。

悉项目、彼此相互熟悉并找到完成工作的最佳方法时，通常需要几次迭代才能使速度稳定下来。当团队一起工作了几个迭代时，估算未来冲刺的速度就相对容易了。因此这是一个很好的工具，可以预测每个迭代可以完成多少工作，以及发布的完成日期。

图20-3展示了在前4次迭代中团队起伏不定的速度。从迭代5开始，团队开始跟踪他们的平均速度。平均速度为每个迭代大约9个故事点。

图20-3 速度图

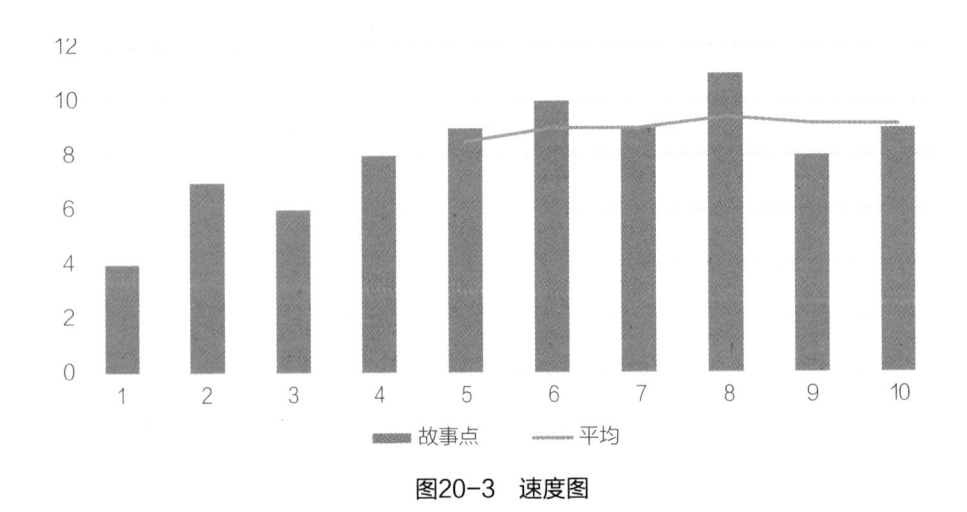

累积流图

敏捷团队的原则之一是"频繁地交付可工作的软件,交付周期可以是几周,也可以是几个月,而且交付周期越短越好"。为了遵循这一原则,团队关注的是如何增加他们在一段时间内可以完成的工作量,也称吞吐量。他们通过限制正在进行的工作以避免在工作流程中产生瓶颈,通过改进工作流程来减少缺陷、增加已完成的工作,并通过反思如何变得更加有效来践行这一原则。

> **累积流图**:显示从待办事项列表到不同的开发阶段,直到完成的工作流程图。
>
> **交付时间**:完成整个开发过程所需的时间。
>
> **周期时间**:完成部分开发过程所需的时间。

累积流图有助于将工作流程可视化。它显示正在进行的工作、任务从请求到部署的整个流程所需要的时间(称为交付时间),以及工作在流程的某个部分(如开发或测试)所花费的时间(称为周期时间)。

图20-4显示了建立葡萄酒俱乐部网站的累积流图。横轴表示时间,纵轴表示故事点。

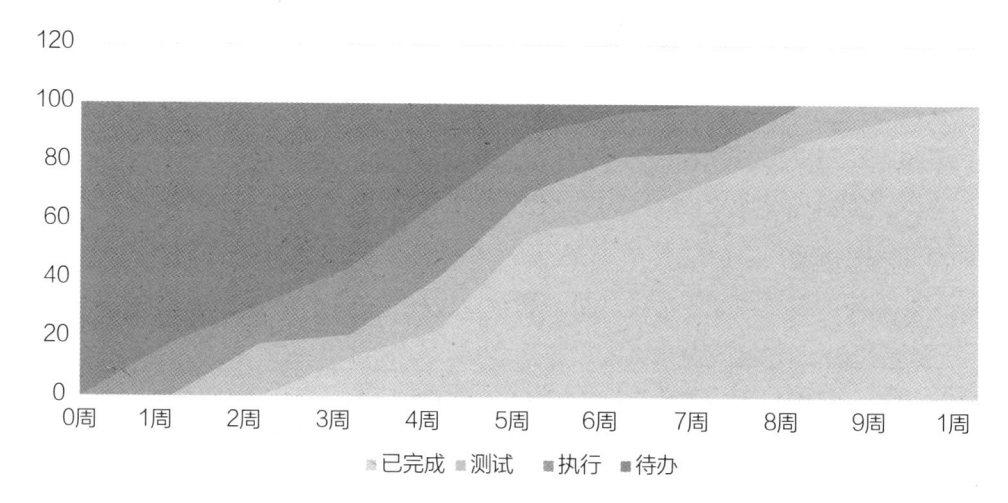

图20-4 建立葡萄酒俱乐部网站的累积流图

你可以看到，等待开始的工作表示为"待办"。有些工作在"执行"部分，有些在"测试"部分，还有一些"已完成"。为了保持工作的顺利进行，你希望在"执行"和"测试"部分的工作保持一致。你可以看到，在第3周的测试过程中出现了一些瓶颈。这是由于正在开始的工作比正在测试的工作更多。图20-5与图20-4相同，但带有注释，以说明如何解读该图。

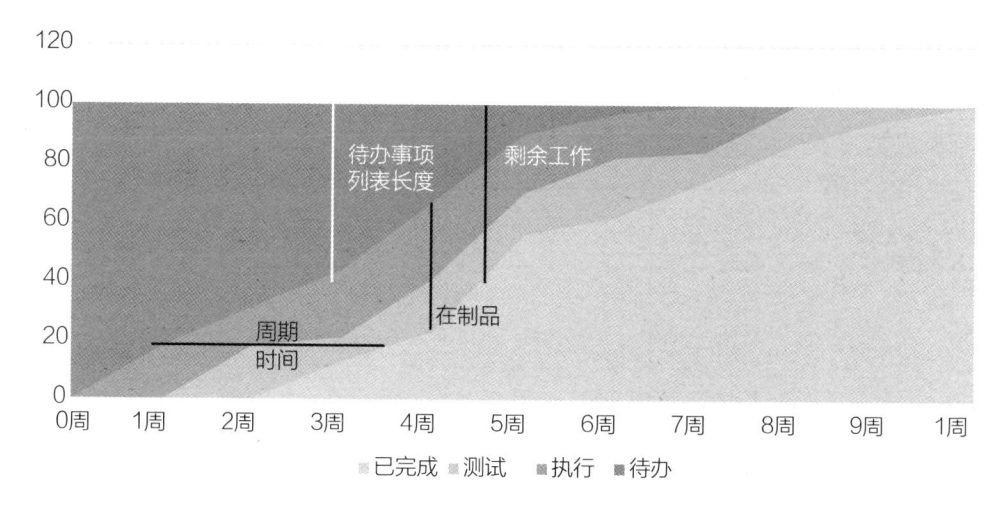

图20-5 建立葡萄酒俱乐部网站的累积流图

注意事项：

1. 待办事项列表的长度随着时间的推移而缩短。

2. 在任何给定的时间点上，在制品（Work In Process，WIP）数量都等于正处于执行和测试中的故事点之和。

3. 周期时间是指工作在执行和测试过程中所花费的时间。在本例中，平均周期时间略长于两周。

4. 剩下的工作由处于待办、执行和测试过程中的工作组成。

5. 完成的工作量随着时间的推移而增加。

正如你所看到的，图20-5中包含了大量信息。

创建累积流图

累积流图很有用，但创建起来有点棘手。我将向你展示我是如何为Dionysus酒庄葡萄酒俱乐部网站创建累积流图的。

首先从任务板上获取图表所需的数据。这个例子假设你正在使用故事点作为估算单位，当然你也可以使用持续时间进行估算。图20-6展示了20个用户故事的故事点，它们组成了创建葡萄酒俱乐部会员网站所需的工作。

待办	执行	测试	已完成
3	13		
5	2		
8	8		
2	5		
2	3		
5	5		
13	5		
8	13		

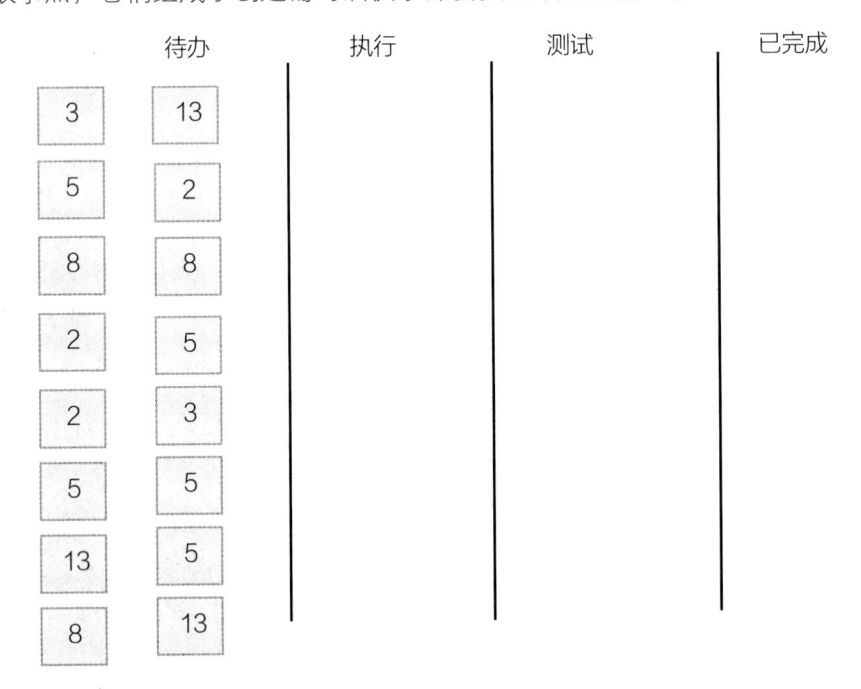

图20-6　初始任务板

这表明创建网站需要完成100个故事点的工作量。要创建累积流图，先要创建一个表格来输入数据。

1. 首先，创建5个数据列。第一列表示时间。输入你所使用的时间间隔。对于本例，我们假设每次迭代为一周。确保从第0周或第0次迭代开始。这允许你显示总的故事点数。同时确保输入单词（第0周，冲刺0等），这样Excel就不会认为这些是需要跟踪的数字。

2. 接下来的列是反映任务板的列，在本示例中为"待办""执行""测试""已完成"。

3. 在第0周"待办"下输入需要完成的总工作量。此时，表格看起来应该类似于表20-3。

表 20-3　初始累积流图表

时间	待办	执行	测试	已完成
第 0 周	100			
第 1 周				
第 2 周				
第 3 周				
第 4 周				

4. 在整个项目中，你将跟踪产品待办事项列表中从"待办"到"执行"的工作，然后是"测试"，最后是"已完成"。表20-4显示了第4周任务板的数据，图20-7显示了第4周任务板的样子。

表 20-4　第四周的累积流图表

时间	待办	执行	测试	已完成
第 0 周	100	0	0	0
第 1 周	82	18	0	0
第 2 周	69	13	18	0
第 3 周	46	23	13	18
第 4 周	33	26	18	23

待办	执行	测试	已完成
3	13	2	5
5	13	8	13
8		5	5
2		3	
2			
5			
8			

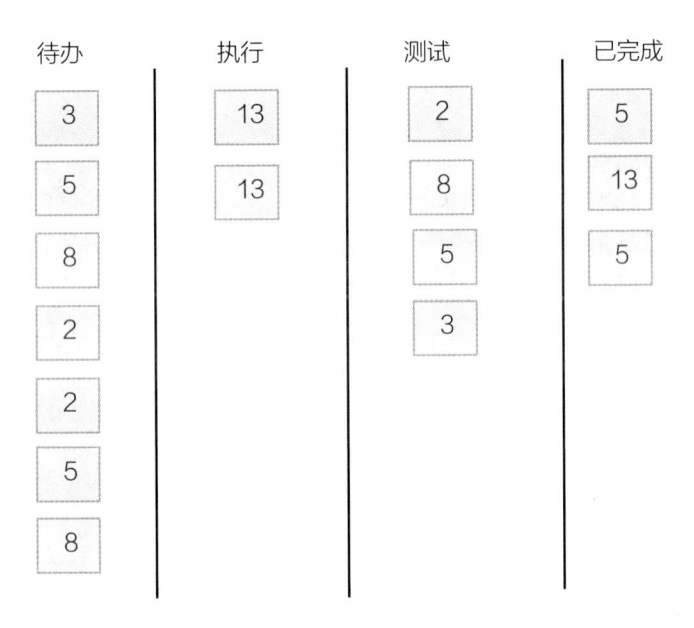

图20-7　第4周时的任务板

5. 创建图表，选择所有行数据。然后转到"插入"菜单，选择"堆积面积"图。在Excel中，你可以在"折线"图表组下找到它。图最初的形状如图20-8所示。这不是特别有用。

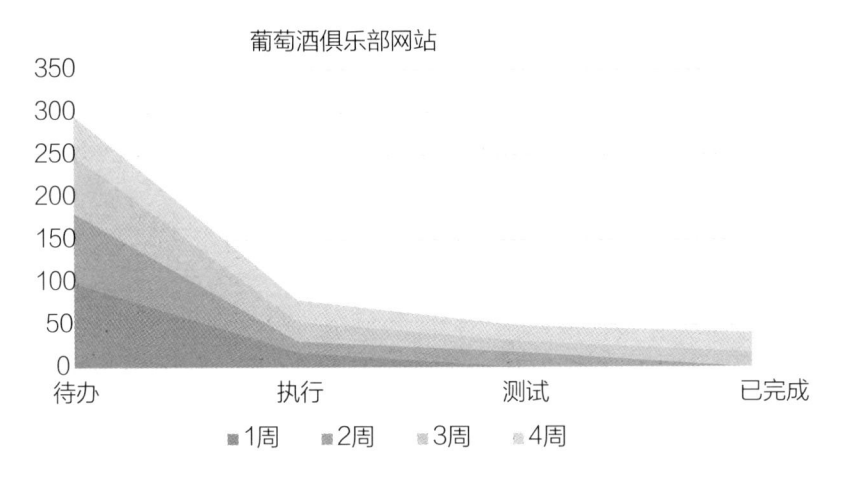

图20-8　第4周时的初始葡萄酒俱乐部网站累积流图

6. 要格式化图以提供有用的信息，请在图上右键单击并选择"选择数据"。当你这样做时，会出现一个"选择数据源"对话框。首先，切换行和列。这将使周数转移到图的底部。

7. 接下来，反转数据的顺序。你可以通过选择图例条目，然后单击向上或向下箭头来重新排列数据。现在"待办"的类别在顶部，然后向下依次是"执行""测试""已完成"。一旦你这样做了，得到的图应该如图20-9所示。

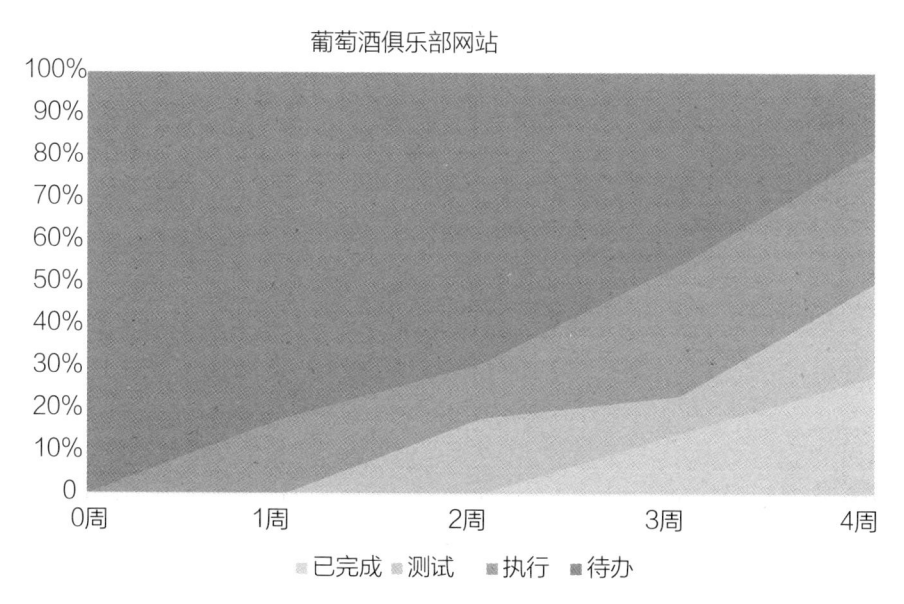

图20-9　第4周时的更新后的葡萄酒俱乐部网站累积流图

这个累积流图可以更好地描述团队的工作流程。

干系人指标

许多项目指标处理的是容易量化的信息，如进度偏差和成本偏差。但是有一些非常重要的指标与你的团队和干系人有关。我们将介绍其中的两个指标，净推荐值[®]和情绪图。

净推荐值[®]

净推荐值[®]衡量客户满意度，但更重要的是，它衡量客户推荐其他人使用你产品的可能性。许多混合项目都包含数字组件。

> **净推荐值[®]**：衡量干系人的忠诚度和满意度的指标。

有时这些组件是为内部客户提供的，有时是为消费者提供的。净推荐值[®]是通过询问干系人一个简单的问题来确定的，"用1～10分打分，你向其他人推荐这个（产品/服务/公司）的可能性有多大？"回答通常分为3类。

推荐者：这些人给出了9～10分。这表明一个热情的支持者会与他人分享他们的积极经验。

中立者：这些人对产品或服务的评分为7～8分，这表明他们是满意的客户，但不一定是热情的客户。如果有更好的选择，这些客户可能会选择其他竞争对手。

贬损者：1～6分表示客户不满意。这些人可能会传播关于他们经历的负面看法。

为了获得净推荐值®，你需要确定推荐者和贬损者的百分比，然后用推荐者的百分比减去贬损者的百分比。理论上，如果每个被调查的对象都是推荐者，则净推荐值®的范围将会是100%，如果每个被调查的对象都是贬损者，则范围为-100%。显然，得分越高，效果越好。定期跟踪这一测量结果是非常有用的，可以了解你的产品或服务是在改善还是在恶化。

情绪图

你的团队是你最宝贵的资源，所以你要确保他们是快乐的，或者至少是满意的。评估团队态度的一种方法是使用情绪图。情绪图可以让人们向你展示他们的感受，它是一种低技术但很有趣的工具。大多数人使用表情符号来绘制情绪图，但你也可以使用颜色或数字。

> **情绪图**：团队成员情绪或态度的可视化表示。

你只需要让你的团队成员画一个反映他们心情的表情符号。你可以要求他们在每天、每周或任何你认为重要的时候填写，以了解团队的态度。图20-10展示了一个使用表情符号的情绪图。

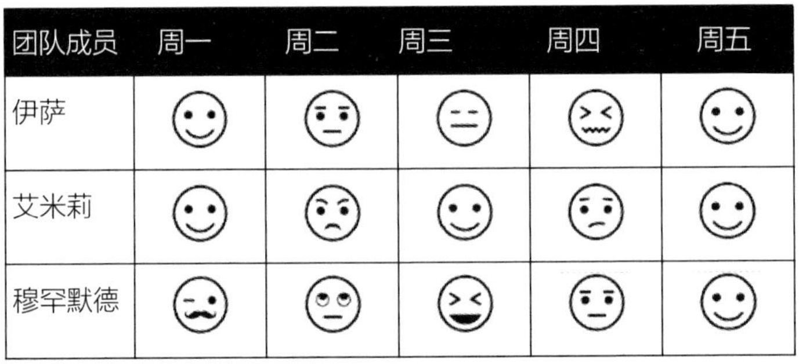

团队成员	周一	周二	周三	周四	周五
伊萨	☺	😐	😑	😖	☺
艾米莉	☺	🙁	☺	🙁	☺
穆罕默德	😣	😍	😆	😐	☺

图20-10　情绪图

另一种评估团队态度的方法是发送一份快速调查，要求他们使用1～5分来表示他们对以下陈述的认同程度：

- 我感到被赏识；
- 我认为我的工作很重要；
- 我喜欢和我的团队一起工作。

关于团队成员和客户满意度的信息收集通常通过问卷、调查、访谈和对话来完成。虽然这种类型的数据比成本偏差和进度偏差更主观，但它为评估团队的工作情况提供了很好的信息基础。

总结

在本章中，我们介绍了4个用来跟踪适应型工作进展的图。我们研究了燃尽图和燃起图，它们将目标工作与实际工作进行了比较。我们使用随时间变化的条形图来估算团队的速度。我们还探讨了累积流图，通过任务板上的类别来查看工作流程。我们可以用它来识别瓶颈、交付时间和周期时间。本章最后介绍了两个衡量干系人的指标：净推荐值®和情绪图。

关键术语

Burndown Chart 燃尽图
Burnup Chart 燃起图
Cumulative Flow Diagram 累积流图
Cycle Time 周期时间
Lead Time 提前期
Mood Chart 情绪图
Net Promoter Score® 净推荐值®
Velocity 速度

第21章
混合项目的报告

在前两章中，我们研究了预测型可交付物和适应型可交付物的测量方法与指标。一旦有了这些信息，你需要以一种便于干系人容易理解的格式来显示它。拥有易于理解的报告可以帮助你确定适当的下一步行动。例如，你是否需要采取纠正措施？你是否需要干预以保持项目正常进行？还是一切都很好？

在本章中，我们将学习如何进行报告。我们首先介绍3种叙述性报告，然后讨论可视化报告。可视化报告包括项目仪表板和信息发射源。然后，我们将讨论创建混合仪表板的一些技巧。

报告

报告的目的在于提供信息，以便你采取适当的行动。你可以使用许多不同类型的报告；我们将它们分为3组：叙述性报告、仪表板和大型的可视化图表。叙述性报告是基于文本的，而仪表板和大型的可视化图表提供对信息的可视化展示。可视化展示以易于理解和记忆的格式提供信息概要。我们将从基于叙述的报告开始，然后讨论基于视觉的报告。

叙述性报告

叙述性报告提供了对项目状态的描述。它们通常描述自上一个报告周期以来所取得的进展。如果你想提供关于项目状态的解释、背景和详细信息，叙述性进度报告是有用的。如果可能的话，它们不应该超过一页纸。常见的叙述性报告包括状态报告、偏差报告和挣值分析报告。

状态报告

状态报告描述了自上一个报告周期以来发生了什么，任何偏差，以及解决偏差的必要措施。他们还可能识别自上次报告以来的新风险或问题。表21-1描述了状态报告中常见的内容。这种类型的报告有助于提供关于项目的总体概述。

表 21-1　状态报告

范围信息	
报告期内的成果	报告期内完成的所有工作和成果
范围变更	报告期内范围的增加、删除或更改
质量信息	报告期内遇到的缺陷或质量问题
进度信息	
已计划但未完成的成果	报告期内已计划但尚未完成的所有工作和成果
偏差的根本原因	报告期内未能按期完成工作导致偏差的原因
对即将到来的里程碑或项目完工日期造成的影响	未能按期完成工作对里程碑或项目进度的影响；处于关键路径上的落后的工作
计划的纠正或预防措施	为弥补进度偏差或防止未来进度偏差所需要采取的措施
成本信息	
报告期内使用的资金	报告期内所使用资金的文件记录
偏差的根本原因	超出或低于计划的成本偏差的原因；包括关于劳动力偏差和材料偏差的信息，并描述偏差是否由估算或估算假设的基础所导致
对整体预算或应急储备造成的影响	对项目预算的影响，以及是否必须使用应急储备
计划的纠正或预防措施	为弥补成本偏差或防止未来的成本偏差所需要采取的措施
预测	
下一个报告期的成果	定于下一阶段的工作和成果
下一个报告期的成本	下一阶段的资金计划
风险和问题	
识别的新风险	本期识别的新风险
问题	本期出现的新问题
说明	与本报告相关的注释

偏差报告

偏差报告确定进度、成本和质量的计划结果和实际结果。它还描述了根本原因和计划的应对措施。它类似于状态报告，但重点是识别和应对偏差。典型的偏差报告包含以下信息：

进度偏差

- 计划结果;
- 实际结果;
- 偏差;
- 根本原因;
- 应对计划。

成本偏差

- 计划结果;
- 实际结果;
- 偏差;
- 根本原因;
- 应对计划。

质量偏差

- 计划结果;
- 实际结果;
- 偏差;
- 根本原因;
- 应对计划。

挣值分析报告

如果你正在使用如第19章所述的挣值管理（Earned Value Manugement，EVM），你可以使用挣值分析报告。这种类型的报告着眼于当前时期的指标和累积结果。它通常将当前的累积结果与过去报告期内的累积结果进行比较，以便读者可以查看趋势是在改善还是在恶化。表21-2给出了一个挣值分析报告示例。

表 21-2 挣值分析报告

完工预算（BAC）		整体状况：	
	本期	本期累积	往期累积
计划价值（PV）			
挣值（EV）			
实际成本（AC）			
进度偏差（SV）			

续表

完工预算（BAC）	本期	整体状况：本期累积	往期累积
成本偏差（CV）			
进度绩效指数（SPI）			
成本绩效指数（CPI）			
进度偏差的根本原因			
进度影响			
成本偏差的根本原因			
预算影响			
计划百分比			
挣得百分比			
支出百分比			
完工估算（EAC）			
EACw/CPI（BAC/CPI）			
EACw/CPI×SPI[AC+（BAC-EV）/（CPI×SPI）]			
所选择的EAC、判断和期望值			

计划百分比、挣得百分比和支出百分比将与当前PV、EV和AC与BAC进行比较。例如，如果你的BAC为100万美元，PV为45万美元，EV为42万美元，AC为46万美元，你会看到这些结果：

计划百分比：45%

挣得百分比：42%

支出百分比：46%

这表明你已经花费了预算的46%来完成42%的工作。这种状态不太好。它还表明你应该完成项目的45%，但你只完成了42%。

进度报告的好处是它们提供了关于项目进度的良好信息，并且允许你解释偏差和计划的行动以纠正绩效。缺点是它们不是很有吸引力，而且需要花费一些时间来阅读。

可视化报告

可视化报告的特点是"一图胜万言",用寥寥数语传递大量信息。它们为人们提供了一种快速而简单的方法来掌握项目信息。仪表板以电子格式提供了各种图形,信息发射源提供了一种低技术/高触感的方式来查看团队的工作状态。

仪表板

项目仪表板提供了关键绩效指标的概览视图,如进度、预算和资源状态。仪表板的用途是在单个屏幕上显示关键信息。仪表板应该清晰地提供信息,并且很少有干扰。用户应该能够快速审查和吸收仪表板上的信息。图21-1展示了你可能在仪表板上看到的一些图表的通用示例。图21-2展示了一个聚焦于进度绩效的仪表板。

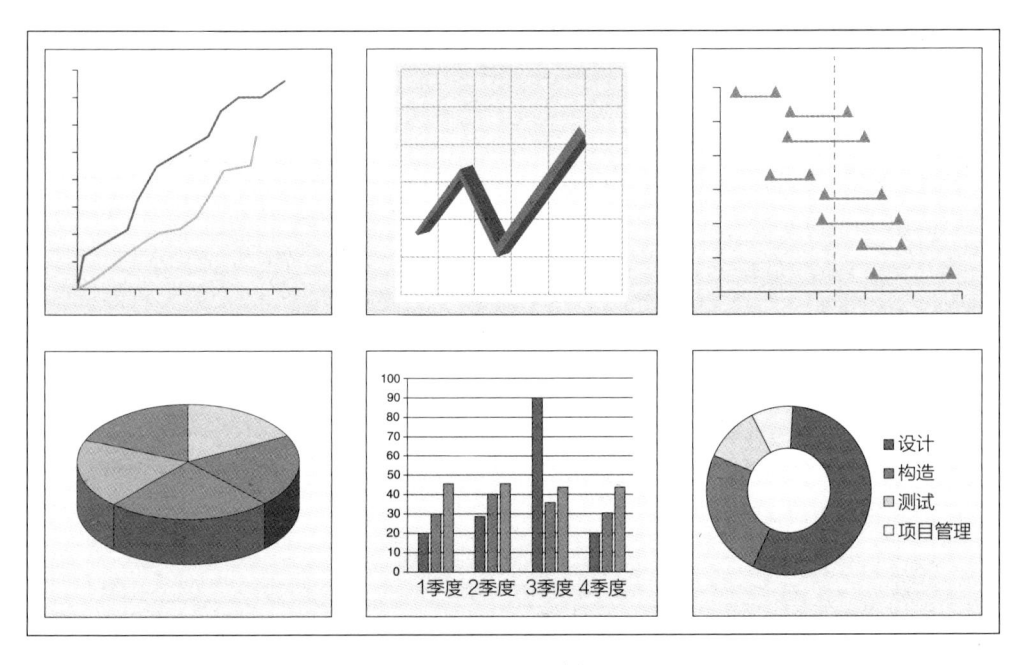

图21-1 仪表板

创建仪表板本身就是一门学科。它们通常使用电子表格或数据库来收集数据,并使用图形用户界面来显示数据。有专门的软件可以将数据转换为仪表板,如Tableau或Power BI。我们将讨论可以在仪表板上显示的信息类型,而不是描述如何构建仪表板。

项目概况

2023/1/2 周一　　2024/1/12 周五

完成百分比
67%

到期里程碑
即将到来的里程碑

名称	完成
施工完成	2023/11/3 周五
场地完成	2023/9/22 周五
系统就绪检查	2023/11/17 周五

完成百分比
所有顶层任务的状态。要查看子任务的状态，请单击图表并在字段列表中更新大纲级别

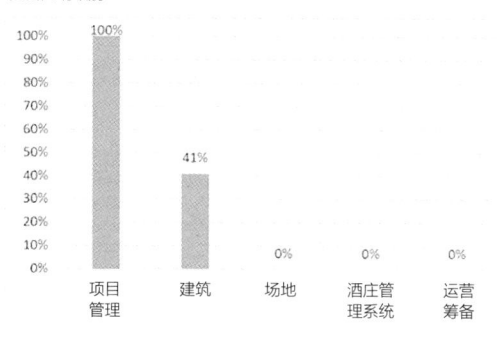

- 项目管理 100%
- 建筑 41%
- 场地 0%
- 酒庄管理系统 0%
- 运营筹备 0%

后期任务
运营筹备

名称	开始	完成	持续时间	完成 %	资源名称
结构	2023/5/22 周一	2023/6/16 周五	1个月	75%	
技术工作	2023/6/19 周一	2023/7/7 周五	3周	0%	
结构	2023/6/19 周一	2023/7/14 周五	1个月	0%	
启动	2023/6/12 周一	2023/6/23 周五	2周	0%	
发布1	2023/6/26 周一	2023/8/4 周五	6周	0%	

图21-2　进度绩效仪表板

创建仪表板的注意事项

在收集所有可能的信息并放到仪表板上之前，请记住以下4条指导原则：

1. **用户需求**：了解用户的需求是什么。指导委员会和团队领导者可能需要不同的仪表板。

2. **正确的指标**：专注于获得正确的指标——并非所有信息都对仪表板有用。

3. **准确的信息**：确保你拥有高质量、准确的信息。如果信息不是最新的和准确的，一个空有漂亮图形的仪表板是毫无用处的。

4. **少即多**：仪表板的目的是为项目状态提供一个一目了然的参考。如果你有太多的信息，或者展示杂乱无章，人们将无法吸收信息，这就违背了仪表板的初衷。

图表类型

你可以将许多不同的视觉图像应用于仪表板。我们将在接下来的几页中回顾其中的几个。

红绿灯图

红绿灯图如图21-3所示，分别使用红色、黄色、绿色表示状态。这些图有时也被称为RAG图，分别代表红色、黄色/琥珀色和绿色。

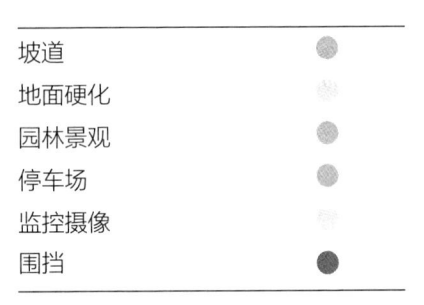

坡道	●
地面硬化	●
园林景观	●
停车场	●
监控摄像	●
围挡	●

图21-3　红绿灯图

红色：红色通常意味着存在影响范围、质量、进度、成本或其他目标的问题。这可能是风险已经发生所导致的结果，也可能是新问题的涌现而出现的结果。红色表示可能需要发起人或客户介入。

黄色/琥珀色：表示存在潜在问题。对于黄色状态，项目经理正在寻找根本原因并确定预防措施，以使绩效不会恶化到红色状态。

绿色：绿色表示一切按计划进行。

这些图提供了展示各种组件状态的简易顶层视图。它们还能表明绩效是否接近阈值。

折线图

折线图显示了随时间而发生的变化。它们可以提醒你绩效趋势。图21-4显示了3个工作包的成本随时间变化的折线图。

燃起图和燃尽图就是折线图的应用案例。第20章的图20-1和图20-2展示了燃起图和燃尽图。如图21-5所示，挣值管理也经常采用折线图。

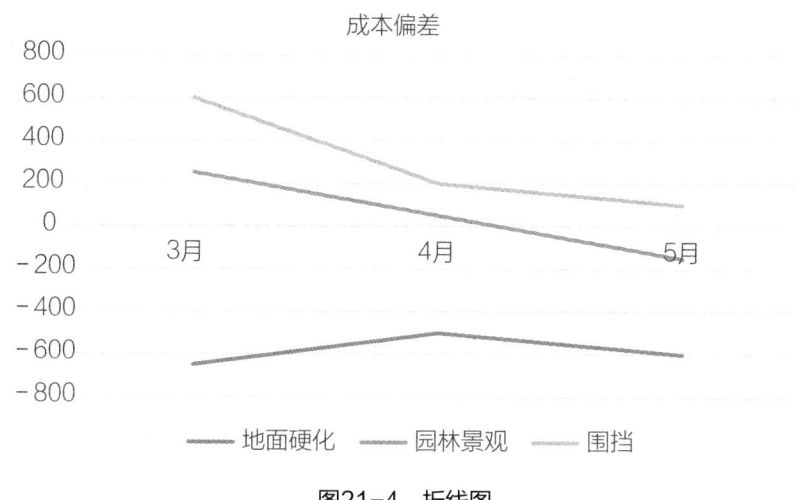

图21-4 折线图

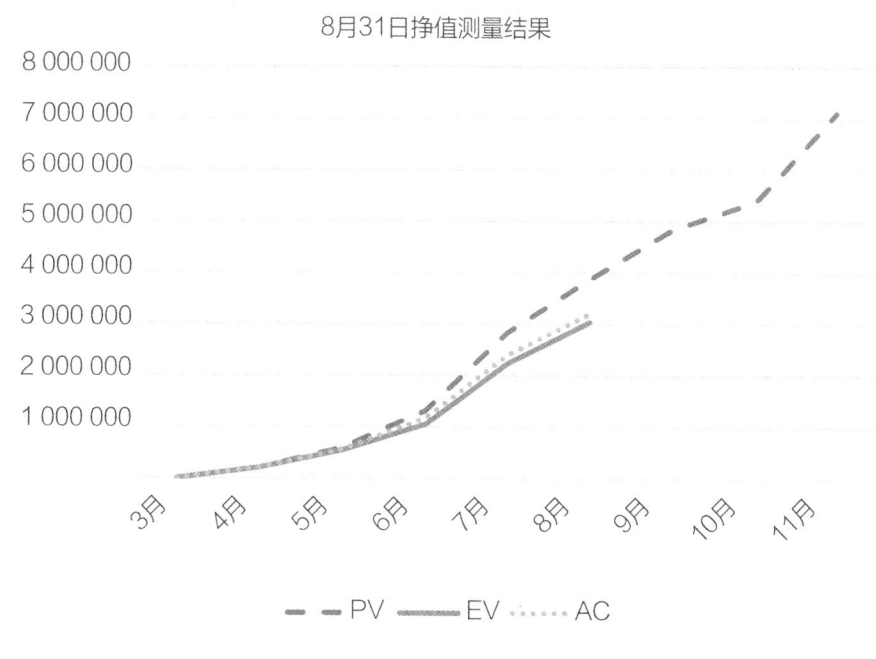

图21-5 挣值管理折线图

面积图

面积图类似于折线图，但面积有颜色或阴影。图20-9所示的累积流程图就属于面积图。它被称为百分比堆积面积图，因为不同的类别是堆叠在一起的，且图表显示的是百分比。如果使用常规的堆积面积图，它会使用数值而不是百分比，如图21-6所示。

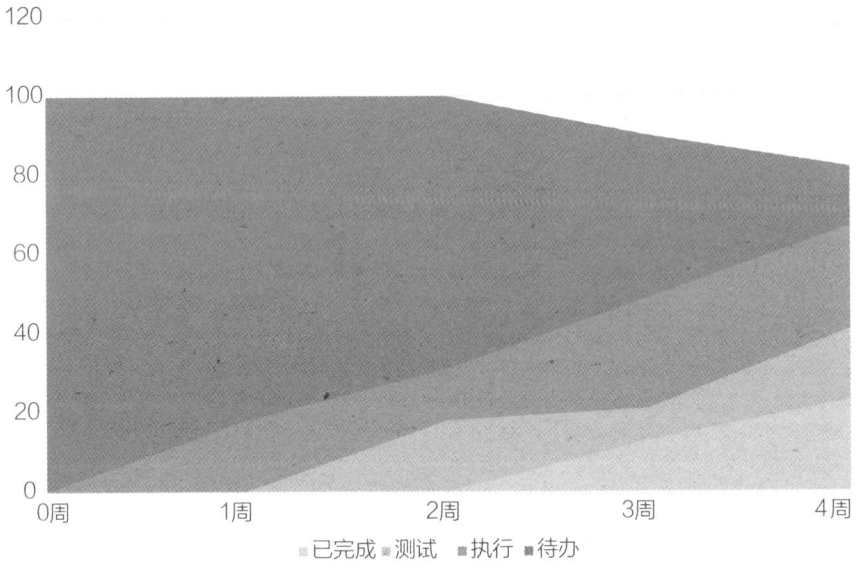

图21-6　堆积面积图

柱形图

柱形图显示一组或多组数据之间的关系。它们适用于分析数据类别的性能，显示为垂直或水平条。你可以创建簇状、堆积或百分比堆积的柱形图。图21-7、21-8和21-9显示了基于相同数据的不同柱形图。你可以看到基于酒庄进行的一项调查而进行的不同展示，以找出潜在的客户会喜欢什么类型的活动。这些图显示了对3个不同年龄段的50名潜在客户的调查结果。

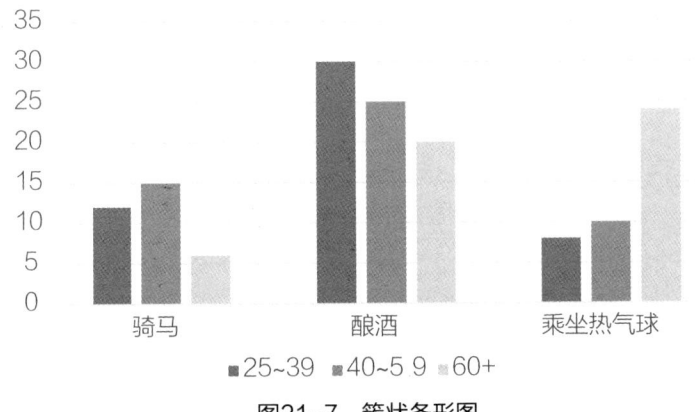

图21-7　簇状条形图

簇状条形图

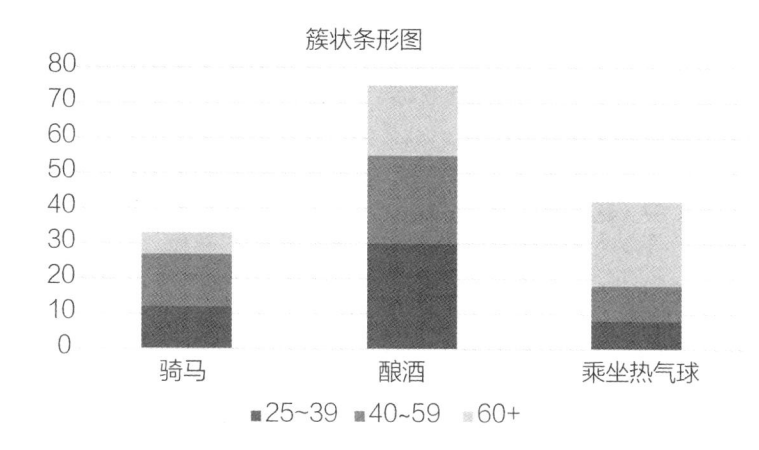

图21-8 堆积条形图

百分比堆积条形图

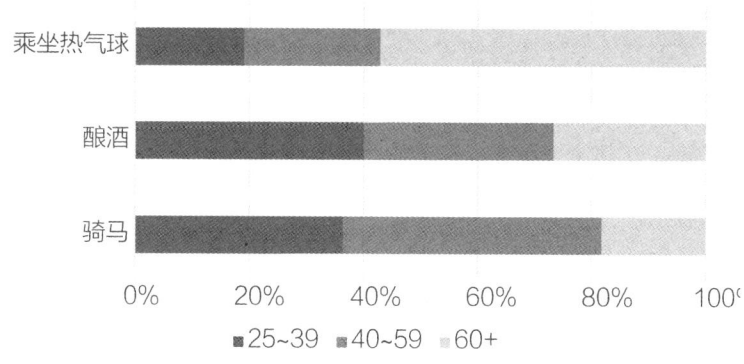

图21-9 百分比堆积条形图

尽管所有图都使用了相同的数据，但堆积条形图更清楚地展示了潜在客户群体对葡萄酒酿造活动的偏好。

仪表盘

仪表盘在相对尺度上评估数值；它们就像你的汽油表或速度计。它们显示的是一个时间点的结果，而不是一个趋势。你可以使用它们来指示风险程度、成本偏差、客户满意度、团队情绪和其他相对的数值。仪表盘外观如图21-10所示。

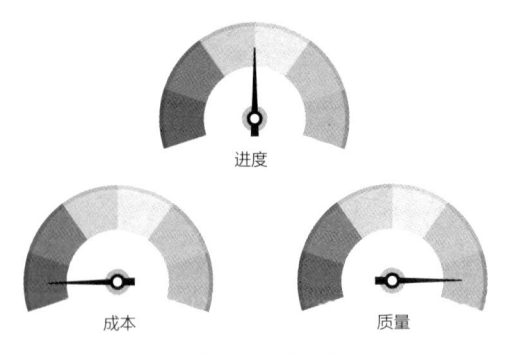

图21-10 仪表盘

散点图

散点图显示了两个变量之间的关系，如成本和客户满意度，或者风险概率和影响。图21-11显示了酒店房价和预期客户满意度之间的关系，这是基于对Dionysus酒庄潜在客户的调查而得出的。

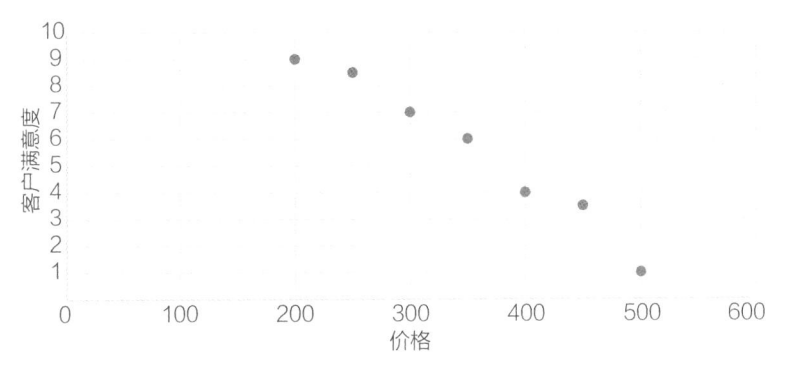

图21-11 价格散点图

这表明了负相关关系，即随着一个变量的增加，另一个变量减少。在这种情况下，随着酒店客房价格的上涨，客户满意度下降。你可以看到，这并不是一个精确的线性相关关系：当酒店客房价格从每晚250美元上涨到300美元时，满意度会出现大幅下滑。

气泡图

气泡图展示了3个变量。它们在 x 轴、y 轴上的位置以及可用于关联绩效信息的气泡的大小或颜色。图21-12所示的气泡图显示了挣值数据。x 轴为进度绩效指数（SPI），y 轴为成本绩效指数（CPI），气泡大小表示成本-进度绩效指数CSI。CSI的计算方法是CPI×SPI。

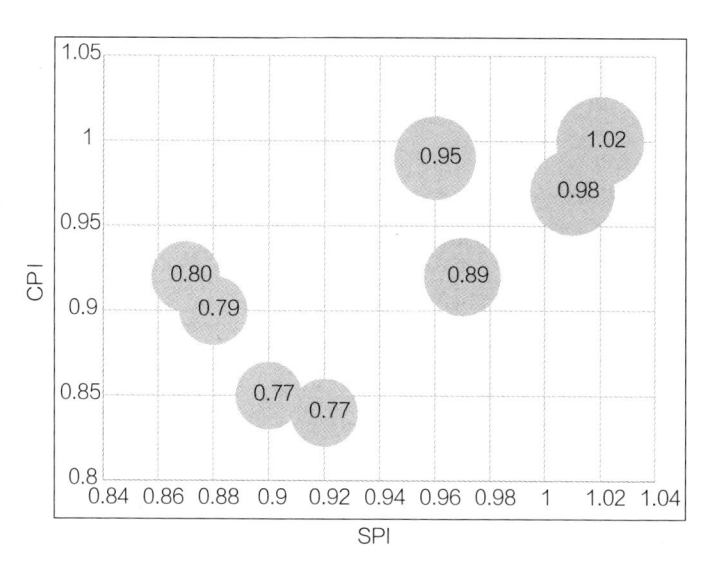

图21-12　气泡图

请记住，对于挣值，你的成本—进度绩效指数离1越远，绩效就越受关注。从图中可以看到，有两个工作包的CSI为0.77。这两个是你最需要注意的。相反，右上角的那些是最不需要关注的。

饼图

我们可能都很熟悉饼图。饼图显示了多个数据项的相对百分比。它们为变量的相对值提供了一个很好的可视化图像。然而，只有当元素少于6个时，它们才有用；否则，它们会变得过于拥挤，以至于很难区分细微的数值差异。图21-13显示了一个饼状图，它确定了建筑工作包的成本偏差。

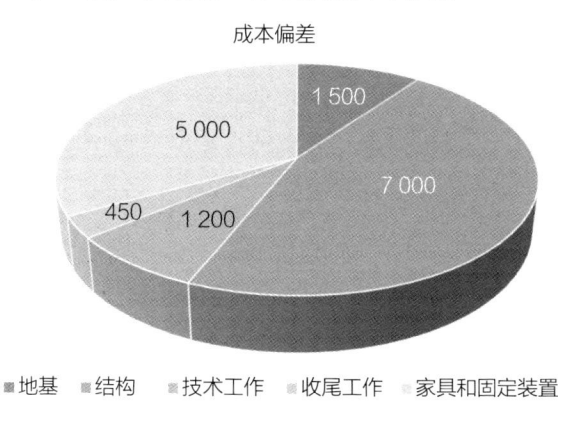

图21-13　饼图

趋势图标

趋势图标表示测量结果是朝着目标移动、保持不变还是远离目标。你可以将它们与其他测量方法集成在一起，如仪表盘或折线图。趋势图标可以采用向上或向下的拇指符号，也可以采用向上、向下、横向或斜向的箭头。

雷达图

雷达图也被称为蜘蛛图或星图，用于将多个选项或变量与多个特征进行比较。在第2章中，我们通过比较15个不同的变量，使用雷达图来评估用于3个不同项目的最佳开发方法。图21-14显示了与第2章相同的图。

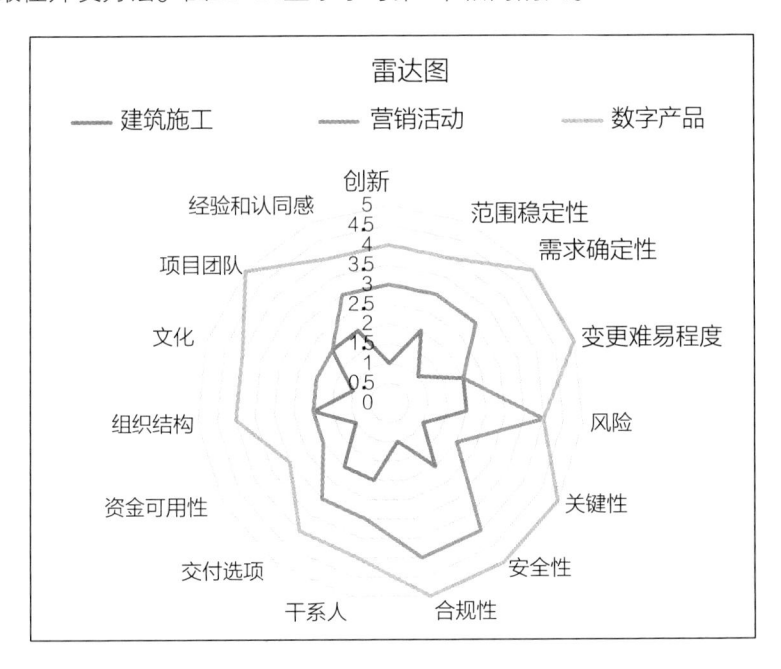

图21-14　雷达图

面对如此多的选项，可能很难知道哪种类型的图最适合显示你想要传递的信息。为了帮助解决这个问题，表21-3展示了不同类型的图及它们的最佳用途。

表21-3　不同类型的图及其最佳用途

不同类型的图	最佳用途
红绿灯图	红绿灯图提供了状态的顶层视图，并表明绩效是否接近阈值
折线图	折线图显示随时间的变化和趋势
面积图	面积图类似于折线图，但它们使用颜色或阴影来传递信息

续表

不同类型的图	最佳用途
柱形图	柱形图显示一组或多组数据之间的关系
仪表盘	仪表盘以相对的尺度评估价值
散点图/气泡图	散点图显示两个变量之间的关系。气泡图表使用气泡的大小或颜色添加第三个变量
饼图	饼图显示了多个数据项的相对百分比；当有 6 个或更少的数据项时使用
趋势图标	趋势图标表示测量结果是朝着目标移动、保持不变还是远离目标
雷达图	雷达图将多个数据与多个特征进行比较

信息发射源

许多敏捷项目使用信息发射源来传递状态信息。信息发射源是放置在可见位置的电子显示屏或手绘图表，因此任何人都可以很容易地看到项目的当前状态。当信息是手写的或绘制的时，它可以被称为"大型可视化图表"。

> **信息发射源**：公开显示的信息集合，以便团队成员和其他干系人可以看到项目的状态。

我们在前面的章节中讨论了不同的信息发射源。下面的列表总结了这些信息。

- 燃尽图（见图20-1）：通过显示所有工作的目标完成率来估算剩余的工作。团队根据目标完成率跟踪实际完成的工作。这表明工作是否提前或落后于目标完成率。
- 燃起图（见图20-2）：显示已完成的工作，并将其与目标完成率进行比较。
- 任务板（见图20-7）：显示任务从待办到完成的状态。如果一列中有太多任务，还可以识别流程中的瓶颈。
- 情绪图（见图20-10）：使用表情符号来表示团队成员的情绪或态度。
- 回顾图（见图11-1和11-2）：用于改进团队流程和产出对回顾会议的成果进行分类，并提供团队反馈的可见性，包括对正在进行的工作、要尝试的新想法等。

图21-15显示了包含上述几个图的敏捷信息发射源示例。

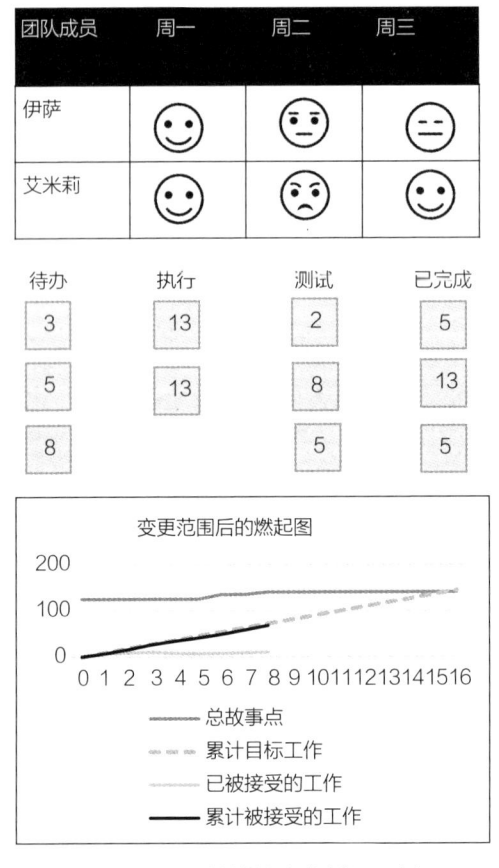

团队成员	周一	周二	周三
伊萨	☺	😐	😑
艾米莉	☺	☹	☺

待办	执行	测试	已完成
3	13	2	5
5	13	8	13
8		5	5

变更范围后的燃起图

总故事点
累计目标工作
已被接受的工作
累计被接受的工作

图21-15 敏捷信息发射源示例

混合仪表板

对于混合项目，你需要将所有的预测型绩效信息和所有的敏捷信息以电子格式呈现。为了确定内容，你应该与干系人会面，以确定对他们来说最为重要的信息。你还可以了解他们是否希望将报告推送给他们，或者他们是否希望能够随时登录到门户网站以查看最新信息。一些仪表板能够在超过指定的阈值时发出警报，如当红绿灯图上的偏差提示从黄色变为红色时。

你还应该确定仪表板中信息的更新频率。你需要权衡频繁更新的好处和保持所有内容更新所需的工作量。每天更新一些信息可能很容易，如任务板或燃烧图。其他信息则取决于企业信息，如预算支出或承包商所完成的工作。挣值信息通常每月更新一次，但是对于大型项目，由于所涉及的巨大成本，可能会更新得更加频繁。

强大的仪表板系统允许你深入指标背后的细节，以便你可以发现哪些任务导致了进度延迟，或者哪些人工或材料导致了成本偏差。

提示

要创建有用的仪表板，需要记住一些技巧。首先是保持简单和干净。仪表板的美妙之处在于它以易于理解的格式提供大量信息。但是，如果太杂乱，就不容易被掌握。仅为仪表板挑选最相关的信息。这并不意味着你不能获得仪表板之外的绩效数据和信息，这只是意味着不要将所有内容都放在仪表板上。

另一个需要考虑的技巧是展示。虽然数据本身是最重要的，但它的呈现方式也很重要。确保你的颜色讲述了你想要的故事（不要用红色来表示良好的绩效），并且它们是互补的。你不希望你的仪表板看起来很不和谐。考虑图的大小——确保它们是可读的，不同的图的大小保持一致，并且保持图例的位置、标题和字体风格统一。

收益

创建报告仪表板需要投入时间和精力，但好处很多。其中最主要的是，它们以易于理解的方式直观地展示大量信息。图表提供了项目状态的概览。这可以让你轻松地发现潜在的问题和负面趋势，从而做出及时、明智的决定。

尽管有这么多好处，但它们也有一些局限性。仪表板不会告诉你导致偏差或负面趋势的原因，也不会提供背景信息。你需要从叙述性报告中寻找这类信息。

总结

在本章中，我们描述了叙述性报告和可视化报告。叙述性报告包括状态报告、偏差报告和挣值分析报告。可视化报告包括仪表板和信息发射源。仪表板提供了关键绩效指标的概览视图，使用多个图表来显示范围、质量、进度、成本和其他指标的绩效。信息发射源用于敏捷交付，确保团队成员和其他干系人可以看到项目的状态。混合仪表板可以包括预测型信息和适应型信息。

关键术语

Information Radiator 信息发射源

第22章
纠正措施和收尾

在整个项目中,你会发现自己需要对潜在的和现实的问题进行响应。有些问题会通过报告浮出水面,有些将是风险事件发生的结果,有些将作为问题记录在问题日志中,还有一些问题似乎是凭空出现的。为了有效地处理这些问题,你需要采取预防措施,使绩效保持在正轨上,并采取纠正措施,使绩效与预期保持一致。

在本章中,我们将确定应用预防和纠正措施的过程。我们将描述一些导致偏差产生的原因以及潜在的响应。我们还将确定何时更新基准是合适的。因为天下没有不散的筵席,所以我们将在结束时讨论项目的移交,以及收尾报告的重要性。

预防和纠正措施

根据在报告中发现的信息,你需要确定要采取的最佳行动。你可以遵循以下四步流程来识别和实施纠正措施。

1. **分析问题**:这包括进行根本原因分析,以确定偏差或其他绩效问题的来源。这也包括识别质量缺陷、进度延迟或预算超支的来源。

2. **比较潜在的响应**:你可能会发现纠正偏差的多种方案。在寻找潜在的解决方案时,请记住,并非所有的偏差都需要解决。有些偏差处在可接受的绩效阈值范围内,而有些偏差你将无法对其做任何事情。在采取行动之前,问问自己,如果这种偏差持续下去,会成为问题吗?如果不会成为问题,记录偏差,然后继续。

3. **选择最佳响应**:一旦确定了最佳响应,你可能需要获得授权和承诺来实现它。一些应对措施包括动用储备基金、引入额外资源或寻求外部帮助。这些通常需要发起人或其他干系人的支持。在采取行动之前,确保你们已经达成共识。

4. **执行和审查**:执行响应,然后检查响应是否有效地解决了问题。如果你的响应没有解决问题,你可能需要采取其他措施。

绩效问题的潜在原因和应对措施

通常造成绩效偏差的原因不止一个；例如，一个任务的进度延迟可能会给未来的任务带来麻烦，因为这个任务的延迟，导致原本用于未来任务的资源无法被调用。在尝试寻找具有正确技能的可用资源时，可能会进一步加剧进度延迟。在短时间内找到资源可能会导致更高的费率。因此，你可以看到绩效问题可能有多种来源。

在下一节中，我们将讨论范围、进度和预算问题的可能原因和潜在响应。

范围和质量

范围问题可能是由于定义模糊的需求、不断变更的需求、已发生的风险或其他原因造成的。要解决范围和质量问题，请考虑以下选项：

1. 明确定义验收和完成标准。如果可交付物的验收和完成标准不明确，也没有达成一致，那么对于什么是"已完成"就可能存在不同的意见。

2. 采用第6章中所描述的确认和验证活动。在整个过程中验证绩效并通过客户的验收，可以降低交付不符合预期的最终产品的可能性。

3. 跟踪所有缺陷并确定根本原因。维护缺陷日志，这样你就可以及早识别缺陷并快速修复它们。

4. 重新排列待办事项的优先级。对于敏捷开发，你可以重新调整范围的优先级，这样你就可以继续交付价值。这可能为解决问题争取时间。你也可以使用类似于MoSCoW这样的方法来调整需求的优先级，其中：

M（Must have）= 必须有

S（Should have）= 应该有

C（Could have）= 可能有

W（Wort have）= 不会有

5. 考虑调整范围。如果你有一个导致问题的组件或可交付物，而且它对项目并不重要，那么可以考虑删除它。

进度

进度问题可能是范围问题的结果。它们也可能因为不切实际的期望或糟糕的估算而发生。缺乏熟练资源也是进度延误的一个原因。要解决进度问题，请考虑以下选项：

1. 对关键路径上的活动进行赶工。在第8章中，我们将赶工描述为通过添加资源（如人员或金钱）来压缩进度。这需要对成本和进度进行权衡，如引入额外的资源、支付加班费或赶工。

2. 快速跟进活动，通过并行执行原本按顺序执行的工作来压缩进度。这包括交叠进行一些活动、在活动之间插入提前量或更改依赖项类型。你可以回顾第8章中关于快速跟进的信息。

3. 对范围的优先级进行重新排序，或者缩减范围。

预算

预算问题可能是范围问题或遗漏需求的结果。计划延迟或对进度进行赶工也会导致成本偏差。无论是数量上还是价格上的重大偏差都可能导致预算超支。团队成员加班、工作时间超出预期或人工费率较高也会导致预算偏差。不切实际的期望或糟糕的估算是预算问题的另一个原因。为了解决预算偏差，考虑以下选项：

1. 重新评估材料：看看是否有方法可以使用更少的材料或更便宜的材料。

2. 重新评估团队成员：决定你是否可以使用更少的人或支出更低的时薪。如果你为一个高技能资源支付费用，但其实并不需要这个水平的技能，你可能会以更低的成本完成工作。

3. 分析支出：看看你是否支付了加班费用，或者是否有你没有批准的其他费用。

4. 如上面的"范围和质量"部分所述，重新确定范围的优先级或者缩减范围。

更新基准

有时你无法纠正偏差。在这种情况下，你需要更新基准。更新基准涉及更改一个或多个基准（范围、进度或成本）。当意图更新基准来掩盖偏差，或者偏差对项目所造成的影响并不严重时，更新基准是不合适的。在这些情况下，适合将偏差显示为项目绩效的一部分。然而，当面临下列这些情况时，更新基准则是恰当的。

1. 范围或需求变更。

2. 资源的重大变更。

3. 进度缩短或延长。

4. 预算减少或增加。

5. 当进度偏差或成本偏差如此之大，以至于继续对照它进行测量并不能真正提供有意义的信息时。

当你更新基准时，重要的是要保留以前基准的所有信息。你需要将它作为参考和记录。你应该注意从旧基准切换到新基准的日期，这样你就可以了解为什么一些测量结果突然从红色变为绿色。记录与以前基准相比发生了什么变化，以此作为历史参考，这也是一个好主意。

项目收尾

天下没有不散的筵席，混合项目也不例外。考虑到这一点，从项目一开始就规划好项目如何收尾是很重要的。项目收尾应解决以下问题：

- 移交最终产品或服务；
- 执行行政收尾工作；
- 认可你的团队；
- 评估成功；
- 提交收尾报告。

接下来我们将逐一讲解。

移交最终产品或服务

即使在规划项目时，你也应该考虑移交给客户或运营。继承和操作最终产品或成果的人可以提供关于如何构建或打包可交付物的输入，从而选择最为恰当的移交方式，以便于后续的维护和操作。

在移交最终的可交付物时，确保你已经为接收最终产品的人员提供了必要的培训和相关文档。在运营接手后最初的30天里，你可能需要做一些在职培训，或者让你的技术团队成员随时准备回答问题。

执行行政收尾工作

行政收尾是指确保项目的基础设施、行政和合同方面的完整性。对于基础设施，确保所有家具、设备、用品和材料都是干净的，分类登记并适当地分配。

行政问题包括确保所有项目文档都井然有序。有些行业有规定，要求组织将文档保存一定年限。你要确保所有的项目记录都被整理和存档，最好是电子版的，这样在需要时可以很容易地检索到。未来的项目可能需要从进度、预算、风险记录、假设日志……中学习。

对于外包部分工作或有供应商或承包商的项目，有一些任务是你需要完成的。在大多数组织中，项目经理没有签署合同的权力，这个权力归属于法律部门或采购部门。项目经理和合同负责人将在整个项目过程中共同协作以确定承包商，制定工作说明，并最终完成合同。作为项目经理，你需要通知合同负责人工作已经完成，让他们知道你认为未来是否应该继续与承包商或供应商保持合作，并建议他们可以结束合同。你还应该处理应付账款，以确保所有发票都已安排付款。

认可你的团队

正如本书前面你的提到的，你最重要的资源是你的团队。项目结束可能是一种解脱，也可能是一种苦乐参半的体验，如果你有一个非常出色的团队。感谢团队作为一个整体完成了工作总归是好的。

如果你有足够的预算，举办一次答谢活动是个不错的主意，如一顿美餐或一场有趣的活动。如果你的团队不是太大，认可个人的贡献也是很好的。你可以为他们的个人档案美言，写私人笔记，买小礼物，或者找到其他方式来感谢和感激他们的贡献。说声"谢谢"是最起码的，但这很重要。确保你的团队因为他们所做的工作而受到赏识。

评估成功

在第1章中，我们提到了项目的目的是为干系人带来价值。在项目结束时，你应该评估你是否实现了这个目标。有时，直到项目完成以后很久你才能知道相应的结论，但在大多数情况下，你可以在项目收尾时评估项目是否成功。

确定项目是否成功的第一个依据是项目章程。项目章程确定了高层级需求、项目目标和成功标准。你应该重新审视这些内容，看看你是否满足了所有的要求并达到了成功的标准。显然，及时交付是项目成功的一部分，你完成所有的里程碑了吗？最后的移交准时吗？另一个重要方面是按预算或在可接受的偏差范围内交付。

评估项目是否成功的另一个方面有时会被忽视，那就是干系人和团队成员的满意度。如果你满足了所有的验收标准，但是你的干系人不满意，这会被认为是成功吗？同样，如果你按时交付了产品，也在预算之内，但你的团队已经筋疲力尽，不想再和你合作了，你可能不会认为这个项目是完全成功的。

评估结果将被记录在最终项目报告中，也可能记录在最终经验教训报告中。

提交收尾报告

有两份收尾报告，一份是最终项目报告，一份是最终经验教训报告。最终项目报告是对项目绩效的总结。最终经验教训报告汇编了整个项目中的经验教训和从回顾会议中收集的信息。

最终项目报告

这个报告应该总结关于项目的高层级信息。根据项目的不同，它可以非常详细，也可以非常简短。本报告的目的是为发起人提供项目摘要，并记录信息供历史查询。表22-1提供了最终项目报告的大纲。

表 22-1　最终项目报告的大纲

项目描述：提供项目的概括性描述；这些信息可以从项目章程中复制
绩效总结
范围：描述项目的范围目标和成功标准；提供达到成功标准的证据；描述所有偏差，以及偏差产生的原因和影响。如果合适的话，区分适应型工作和预测型工作
质量：描述可交付物的质量要求和验收标准；总结可交付物的验证和确认信息；描述所有被放弃的需求，以及偏差产生的原因和影响
进度：记录需要满足进度目标的具体日期，包括里程碑交付日期。记录实际日期，并描述所有偏差，以及偏差产生的原因和影响。如果合适的话，区分适应型进度和预测型进度
成本：输入批准的项目预算，判断满足预算的范围；输入最终项目成本；描述所有偏差，以及偏差产生的原因和影响
风险、问题和障碍
提供风险登记册、问题日志和障碍日志的摘要；讨论所有影响项目的重大风险、问题或障碍，以及应对措施

这只是一个大纲。根据项目的不同，你可能需要裁剪此内容以满足项目和组织的需要。

最终经验教训报告

关于混合项目经验教训的最终报告将总结从整个项目中收集的经验教训，以及从回顾会议中收集的相关信息。通常，团队成员在项目结束时聚集在一起，进行经验教训会议，会议中所产出的信息会被收集整理到最终经验教训报告中。这样做的目的是找出项目中进展顺利的方面，以便其他团队可以采用这些实践。你还需要谈到项目进展不顺利的方面，并讨论如何在未来避免这种情况。

下面是你可以在报告中包含的主题列表。对于每个主题，需要思考哪些实践是有效的，哪些实践可以改进。你可以根据项目的需要调整列表。
- **团队绩效**：考虑适应型团队动态和整个团队。
- **范围演进和管理**：描述范围是如何为适应型可交付物演变的，以及如何很好地控制预测型可交付物。
- **进度表现**：除了总体进度表现，还要描述项目的适应型部分与项目的预测型部分集成得如何。
- **成本绩效**：考虑在不断变化的范围和预测的范围内，预算管理得如何。
- **估算**：注意那些能够有效估算持续时间、速度、资源和成本的技术。
- **质量流程**：讨论用于适应型和预测型交付的流程，以及它们的有效性。如果合适，你可以包含更多关于质量缺陷的详细信息。
- **干系人参与**：注意干系人参与对适应型实践的有效性，以及它对预测型可交付物的有效性。
- **风险、问题和障碍管理**：讨论风险、问题和障碍管理的过程。如果合适，你可以包含关于重大事件或挑战的更详细的信息。
- **其他**：描述工作进展顺利的方面和需要改进的方面。

总结

根据从报告中收集到的信息，你可能需要对范围/质量、进度绩效和成本偏差采取预防或纠正措施。我们回顾了这些绩效问题的各种原因和可能的应对措施。在某些情况下，例如，如果有一个范围变更或者严重偏差，你可能需要重新拟定基准。

我们描述了项目结束后需要如何将最终产品或结果移交给运营，以及执行行政收尾和合同收尾活动。认可你的团队是结束项目的一个重要而有趣的部分。最后，我们描述了两个重要的收尾报告，一个是最终项目报告，一个是最终经验教训报告。

关键术语

本章没有新术语。

第23章
转移至混合环境

转移至混合环境并不是一个放之四海而皆准的行动。每个组织都是不同的，但是在转型至混合项目管理时，有一些事情是所有组织都可以考虑的。在本章中，我们将简要概述帮助组织成功过渡到采用混合方式进行项目管理实践需要考虑的一些因素。

建立标准

混合型项目管理的目标是为交付价值选择最好的方法。使用混合项目管理，你可以从一系列选项中进行选择，但是你应该有一些标准或指导方针来帮助确定最佳方法。在第2章中，我们提供了15个变量，以确定最佳开发方法。这是一个很好的起点，可以用来确定采用预测型方法、适应型方法及混合方法的标准。

在执行这些标准时，请记住，事情会发生变化。当人们对不同的方法越来越适应，或者当你发现某些标准需要调整以获得更好的结果时，你最初所采用的标准可能会发生改变。

有一件重要的事情要记住，当涉及开发方法时，几乎没有硬性规定。仅仅因为你的项目中包括一部分IT任务，不代表你必须使用敏捷方法。对于项目中那些非IT任务的方面，也并不意味着你不能使用敏捷方法。

创建正确的环境

投身于混合环境需要做好准备。最关键的成功因素是确保你得到高层领导的支持。一旦他们加入，你需要确保团队成员、项目负责人、Scrum Master、发起人和产品负责人都支持迁移到混合环境。

一旦所有人都达成一致，你就需要建立适当的治理。这意味着要在结构与灵活应变能力之间取得平衡。你可以建立一个项目管理办公室、价值交付办公室，或者两者的某种组合。确保它符合你的需要。

伴随治理而来的是策略、术语、实践和模板。你需要确定，你是否正在进行"冲刺规划""迭代规划""范围演进"等。每个人都需要使用相同的语言，并清楚地说明它的意思。应该与每日站会和每周状态会议等实践保持一致。所有这些都可以随着你发现什么可行，什么不可行而发展，但是你应该从一些指导方针开始，然后根据需要发展它们。

用于监测预测型项目进度的指标和测量方法与用于适应型项目的指标和测量方法是不同的。确保两套测量方法都聚焦于最终目标上，即交付价值和满足项目目标。

当你准备进行转换时，请记住，对于一些项目来说，保持纯粹的适应型实践和一些纯粹的预测型实践是很好的。混合就是让事情运转起来！

流程优先

当一些组织准备采用一组新的实践或流程时，他们要做的第一件事就是找到一个系统或软件来支持这些实践。这很好，但是获得一个新的软件应用程序应该是最后一步，而不是第一步！在你投资软件之前，花点时间弄清楚你需要它做什么。这意味着首先要同意以下几点：

- 术语；
- 角色；
- 流程。

一旦这些准备就绪，你就可以考虑培训了。你可能会有一些不熟悉敏捷实践的团队成员。也可能有一些人只熟悉敏捷，但不擅长阅读预测型进度计划。

一旦所有这些都准备就绪，你就应该对软件工具的需求有一个更好的了解。软件供应商可以提供演示，这样你就可以评估他们的软件与你的需求之间的匹配程度。他们还可以提供有关软件中包含的工具和模板的培训。

混合项目管理给予了项目领导者选择如何交付价值的自由。我希望你无论是刚接触项目管理的新手还是已经有几十年经验的老手，都已经找到了一些新的实践方法，发现了一些可以应用到你的项目中的新技术。

术语表

Actual Cost（AC）实际成本：用于完成工作的资金。

Adaptive 适应型：一种创建可交付物的方法，允许不确定或变化的需求。

Affinity Grouping 亲和分组（关联分组）：根据相似的特征将元素分组。

Agile 敏捷：遵循《敏捷宣言》中确立的4个价值观和12项原则，以适应型的方式交付价值。

Analogous Estimating 类比估算：利用以前类似项目的信息对当前项目进行估算。

Assumption 假设：在项目中被认为是真实的东西。

Assumption Log 假设日志：用于识别和跟踪假设条件和制约因素的动态文档。

Authority 职权：做出决策或给予批准的权限。

Backlog 待办事项列表：待完成工作的列表。

Baseline 基准：一种已达成一致的文件版本，用于测量进度和检测偏差。

Bias 偏见：先入为主的、不合理的观点或感觉。

Bottom-up Estimating 自下而上的估算：把各个工作包估算汇总，以得出总体估算。

Budget 预算：经批准的项目工作的阶段性估算。

Budget At Completion（BAC）完工预算：将要完成的工作的总成本。

Buffer 缓冲：在进度计划中插入时间以保证交付日期。

Burndown Chart 燃尽图：将实际完成的工作映射到计划完成的工作的图。

Burnup Chart 燃起图：在顶部显示总工作量，并有一条线显示已完成工作量的图。

Change Management 变更管理：识别、跟踪、评估和实施可交付物、计划或项目文件修改的过程。

Change Control Board（CCB），变更控制委员会：评审、分析、批准或拒绝对产品或项目的变更的团体。

Competency 能力：个人的技能水平。

Configuration Management 配置管理：用于识别和跟踪产品或发布中的单个条目的系统。

Constraint 制约因素：限制或制约因素。

Contingency Reserve 应急储备：纳入基准的资金或时间，以适应已知风险和风险应对措施。

Control Account 控制账户：WBS的一个组件，用于控制工作绩效并报告成本和进度状态。

Convergence 汇聚：进度计划中多个路径合并的点。

Cost Performance Index（CPI）成本绩效指数：用于衡量成本效率的指标，计算方法是挣值除以实际成本（EV/AC）。

Cost Variance（CV）成本偏差：实际成本与基准成本之间的差额。在挣值管理中，指挣值与实际成本之差（EV-AC）。

Crashing 赶工：通过增加人力或金钱等资源来压缩进度。

Critical Path 关键路径：项目中历时最长的一系列任务，这决定了项目最快可以完成的时间。

Critical Path Methodology 关键路径法：一种进度规划方法，用于确定驱动项目持续时间的路径，并确定其他路径上的进度灵活性。

Criticality 关键性：组件、可交付物或项目的重要性。

Cumulative Flow Diagram 累积流图：显示从待办事项列表到不同的开发阶段，直到完成的工作流程图。

Cycle Time 周期时间：完成部分开发过程所需的时间。

Daily Stand-up 每日站会：由适应型团队召开的简短会议，回顾前一天的进展，描述当天的活动计划，并找出障碍。

Decision Matrix 决策矩阵：一种工具，用于根据一组标准评估多个选项。

Decision Tree Analysis 决策树分析：在存在不确定性时评估多个选项的图解技术。

Deliverable 可交付物：产品或服务的组成部分或子组成部分。可交付物可以是独立的，也可以是更大的可交付物的一部分。

Development Approach 开发方法：项目团队创建和改进可交付物的方法。

Divergence 分支：一个进度计划中后面有多个分支路径的点。

Duration 持续时间：完成工作所需的时间。

Earned Value（EV）挣值：已完成的工作的价值。

Earned Value Management（EVM）挣值管理：用于计划和跟踪项目绩效的方法。

Effort 工作量：完成工作所需的劳动量。

Elicitation 启发：获取需求的一种结构化方法。

Emotional Intelligence 情商：识别个人和他人情绪的能力，尤其是在领导他人时。

Estimate At Completion（EAC）完工估算：项目的预期总成本。

Estimate To Complete（ETC）完工尚需估算：完成剩余工作的预期成本。

Expected Monetary Value 预期货币价值：一种统计技术，当未来包含多个潜在结果时，计算平均结果。

Fallback Plan 弹回计划：当其他应对措施失败时使用的一种风险应对措施。

Fast-Tracking 快速跟进：通过并行正常情况下按顺序进行的工作来压缩进度。

Feeder Buffer 汇入缓冲：放置在进度计划中非关键路径汇入关键路径的入口的时间。

Fibonacci Sequence 斐波那契数列：一组数字，其中一个数字是前面两个数字之和。

Finish-to-Finish 完成—完成：一种关系，在此关系中，紧前任务完成，紧后任务才能完成。

Finish-to-Start 完成—开始：一种关系，在此关系中，紧前任务完成，紧后任务才能开始。

Float 浮动时间：在不影响项目约束、结束日期的前提下，任务可以提前或延后的时间量，也称总浮动时间。

Free Float 自由浮动时间：在不影响紧后任务的前提下，任务可以提前或延后的时间量。

Gantt Chart 甘特图：用于规划进度的条形图，纵向列表示任务，横条表示任务的持续时间。

Generalizing Specialists 通才型专家：在一个领域里有深厚的知识，还拥有多种知识和技能，也被称为T型人才。

Hybrid Project Management 混合项目管理：结合预测型和适应型的方法来交付价值，由产品、项目和组织变量决定。

I-shaped People I型人才：深入掌握单一专业技能的人员。

Impediment 障碍：妨碍团队达成其目标的干扰因素。

Incremental 增量开发方法：一种适应型开发方法，从简单的可交付物开始，然后逐渐增加特性和功能。

Information Radiator 信息发射源：公开显示的信息集合，以便团队成员和其他干系人可以看到项目的状态。

Integrated Master Schedule 综合主进度计划：将项目的所有计划汇总成一份全面的文件。

Issue 问题：可能对项目产生影响的当前状况。

Iteration 迭代：项目中团队执行工作的一个简短的固定时间间隔，也称时间盒或冲刺。

Iteration Plan 迭代计划：团队将使用记录的方法在规定的时间内完成工作，也称冲刺计划。

Iteration Planning 迭代规划会议：用于澄清和估算在规定的时间内将完成的工作的会议。

Iteration Review 迭代审查会议：展示当前迭代中完成的工作的会议。

Iterative 迭代开发方法：一种适应型开发方法，从交付简单的东西开始，然后根据输入和反馈进行调整。

Known Risks 已知风险：可以预见和规划的风险。

Lag 滞后量：相对于紧前活动，紧后活动需要推迟的时间量。

Lead 提前量：相对于紧前活动，紧后活动可以提前的时间量。

Lead Time 交付时间：完成整个开发过程所需的时间。

Lessons Learned Meeting 经验教训会议：确定并记录项目中进展良好的方面以及可以改进的方面的会议。

Management Reserve 管理储备：在绩效测量基准之外，留作管理控制之用的一部分项目预算或项目时间。专为项目范围内不可预见的工作而预留。

Minimum Viable Product 最小可行产品：首次发布的产品，包含最少数量的特性或功能。

Mood Chart 情绪图：团队成员情绪或态度的可视化表示。

Multipoint Estimating 多点估算：做乐观估算、悲观估算和最可能的估算，并计算平均值或加权平均值。

Net Promoter Score® 净推荐值®：衡量干系人忠诚度和满意度的指标。

Network Diagram 网络图：使用节点和箭头对进度计划进行逻辑关系展示的图形。

Opportunity 机会：对项目产生正面影响的风险。

Parametric Estimating 参数估算：基于重要的历史数据开发的一种数学模型。

Performance Measurement Baseline（PMB）绩效测量基准：通过整合范围、进度和成本信息制定的基线。

Phase Gate 阶段关口：为做出项目是否已准备好进入下个阶段的决定，而开展的阶段末审查。

Planned Value（PV）计划价值：为计划工作分配的经批准的预算。

Planning Package 规划包：WBS中的一个组件，表示尚未分解到工作包中的WBS组件。

Point Estimate 点估算：代表对结果的最佳预测的单个值。

Predictive 预测型：一种创建可交付物的方法，该方法试图在项目开始时定义范围、进度和成本，并在整个项目中最小化变更。

Product Owner 产品负责人：对产品绩效负责的人。

Progressive Elaboration 渐进明细：随着信息越来越多进而不断提高项目管理计划的详细程度的迭代过程。

Project Buffer 项目缓冲：在最终交付日期之前插入进度计划中的时间。

Project Charter 项目章程：正式批准项目并提供项目高层级描述的文档。

Project Life Cycle 项目生命周期：项目从开始到结束所经历的一系列阶段。

Project Management Plan 项目管理计划：描述如何计划和管理项目的文件。

Project Manager 项目经理：负责带领团队交付项目成果的人。

Project Roadmap 项目路线图：一张包括项目阶段、评审、里程碑和其他关键信息的项目高层级视图图形。

Project Vision Statement 项目愿景声明：描述项目完成后的未来状态的简短而令人信服的声明。

RACI Chart RACI图：责任分配矩阵的一种类型，记录了谁负责、谁执行、咨询谁和谁知情。

Radar Chart 雷达图：在数轴上显示多个定量变量的图，也称蜘蛛图、网图或星图。

Release 发布：投入使用的一组特性、功能或可交付物。

Release Plan 发布计划：显示发布的预计时间、里程碑和成果的计划。

Requirement 需求（要求）：为了实现项目目标而必须具备的能力或必须满足的条件。

Requirements Traceability Matrix 需求跟踪矩阵：将需求与可交付物和其他项

目元素关联起来的网格。

Reserve 储备：为兼顾成本或进度风险而向基准添加的额外资金或时间。

Resilience 韧性：从逆境、危机、挫折、变化和其他重要压力来源中调整或恢复的能力。

Resource Breakdown Structure 资源分解结构：按资源类型或类别进行分组展示的层级结构图。

Resource Histogram 资源直方图：展示资源信息的柱形图，如数量或技能。

Resource Leveling 资源平衡：重新分配资源，避免出现过度分配的情况。

Resource Loading 资源加载：在进度规划工具中载入资源。

Resource Smoothing 资源平滑：在可用浮动时间内重新分配资源，所以关键路径并不会受影响。

Responsibility 职责：担任某一角色的人被期望完成的工作。

Responsibility Assignment Matrix（RAM）责任分配矩阵：展示团队成员在工作包中的角色的图。

Retrospective 回顾会议：回顾工作成果和过程以找到改进成果的方法的研讨会。

Risk 风险：可能对项目产生影响的不确定事件或条件。

Risk Acceptance 风险接受：承认风险的存在，但除非风险发生，否则不采取行动。

Risk-Adjusted Backlog 风险调整后的待办事项列表：包含减少项目障碍或威胁的行动的待办事项列表。

Risk Avoidance 风险规避：采取行动消除威胁。

Risk Breakdown Structure（RBS）风险分解结构：潜在风险来源的层次结构。

Risk Escalation 风险上报：将风险交给更有权威的人来处理。

Risk Management Plan 风险管理计划：项目管理计划的子计划，描述如何识别、分析和处理风险。

Risk Mitigation 风险减轻：降低威胁发生的概率和/或影响。

Risk Register 风险登记册：记录威胁和机会信息的日志。

Risk Threshold 风险阈值：在积极应对风险之前，一个实体愿意接受的风险敞口。

Risk Tolerance 风险承受力：一个实体愿意接受的不确定性的程度。

Risk Transfer 风险转移：将威胁的管理和应对转移给第三方。

Risk Trigger 风险触发条件：预示风险已经发生或即将发生的事件或状况。

Role 角色：在团队中的位置。

Rolling Wave Planning 滚动式规划：一种逐步细化的形式，在这种形式中，对近期的活动进行详细的规划，而对远期的活动则只做粗略规划。

Schedule Compression 进度压缩：在不缩小项目范围的前提下缩短进度工期的技术。

Schedule Management Plan 进度管理计划：项目管理计划的子计划，描述如何制订进度计划、管理和维护项目进度。

Schedule Performance Index（SPI）进度绩效指数：用于衡量进度效率的指标，通过挣值除以计划价值（EV/PV）得出。

Schedule Variance（SV）进度偏差：计划价值与挣值之间的差距。在挣值管理中，进度偏差等于挣值与计划价值之差（EV-PV）。

Scope Creep 范围蔓延：在没有必要增加成本或延长进度的情况下扩大产品或项目的范围。

Scope Management Plan 范围管理计划：项目管理计划的子计划，描述如何定义、记录、管理和验证项目范围。

Scope Statement 范围说明书：描述项目范围和可交付物，同时标识范围边界的项目文件。

Scrum Master：支持团队与敏捷价值观和原则保持一致的人。

Secondary Risk 次生风险：由于实施风险应对措施而产生的风险。

Servant Leadership 服务型领导：一种关注团队需求的领导风格。

Self-managing Teams 自我管理团队：共同承担价值交付责任的团队。

Sponsor 发起人：提供项目资源并支持项目经理实现项目目标的个人或团体。

Stakeholder 干系人：能够影响你的项目或受你的项目影响的个人和团体。

Stakeholder Register 干系人登记册：记录项目干系人相关信息的项目文件。

Start-to-Start 开始—开始：上一个任务在下一个任务开始之前开始的关系。

Status Meeting 状态会议：讨论项目当前进展的会议。

Story Points 用于估算用户故事中工作量的相对度量单位。

Subsidiary Plan 子计划：项目管理计划的组成部分，描述如何计划和管理项目的一个具体方面。

Summary Task 摘要任务：将详细工作的信息聚合到单个任务中的活动。

System 系统：由一组相互作用、相互关联或相互依赖的元素构成一个整体。

T-shaped People T型人才：深入掌握单一专业技能并广泛掌握团队所需其他技能的人员，也被称为通才型专家。

Task 任务：规划项目工作的重要组成部分，也称活动。

Task Board 任务板：对项目工作进度的可视化展示，使干系人都能看到各项任务的当前状态。

Team Charter 团队章程：由团队制定的文件，用于明确规定团队协议和工作方式。

Threat 威胁：对项目产生负面影响的风险。

Threshold 阈值：需要执行风险应对的限值。

Total Float 总浮动时间：在不影响项目完成日期或进度制约因素的前提下，任务可以从其最早开始日期开始推迟或拖延的时间量，即浮动的时间量。

Unknown Risks 未知风险：无法预料或规划的风险。

User Story 用户故事：从干系人的视角对其期望结果的概要描述。

Velocity 速度：团队在单位时间内所能完成的工作。

Value 价值：某种事物的作用或者重要性。

Waterfall 瀑布开发方法：一种创建可交付物的预测型方法，遵循线性开发模式，即完成一个阶段的工作，再开始下一阶段的工作。

WBS Dictionary WBS词典：针对WBS的每个组件定义其工作、活动、里程碑、资源、成本和其他信息的文件。

Wideband Delphi 宽带德尔菲：通过一组专家合作来进行独立估算、讨论和重新估算，直到达成共识。

Work Breakdown Structure（WBS） 工作分解结构：用于分解和组织项目和产品范围的工具。

Work Package 工作包：WBS中最低层级的可交付物。